CHINA TRANSPORT STATISTICAL YEARBOOK 2013

2013 中国交通运输统计年鉴

中华人民共和国交通运输部　编

Compiled by Ministry of Transport of the People's Republic of China

人民交通出版社股份有限公司

图书在版编目（CIP）数据

2013中国交通运输统计年鉴/中华人民共和国交通运输部编. —北京：人民交通出版社股份有限公司，2014.10
ISBN 978-7-114-11792-3

Ⅰ.①2… Ⅱ.①中… Ⅲ.①交通运输业—统计资料—中国—2013—年鉴 Ⅳ.①F512.3-54

中国版本图书馆CIP数据核字（2014）第241708号

书　　名：2013中国交通运输统计年鉴
著　作　者：中华人民共和国交通运输部
责任编辑：张征宇　刘永芬
出版发行：人民交通出版社股份有限公司
地　　址：（100011）北京市朝阳区安定门外外馆斜街3号
网　　址：http://www.ccpress.com.cn
销售电话：（010）59757973
总 经 销：人民交通出版社股份有限公司发行部
经　　销：各地新华书店
印　　刷：北京盛通印刷股份有限公司
开　　本：880×1230　1/16
印　　张：16.75
字　　数：430千
版　　次：2014年11月　第1版
印　　次：2014年11月　第1次印刷
书　　号：ISBN 978-7-114-11792-3
定　　价：300.00元

（有印刷、装订质量问题的图书由本公司负责调换
本书附同版本CD-ROM一张，光盘内容以书面文字为准）

《2013中国交通运输统计年鉴》
编委会和编辑工作人员

编 委 会

主　　　任：杨传堂　交通运输部　部　长
副 主 任：翁孟勇　交通运输部　副部长
编　　　委：孙国庆　交通运输部综合规划司　　　　　　　司　长
　　　　　　梁晓安　交通运输部法制司　　　　　　　　　司　长
　　　　　　许春风　交通运输部财务审计司　　　　　　　司　长
　　　　　　陈瑞生　交通运输部人事教育司　　　　　　　司　长
　　　　　　李彦武　交通运输部公路局　　　　　　　　　局　长
　　　　　　李天碧　交通运输部水运局　　　　　　　　　副局长
　　　　　　刘小明　交通运输部运输司　　　　　　　　　司　长
　　　　　　成　平　交通运输部安全与质量监督管理司　　司　长
　　　　　　庞　松　交通运输部科技司　　　　　　　　　司　长
　　　　　　杨　赞　交通运输部国际合作司　　　　　　　司　长
　　　　　　柯林春　交通运输部直属机关党委　　　　　　常务副书记、纪委书记
　　　　　　智广路　交通运输部中国海上搜救中心　　　　副主任
　　　　　　王杰之　交通运输部纪检组监察局　　　　　　局　长
　　　　　　陈爱平　交通运输部海事局　　　　　　　　　局　长
　　　　　　王振亮　交通运输部救捞局　　　　　　　　　局　长
　　　　　　石宝林　交通运输部科学研究院　　　　　　　院　长
　　　　　　邢小江　国家邮政局政策法规司　　　　　　　司　长

编辑工作人员

总 编 辑：孙国庆

副 总 编 辑：张大为　王晓曼　崔学忠

编 辑 部 主 任：陈　钟

编辑部副主任：付冬梅　郑文英　余高潮

编 辑 人 员：李永松　余芳芳　姚　飞　杨华雄　许宝利　李　奇
　　　　　　　刘　斌　黄窈蕙　刘秀华　胡希元　曹　沫　刘　方
　　　　　　　王　哲　武瑞利　王望雄　王　涛　余丽波　梁仁鸿
　　　　　　　张子晗　程　长　张若旗　徐瑞光　夏　丹　龙博学
　　　　　　　陈　捷　赵　源　潘　伟　宋肖红　张　赫　马海燕
　　　　　　　林成功　宋晓丽　王静静　王英平

编 者 说 明

一、为全面反映我国公路、水路交通运输业发展状况，方便各界了解中国交通运输建设与发展现状，交通运输部组织编辑了《2013中国交通运输统计年鉴》，供社会广大读者作为资料性书籍使用。

二、《2013中国交通运输统计年鉴》收录了2013年交通运输主要指标数据，正文内容具体分为交通运输综合指标、公路运输、水路运输、城市客运、港口吞吐量、交通固定资产投资、交通运输科技、救助打捞等8篇。附录简要列示了1978年以来的交通运输主要指标，各篇前设简要说明，简要概述本部分的主要内容、资料来源、统计范围、统计方法以及历史变动情况等；各篇末附主要统计指标解释。

三、本资料的统计数据来自于交通运输部综合规划司、道路运输司、科技司、救捞局、中国海上搜救中心、国家铁路局、中国民用航空局、国家邮政局等；个别指标数据引自国家统计局的统计资料。统计数据由交通运输部科学研究院交通信息中心负责整理和汇总。

四、根据2013年开展的交通运输业经济统计专项调查，对公路水路运输量统计口径进行了调整，本资料中有关公路水路客货运输量同比数据均基于调整后的历史数据进行计算。

五、从2010年起，由交通运输部门管理的公共汽车、出租车不再纳入公路载客汽车统计，该部分数据纳入城市客运运力统计。有关公路营运汽车及载客汽车的同期比均按可比口径计算。

六、本资料中所涉及的全国性统计资料，除国土面积外，均未包括香港和澳门特别行政区以及台湾省的数据。

七、本资料部分数据对因计算单位取舍不同或计算时四舍五入而产生的计算误差未做调整。

八、本资料的符号使用说明：

"-"表示该项数据为零，或没有该项数据，或该项数据不详；

"/"表示该项不宜比较；

"…"表示该项数据不足最小单位数；

"#"表示其中的主要项；

"*"或"1、2、…"表示有注解。

中华人民共和国交通运输部

二〇一四年九月

目 录
CONTENTS

一、交通运输综合指标

简要说明……………………………………………………………………………………（2）
1-1 国民经济主要指标………………………………………………………………（3）
1-2 交通运输主要指标………………………………………………………………（4）

二、公路运输

简要说明……………………………………………………………………………………（10）
2-1 全国公路里程（按行政等级分）……………………………………………（11）
2-2 全国公路里程（按技术等级分）……………………………………………（12）
2-3 国道里程（按技术等级分）……………………………………………………（13）
2-4 省道里程（按技术等级分）……………………………………………………（14）
2-5 县道里程（按技术等级分）……………………………………………………（15）
2-6 乡道里程（按技术等级分）……………………………………………………（16）
2-7 专用公路里程（按技术等级分）……………………………………………（17）
2-8 村道里程（按技术等级分）……………………………………………………（18）
2-9 全国公路里程（按路面类型分）……………………………………………（19）
2-10 国道里程（按路面类型分）…………………………………………………（20）
2-11 省道里程（按路面类型分）…………………………………………………（21）
2-12 县道里程（按路面类型分）…………………………………………………（22）
2-13 乡道里程（按路面类型分）…………………………………………………（23）
2-14 专用公路里程（按路面类型分）……………………………………………（24）
2-15 村道里程（按路面类型分）…………………………………………………（25）
2-16 全国公路养护里程……………………………………………………………（26）
2-17 全国公路绿化里程……………………………………………………………（27）
2-18 全国高速公路里程……………………………………………………………（28）
2-19 全国公路密度及通达率………………………………………………………（29）
2-20 公路桥梁（按使用年限分）…………………………………………………（31）
2-21 公路桥梁（按跨径分）………………………………………………………（32）
2-22 公路隧道、渡口………………………………………………………………（34）
2-23 全国公路营运车辆拥有量……………………………………………………（36）

2-24	公路客、货运输量	(38)
2-25	交通拥挤度情况	(39)
2-26	道路运输经营业户数	(40)
2-27	道路运输相关业务经营业户数	(42)
2-28	道路客运线路班次	(44)
2-29	道路运输从业人员数	(46)
2-30	机动车维修业及汽车综合性能检测站	(47)
2-31	2013年、2012年出入境汽车运输对比表	(50)
2-32	出入境汽车运输——分国家（特别行政区）运输完成情况	(52)
2-33	出入境汽车运输——中方完成运输情况	(54)
	主要统计指标解释	(56)

三、水路运输

	简要说明	(58)
3-1	全国内河航道通航里程数（按技术等级分）	(59)
3-2	全国内河航道通航里程数（按水系分）	(60)
3-3	全国内河航道通航里程数（按水域类型分）	(61)
3-4	各水系内河航道通航里程数（按技术等级分）	(62)
3-5	各水域类型内河航道通航里程数（按技术等级分）	(62)
3-6	全国内河航道枢纽及通航建筑物数（按行政区域分）	(63)
3-7	全国水路运输工具拥有量	(64)
3-8	远洋运输工具拥有量	(68)
3-9	沿海运输工具拥有量	(72)
3-10	内河运输工具拥有量	(76)
3-11	水路客、货运输量	(80)
3-12	水路旅客运输量（按航区分）	(81)
3-13	水路货物运输量（按航区分）	(82)
3-14	海上险情及搜救活动	(83)
	主要统计指标解释	(84)

四、城市客运

	简要说明	(86)
4-1	全国城市客运经营业户	(87)
4-2	全国城市客运从业人员	(89)
4-3	全国城市客运设施	(90)
4-4	全国公共汽电车数量	(91)
4-5	全国公共汽电车数量（按长度分）	(92)
4-6	全国公共汽电车数量（按燃料类型分）	(93)
4-7	全国公共汽电车数量（按排放标准分）	(94)
4-8	全国公共汽电车场站及线路	(95)

4-9	全国公共汽电车客运量	(96)
4-10	全国出租汽车车辆数	(97)
4-11	全国出租汽车运量	(98)
4-12	全国轨道交通运营车辆数	(99)
4-13	全国轨道交通运营线路条数	(100)
4-14	全国轨道交通运营线路里程	(101)
4-15	全国轨道交通运量	(102)
4-16	全国城市客运轮渡船舶及航线数	(103)
4-17	全国城市客运轮渡运量	(104)
4-18	按中心城市分的城市客运经营业户	(105)
4-19	按中心城市分的城市客运从业人员	(107)
4-20	按中心城市分的城市客运设施	(108)
4-21	中心城市公共汽电车数量	(109)
4-22	中心城市公共汽电车数量（按长度分）	(110)
4-23	中心城市公共汽电车数量（按燃料类型分）	(111)
4-24	中心城市公共汽电车数量（按排放标准分）	(112)
4-25	中心城市公共汽电车场站及线路	(113)
4-26	中心城市公共汽电车客运量	(114)
4-27	中心城市出租汽车车辆数	(115)
4-28	中心城市出租汽车运量	(116)
4-29	中心城市轨道交通运营车辆数	(117)
4-30	中心城市轨道交通运营线路条数	(118)
4-31	中心城市轨道交通运营线路里程	(119)
4-32	中心城市轨道交通运量	(120)
4-33	中心城市客运轮渡船舶及航线数	(121)
4-34	中心城市客运轮渡运量	(122)
	城市客运主要统计指标解释	(123)

五、港口吞吐量

	简要说明	(126)
5-1	全国港口生产用码头泊位拥有量	(127)
5-2	全国港口吞吐量	(128)
5-3	全国港口货物吞吐量	(129)
5-4	规模以上港口旅客吞吐量	(130)
5-5	规模以上港口货物吞吐量	(134)
5-6	规模以上港口分货类吞吐量	(138)
5-7	沿海规模以上港口分货类吞吐量	(139)
5-8	内河规模以上港口分货类吞吐量	(140)
5-9	规模以上港口煤炭及制品吞吐量	(141)
5-10	规模以上港口石油、天然气及制品吞吐量	(145)
5-11	规模以上港口原油吞吐量	(149)

5-12	规模以上港口金属矿石吞吐量	(153)
5-13	规模以上港口钢铁吞吐量	(157)
5-14	规模以上港口矿建材料吞吐量	(161)
5-15	规模以上港口水泥吞吐量	(165)
5-16	规模以上港口木材吞吐量	(169)
5-17	规模以上港口非金属矿石吞吐量	(173)
5-18	规模以上港口化学肥料及农药吞吐量	(177)
5-19	规模以上港口盐吞吐量	(181)
5-20	规模以上港口粮食吞吐量	(185)
5-21	规模以上港口机械、设备、电器吞吐量	(189)
5-22	规模以上港口化工原料及制品吞吐量	(193)
5-23	规模以上港口有色金属吞吐量	(197)
5-24	规模以上港口轻工、医药产品吞吐量	(201)
5-25	规模以上港口农、林、牧、渔业产品吞吐量	(205)
5-26	规模以上港口其他吞吐量	(209)
5-27	规模以上港口集装箱吞吐量	(213)
5-28	规模以上港口集装箱吞吐量（重箱）	(217)
	主要统计指标解释	(221)

六、交通固定资产投资

	简要说明	(224)
6-1	交通固定资产投资额（按地区和使用方向分）	(225)
6-2	公路建设投资完成额	(226)
6-3	公路建设投资完成额（按设施分）	(228)
	主要统计指标解释	(230)

七、交通运输科技

	简要说明	(232)
7-1	交通运输科技机构数量（按地区分）	(233)
7-2	交通运输科技活动人员数量（按机构性质分）	(234)
7-3	交通运输科研实验室及研究中心数量（按地区分）	(235)
7-4	交通运输科技成果、效益及影响情况	(236)

八、救助打捞

	简要说明	(238)
8-1	救助任务执行情况	(239)
8-2	救捞系统船舶情况	(240)
8-3	救助飞机飞行情况	(241)
8-4	捞、拖完成情况	(241)
	主要统计指标解释	(242)

附录 交通运输历年主要指标数据

简要说明 ·· (244)

附录1-1 全国公路总里程（按行政等级分） ·· (245)

附录1-2 全国公路总里程（按技术等级分） ·· (246)

附录1-3 全国公路密度及通达情况 ·· (247)

附录1-4 全国内河航道里程及构筑物数量 ·· (248)

附录1-5 公路客、货运输量 ·· (249)

附录1-6 水路客、货运输量 ·· (250)

附录2-1 沿海规模以上港口泊位及吞吐量 ·· (251)

附录2-2 内河规模以上港口泊位及吞吐量 ·· (252)

附录3-1 交通固定资产投资（按使用方向分） ·· (253)

一、交通运输综合指标

简 要 说 明

本篇资料反映我国国民经济和交通运输的主要指标。

国民经济和综合运输主要指标包括：国内生产总值、固定资产投资、人口数等。

交通运输主要指标包括：公路基础设施、港口设施、公路水路运输装备、公路水路运输量、城市客运、港口生产、交通固定资产投资等。

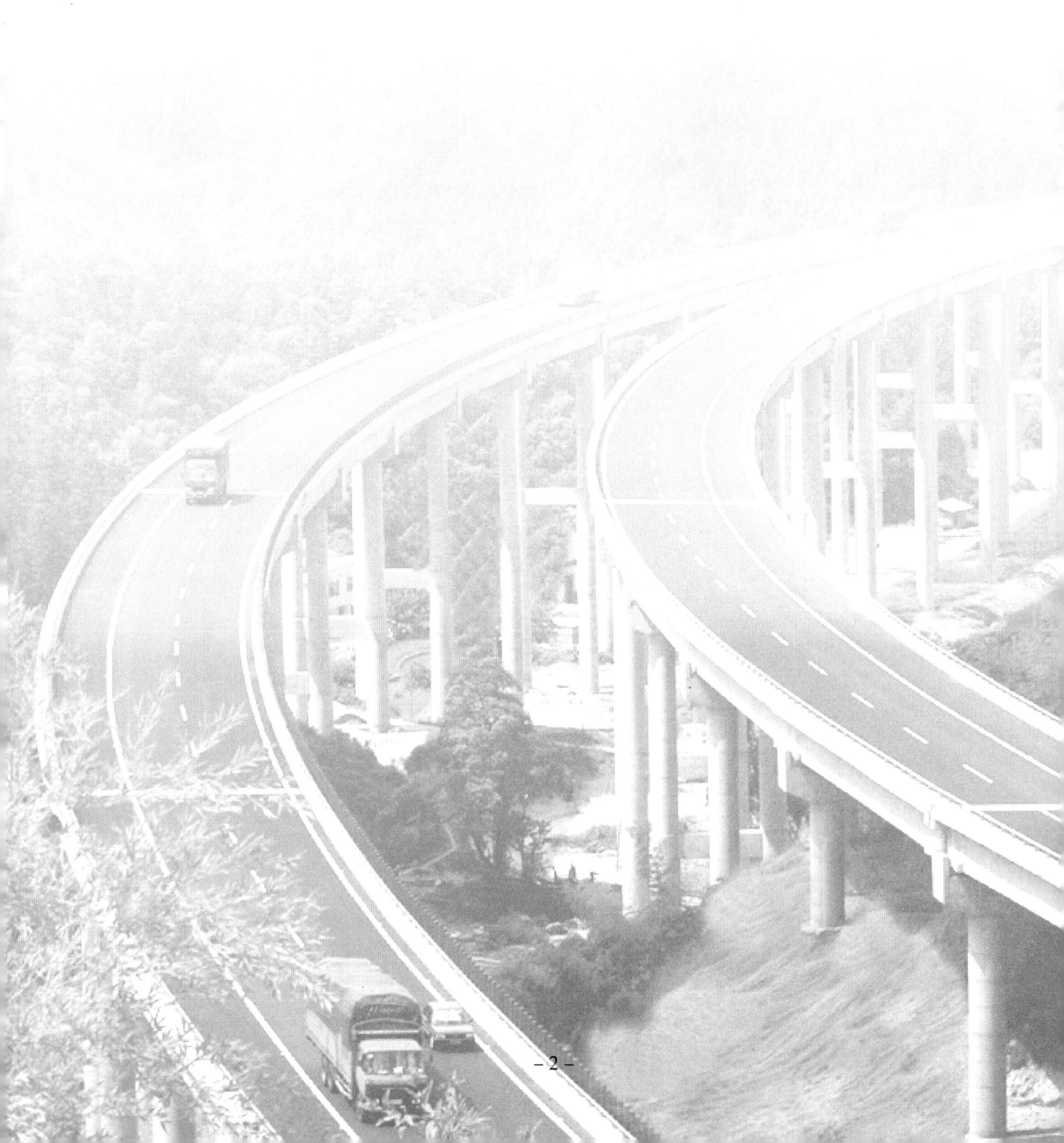

1-1　国民经济主要指标

指标	单位	2010年	2011年	2012年	2013年
一、国内生产总值（按当年价格计算）	亿元	397 983	471 564	519 322	568 845
第一产业	亿元	40 497	47 712	52 377	56 957
第二产业	亿元	186 481	220 592	235 319	249 684
第三产业	亿元	171 005	203 260	231 626	262 204
二、全社会固定资产投资额	亿元	278 140	311 022	374 676	447 074
东部地区	亿元	115 970	130 319	151 742	179 092
中部地区	亿元	62 894	70 783	87 909	105 894
西部地区	亿元	61 875	71 849	88 749	109 228
三、全社会消费品零售总额	亿元	156 998	183 919	210 307	237 810
四、对外贸易总额	亿美元	29 728	36 421	38 668	41 600
进口	亿美元	13 948	17 435	18 178	19 504
出口	亿美元	15 779	18 986	20 489	22 096
五、全国公共财政收入	亿元	83 080	103 740	117 210	129 143
其中：税收收入	亿元	73 202	89 720	100 601	110 497
六、广义货币供应量	万亿元	72.6	85.2	97.4	110.7
七、全国人口数	万人	133 972	134 735	135 404	136 072
其中：城镇	万人	66 558	69 079	71 182	73 111
乡村	万人	67 415	65 656	64 222	62 961
八、社会物流总费用	万亿元	7.1	8.4	9.4	10.2
其中：运输	万亿元	3.8	4.4	4.9	5.4
全国社会物流总额	万亿元	125.4	158.4	177.3	197.8
全国物流业增加值	万亿元	2.7	3.2	3.5	3.9

注：本表数据源自国家统计局。

1-2 交通运输主要指标

指标名称	计算单位	2013年	2012年	2013年比2012年增减	2013年为2012年%
一、交通设施及运输线路拥有量					
1. 铁路营业里程	万公里	10.31	9.76	0.55	105.65
国家铁路	万公里	6.66	6.63	0.03	100.43
合资铁路	万公里	3.21	2.69	0.53	119.61
地方铁路	万公里	0.44	0.45	…	99.19
2. 公路线路里程	万公里	435.62	423.75	11.87	102.80
其中：　高速公路里程	万公里	10.44	9.62	0.82	108.56
高速公路车道里程	万公里	46.13	42.46	3.67	108.64
二级及以上公路里程	万公里	52.44	50.19	2.25	104.48
等级公路里程	万公里	375.56	360.96	14.60	104.04
3. 公路桥梁　数量	万座	73.53	71.34	2.19	103.07
长度	万米	3 977.80	3 662.78	315.02	108.60
4. 公路隧道　数量	万处	1.14	1.00	0.13	113.34
长度	万米	960.56	805.27	155.29	119.28
5. 全国公共汽电车运营线路总长度	万公里	74.89	71.46	3.44	104.81
#无轨电车运营线路总长度	公里	841	805	36	104.42
6. 全国公交专用车道长度	公里	5 891	5 256	635	112.08
7. 全国轨道交通运营线路长度	公里	2 408	2 058	350	117.01
8. 内河航道通航里程	万公里	12.59	12.50	0.09	100.69
#等级航道	万公里	6.49	6.37	0.12	101.85
9. 港口生产用码头泊位	个	31 760	31 862	-102	99.68
沿海	个	5 675	5 623	52	100.92
内河	个	26 085	26 239	-154	99.41
#万吨级及以上码头泊位	个	2 001	1 886	115	106.10
10. 邮路总长度	万公里	589.72	585.51	4.21	100.72
其中：航空邮路	万公里	333.49	316.03	17.47	105.53

1-2 (续表一)

指 标 名 称	计算单位	2013年	2012年	2013年比 2012年增减	2013年为 2012年 %
铁路邮路	万公里	39.58	32.01	7.57	123.63
汽车邮路	万公里	207.08	228.91	−21.82	90.47
二、交通运输工具拥有量					
1. 铁路					
客车	万辆	5.88	5.77	0.11	101.90
国家铁路	万辆	5.68	5.58	0.11	101.93
合资铁路	万辆	0.18	0.18	…	101.22
地方铁路	万辆	0.02	0.02	−	100.00
货车	万辆	72.19	70.22	1.97	102.80
国家铁路	万辆	71.55	69.58	1.97	102.82
合资铁路	万辆	0.48	0.48	−	100.00
地方铁路	万辆	0.16	0.15	…	102.28
机车	万台	2.08	2.08	…	100.18
国家铁路	万台	1.97	1.96	0.01	100.31
合资铁路	万台	0.09	0.09	…	98.86
地方铁路	万台	0.03	0.03	…	95.62
2. 公路					
公路营运汽车	万辆	1 504.73	1 339.89	/	/
货车	万辆	1 419.48	1 253.19	/	/
	万吨位	9 613.91	8 062.14	/	/
客车	万辆	85.26	86.71	−1.45	98.33
	万客位	2 170.26	2 166.55	3.71	100.17
3. 城市客运					
全国公共汽电车运营车辆数	万辆	50.96	47.49	3.47	107.31
	万标台	57.30	52.82	4.48	108.49
# 无轨电车运营车辆数	辆	1 879	1 696	183	110.79

1-2（续表二）

指 标 名 称	计算单位	2013 年	2012 年	2013 年比 2012 年增减	2013 年为 2012 年 %
全国轨道交通运营车辆数	辆	14 366	12 611	1 755	113.92
	标台	34 415	30 672	3 743	112.20
全国出租汽车运营车辆数	万辆	134.00	129.97	4.03	103.10
全国客运轮渡营运船舶	艘	422	590	−168	71.53
4. 全国营业性民用运输轮驳船拥有量					
艘数	万艘	17.26	17.86	−0.60	96.62
净载重量	万吨	24 401.03	22 848.62	1 552.41	106.79
载客量	万客位	103.30	102.51	0.79	100.77
集装箱箱位	万 TEU	170.16	157.36	12.81	108.14
总功率	万千瓦	6 484.66	6 389.46	95.20	101.49
（1）机动船					
艘数	万艘	15.53	15.83	−0.30	98.12
净载重量	万吨	23 431.76	21 879.37	1 552.39	107.10
载客量	万客位	103.17	102.13	1.05	101.02
集装箱箱位	万 TEU	169.93	157.14	12.79	108.14
总功率	万千瓦	6 484.66	6 389.46	95.20	101.49
（2）驳船					
艘数	万艘	1.72	2.03	−0.31	84.87
净载重量	万吨	969.27	969.25	0.02	100.00
载客量	万客位	0.13	0.38	−0.25	33.89
集装箱箱位	万 TEU	0.23	0.22	0.02	108.36
三、客货运输量					
1. 铁路运输					
（1）客运量	亿人	21.06	19.01	2.04	110.75
国家铁路	亿人	20.75	18.75	2.00	110.68
非控股合资铁路	亿人	0.24	0.21	0.03	115.02
地方铁路	亿人	0.07	0.06	0.01	118.35

1-2 （续表三）

指 标 名 称	计算单位	2013年	2012年	2013年比2012年增减	2013年为2012年 %
（2）旅客周转量	亿人公里	10 595.62	9 812.33	783.29	107.98
国家铁路	亿人公里	10 550.32	9 773.16	777.16	107.95
非控股合资铁路	亿人公里	38.02	32.29	5.73	117.75
地方铁路	亿人公里	7.28	6.88	0.41	105.81
（3）货运总量	亿吨	39.67	39.04	0.63	101.60
国家铁路	亿吨	32.22	32.36	−0.14	99.58
非控股合资铁路	亿吨	4.95	4.40	0.55	112.55
地方铁路	亿吨	2.50	2.29	0.21	109.13
（4）货运总周转量	亿吨公里	29 173.89	29 187.09	−13.20	99.95
国家铁路	亿吨公里	26 845.01	27 220.50	−375.49	98.62
非控股合资铁路	亿吨公里	2 173.94	1 830.41	343.54	118.77
地方铁路	亿吨公里	154.94	136.18	18.75	113.78
2. 公路运输					
（1）全国营业性公路客运量	亿人	185.35	−	−	104.20
（2）全国营业性公路旅客周转量	亿人公里	11 250.94	−	−	101.00
（3）全国营业性公路货运量	亿吨	307.66	−	−	110.90
（4）全国营业性公路货物周转量	亿吨公里	55 738.08	−	−	111.20
3. 城市客运					
全国公共交通客运量	亿人次	1 283.35	1 228.44	54.91	104.47
＃ 公共汽电车客运总量	亿人次	771.17	749.80	21.37	102.85
轨道交通客运总量	亿人次	109.19	87.29	21.90	125.09
出租汽车客运总量	亿人次	401.94	390.03	11.91	103.05
客运轮渡客运总量	亿人次	1.06	1.31	−0.25	80.79
4. 水路运输					
（1）全国营业性水路客运量	亿人	2.35	−	−	103.00
（2）全国营业性水路旅客周转量	亿人公里	68.33	−	−	102.90

1-2（续表四）

指 标 名 称	计算单位	2013 年	2012 年	2013 年比 2012 年增减	2013 年为 2012 年 %
（3）全国营业性水路货运量	亿吨	55.98	—	—	110.40
（4）全国营业性水路货物周转量	亿吨公里	79 435.65	—	—	104.80
5. 港口生产					
（1）全国港口货物吞吐量	亿吨	117.67	107.76	9.91	109.20
（2）全国港口外贸货物吞吐量	亿吨	33.60	30.56	3.03	109.93
（3）全国港口集装箱吞吐量	亿 TEU	1.90	1.77	0.13	107.18
（4）全国港口旅客吞吐量	亿人	1.85	1.94	−0.09	95.18
6. 邮电运输					
（1）邮政业务总量	亿元	2 725.08	2 036.84	688.25	133.79
（2）邮政函件业务	亿件	63.42	70.74	−7.32	89.65
（3）包裹业务	亿件	0.69	0.69	…	100.72
（4）快递业务量	亿件	91.87	56.85	35.01	161.58
四、交通固定资产投资					
1. 铁路固定资产投资	亿元	6 657.50	6 523.70	133.80	102.05
其中：基本建设投资	亿元	5 327.70	5 215.50	112.20	102.15
2. 公路、水路固定资产投资	亿元	15 533.22	14 512.49	1 020.73	107.03
五、新增生产能力					
1. 铁路新增生产能力					
新线投产里程	公里	5 586	5 389	197	103.66
复线投产里程	公里	4 180	4 826	−646	86.61
电气化铁路投产里程	公里	4 810	6 073	−1 263	79.21
2. 公路、水路新增生产能力					
新建公路	公里	58 768	45 124	13 644	130.24
改建公路	公里	174 723	187 279	−12 555	93.30
新增及改善内河航道	公里	866	686	180	126.24
新、改（扩）建码头泊位	个	289	386	−97	74.87

注：1. 铁路货运总量中含行包运量，货运总周转量中含行包周转量。
　　2. 城市客运统计范围指城市（县城）。

二、公路运输

简 要 说 明

一、本篇资料反映我国公路基础设施、运输装备和公路运输发展的基本情况。主要包括：公路里程、营运车辆拥有量、公路旅客运输量、货物运输量、交通量、道路运输统计资料。

二、公路里程为年末通车里程，不含在建和未正式投入使用的公路里程。从 2006 年起，村道正式纳入公路里程统计。农村公路（县、乡、村道）的行政等级依据《全国农村公路统计标准》确定。"公路通达"指标包括因村道而通达的乡镇和建制村。乡镇和建制村是否通达公路依据《全国农村公路统计标准》确定。

三、从 2010 年起，由交通运输部门管理的公共汽车、出租车，不再纳入公路载客汽车统计，该部分数据纳入城市客运运力统计。有关公路运营汽车及载客汽车的同期比均按可比口径计算。

四、从 2013 年起，公路营运载货汽车包括货车、牵引车和挂车，统计口径发生调整，数据与上年同期不可比。

五、"道路运输营业户数"表是按营业户道路运输经营许可证中核定的经营范围分类统计并汇总。

六、"道路客运线路班次"因各省级统计单位分别对跨省线路进行统计，故汇总后跨省线路是实际跨省线路的 2 倍。

七、公路运输量范围为在道路运输管理部门注册登记从事公路运输的营业性运输工具产生的运输量，包括营业性客运车辆和营业性货运车辆。公共电汽车、出租客车不纳入公路运输量的统计范围。

八、根据 2013 年开展的交通运输业经济统计专项调查，交通运输部对公路水路运输量的统计口径和推算方案进行了调整。本资料中有关 2013 年年度公路水路客货运输量均按新方案推算。

九、出入境汽车运输量统计的是由中、外双方承运者完成的通过我国已开通汽车运输边境口岸公路的旅客、货物运输量。

2-1 全国公路里程（按行政等级分）

单位：公里

地区	总计	国道	国家高速公路	省道	县道	乡道	专用公路	村道
全国总计	4 356 218	176 814	70 797	317 850	546 818	1 090 522	76 793	2 147 421
北京	21 673	1 315	561	2 222	3 853	8 033	491	5 759
天津	15 718	860	410	2 831	1 307	3 858	1 008	5 853
河北	174 492	7 810	3 121	14 920	13 489	45 195	1 842	91 235
山西	139 434	5 249	1 988	11 817	20 206	48 717	553	52 892
内蒙古	167 515	9 745	3 140	13 746	27 145	36 789	6 181	73 908
辽宁	110 973	6 924	3 263	9 402	12 775	31 312	908	49 652
吉林	94 191	4 624	1 807	8 949	6 162	27 855	3 902	42 699
黑龙江	160 206	6 984	2 734	9 156	7 931	54 707	16 403	65 025
上海	12 633	644	477	1 016	2 662	7 062	-	1 249
江苏	156 094	5 301	2 830	8 635	23 755	52 778	166	65 458
浙江	115 426	4 332	2 573	6 277	28 397	18 734	668	57 019
安徽	173 763	5 136	2 686	7 879	24 207	36 492	1 002	99 047
福建	99 535	5 051	2 674	6 975	16 832	40 538	109	30 029
江西	152 067	6 211	3 101	9 161	20 589	29 295	661	86 150
山东	252 786	7 763	3 524	17 275	23 595	32 133	2 264	169 756
河南	249 831	6 859	3 165	16 977	21 247	40 821	1 453	162 473
湖北	226 912	6 725	3 110	11 568	20 166	63 811	793	123 849
湖南	235 392	7 094	3 118	38 045	31 106	54 546	1 535	103 067
广东	202 915	7 212	3 118	15 741	17 658	96 777	388	65 139
广西	111 384	7 070	2 648	7 264	25 301	28 891	537	42 321
海南	24 852	1 652	613	1 784	2 856	5 341	25	13 193
重庆	122 846	3 157	1 800	8 565	12 355	15 260	558	82 951
四川	301 816	8 753	3 208	12 903	40 686	52 158	5 091	182 225
贵州	172 564	4 560	1 890	8 582	17 572	18 463	759	122 629
云南	222 940	8 634	2 784	20 461	43 218	105 547	4 043	41 037
西藏	70 591	5 618	-	6 332	13 846	16 521	4 172	24 101
陕西	165 249	7 489	3 550	6 096	17 577	23 973	2 233	107 881
甘肃	133 597	7 303	2 647	6 417	16 332	12 588	3 315	87 643
青海	70 117	4 722	730	8 993	9 377	14 455	961	31 609
宁夏	28 554	2 100	1 051	2 505	1 618	8 985	940	12 406
新疆	170 155	9 917	2 475	15 357	22 995	58 886	13 834	49 166

2-2 全国公路里程（按技术等级分）

单位：公里

地区	总计	等级公路 合计	高速	一级	二级	三级	四级	等外公路
全国总计	4 356 218	3 755 567	104 438	79 491	340 466	407 033	2 824 138	600 652
北京	21 673	21 485	923	1 162	3 273	3 555	12 573	188
天津	15 718	15 718	1 103	1 302	3 241	1 260	8 812	–
河北	174 492	167 711	5 619	4 816	18 455	17 820	121 001	6 781
山西	139 434	136 039	5 011	2 232	15 106	18 130	95 560	3 394
内蒙古	167 515	155 030	4 080	5 578	14 392	29 885	101 094	12 485
辽宁	110 973	95 982	4 023	3 388	17 626	32 184	38 760	14 991
吉林	94 191	86 632	2 299	1 938	8 979	10 729	62 688	7 559
黑龙江	160 206	131 776	4 084	1 593	9 853	33 108	83 140	28 429
上海	12 633	12 633	815	421	3 260	2 685	5 452	–
江苏	156 094	148 263	4 443	11 283	22 677	15 146	94 714	7 830
浙江	115 426	111 997	3 787	5 310	9 610	7 905	85 385	3 429
安徽	173 763	168 084	3 521	2 280	10 411	17 568	134 303	5 680
福建	99 535	80 909	3 935	687	9 042	7 768	59 476	18 626
江西	152 067	122 675	4 303	1 643	9 790	9 379	97 559	29 393
山东	252 786	251 425	4 994	9 487	25 115	24 847	186 981	1 361
河南	249 831	196 790	5 859	1 603	25 322	19 611	144 396	53 040
湖北	226 912	212 893	4 333	2 789	17 576	12 225	175 970	14 019
湖南	235 392	206 622	5 080	1 073	10 702	6 059	183 707	28 771
广东	202 915	186 357	5 703	10 621	19 125	17 364	133 544	16 558
广西	111 384	96 343	3 305	1 008	10 393	8 258	73 380	15 041
海南	24 852	24 154	757	287	1 529	1 385	20 195	698
重庆	122 846	90 358	2 312	618	7 669	5 300	74 458	32 488
四川	301 816	246 571	5 046	3 045	13 733	11 861	212 885	55 245
贵州	172 564	95 419	3 284	256	4 128	8 466	79 285	77 145
云南	222 940	178 371	3 200	1 003	10 307	8 354	155 508	44 568
西藏	70 591	48 678	–	38	1 033	7 741	39 867	21 913
陕西	165 249	148 991	4 363	1 011	8 441	14 731	120 445	16 257
甘肃	133 597	106 812	2 953	206	7 309	13 426	82 918	26 785
青海	70 117	57 069	1 228	371	6 067	5 268	44 134	13 048
宁夏	28 554	28 338	1 344	985	2 967	6 699	16 344	216
新疆	170 155	125 442	2 728	1 457	13 336	28 317	79 603	44 713

2-3 国道里程（按技术等级分）

单位：公里

地区	总计	等级公路						等外公路
		合计	高速	一级	二级	三级	四级	
全国总计	176 814	176 613	72 601	23 449	58 791	18 188	3 583	201
北京	1 315	1 315	647	275	354	39	—	—
天津	860	860	410	314	136	—	—	—
河北	7 810	7 810	3 121	1 724	2 214	751	—	—
山西	5 249	5 249	1 988	820	2 271	163	7	—
内蒙古	9 745	9 745	3 169	2 097	3 976	503	—	—
辽宁	6 924	6 924	3 263	971	2 624	66	—	—
吉林	4 624	4 624	1 807	947	1 473	397	—	—
黑龙江	6 984	6 984	2 734	628	1 605	1 909	108	—
上海	644	644	477	52	114	—	—	—
江苏	5 301	5 301	2 928	2 049	324	—	—	—
浙江	4 332	4 332	2 573	1 214	537	7	—	—
安徽	5 136	5 136	2 687	693	1 552	83	122	—
福建	5 051	5 051	2 918	106	1 971	27	30	—
江西	6 211	6 211	3 101	795	2 204	102	9	—
山东	7 763	7 763	3 524	3 131	1 108	—	—	—
河南	6 859	6 859	3 165	932	2 447	315	—	—
湖北	6 725	6 725	3 135	658	2 927	6	—	—
湖南	7 094	7 094	3 118	293	2 957	501	226	—
广东	7 212	7 212	3 473	2 325	1 266	96	52	—
广西	7 070	7 040	2 648	583	3 312	381	116	30
海南	1 652	1 652	613	89	847	98	5	—
重庆	3 157	3 157	1 838	77	1 137	80	25	—
四川	8 753	8 753	3 441	601	3 536	644	532	—
贵州	4 560	4 560	1 938	97	997	1 518	10	—
云南	8 634	8 505	3 032	459	1 878	1 529	1 607	129
西藏	5 618	5 604	—	—	965	4 237	402	14
陕西	7 489	7 489	3 576	300	2 394	1 191	28	—
甘肃	7 303	7 303	2 679	85	3 215	1 081	242	—
青海	4 722	4 722	972	194	3 237	318	—	—
宁夏	2 100	2 100	1 083	122	866	28	—	—
新疆	9 917	9 889	2 542	817	4 347	2 121	62	28

2-4 省道里程（按技术等级分）

单位：公里

地区	总计	等级公路						等外公路
		合计	高速	一级	二级	三级	四级	
全国总计	317 850	312 325	31 569	30 342	146 406	53 674	50 334	5 525
北京	2 222	2 222	276	526	1 137	283	–	–
天津	2 831	2 831	693	793	1 218	128	–	–
河北	14 920	14 920	2 498	2 396	8 244	1 769	12	–
山西	11 817	11 817	3 023	733	6 536	1 308	217	–
内蒙古	13 746	13 746	909	1 737	5 160	4 955	986	–
辽宁	9 402	9 402	760	1 443	6 917	281	–	–
吉林	8 949	8 945	492	704	5 038	2 048	664	4
黑龙江	9 156	9 148	1 305	398	5 668	1 245	532	8
上海	1 016	1 016	338	185	463	30	–	–
江苏	8 635	8 635	1 503	4 409	2 599	124	–	–
浙江	6 277	6 264	1 214	1 329	2 689	624	408	13
安徽	7 879	7 879	834	975	5 272	530	267	–
福建	6 975	6 949	961	160	4 514	785	529	26
江西	9 161	9 105	1 190	624	5 105	1 345	841	56
山东	17 275	17 275	1 470	5 187	9 743	854	21	–
河南	16 977	16 930	2 694	629	12 137	1 117	353	47
湖北	11 568	11 549	1 108	1 124	9 131	147	39	19
湖南	38 045	37 717	1 962	554	6 682	3 892	24 627	327
广东	15 741	15 560	2 229	3 413	7 323	1 712	882	181
广西	7 264	7 219	657	127	4 446	1 356	633	45
海南	1 784	1 738	145	188	523	546	336	46
重庆	8 565	8 532	465	261	4 879	1 379	1 547	34
四川	12 903	12 795	1 566	755	5 564	2 155	2 755	108
贵州	8 582	8 582	1 345	84	2 302	3 410	1 440	–
云南	20 461	20 101	168	369	7 524	3 368	8 672	360
西藏	6 332	3 927	–	38	67	2 133	1 688	2 406
陕西	6 096	6 096	787	411	2 609	2 147	143	–
甘肃	6 417	6 342	274	32	3 006	2 690	340	75
青海	8 993	8 151	256	156	2 651	3 431	1 656	842
宁夏	2 505	2 505	261	92	975	1 155	23	–
新疆	15 357	14 429	187	511	6 282	6 726	723	928

2-5 县道里程（按技术等级分）

单位：公里

地区	总计	等级公路						等外公路
		合计	高速	一级	二级	三级	四级	
全国总计	546 818	527 137	119	14 445	86 367	166 763	259 442	19 682
北 京	3 853	3 853	–	300	1 237	2 183	133	–
天 津	1 307	1 307	–	95	444	487	282	–
河 北	13 489	13 307	–	132	4 699	6 864	1 612	182
山 西	20 206	20 119	–	286	4 332	9 808	5 694	86
内蒙古	27 145	26 219	2	1 387	3 058	13 072	8 701	926
辽 宁	12 775	12 775	–	928	7 170	4 545	131	–
吉 林	6 162	6 148	–	135	1 816	3 401	796	14
黑龙江	7 931	7 896	–	200	1 424	4 908	1 364	34
上 海	2 662	2 662	–	184	1 430	1 041	7	–
江 苏	23 755	23 443	12	3 006	11 648	6 294	2 483	312
浙 江	28 397	28 269	–	2 605	5 047	4 878	15 739	128
安 徽	24 207	24 207	–	273	2 913	14 197	6 825	–
福 建	16 832	15 858	56	387	1 668	5 094	8 654	974
江 西	20 589	19 738	–	88	1 921	6 382	11 347	852
山 东	23 595	23 595	–	545	7 517	9 598	5 934	–
河 南	21 247	20 957	–	–	7 101	8 223	5 633	290
湖 北	20 166	20 157	–	574	4 114	7 580	7 887	9
湖 南	31 106	29 799	–	211	980	1 506	27 103	1 307
广 东	17 658	17 589	–	1 393	5 155	7 021	4 021	69
广 西	25 301	24 139	–	267	2 402	5 932	15 538	1 162
海 南	2 856	2 794	–	6	46	575	2 167	62
重 庆	12 355	12 138	10	145	1 293	2 605	8 086	217
四 川	40 686	37 898	40	899	3 566	6 632	26 761	2 788
贵 州	17 572	17 492	–	29	360	2 904	14 200	80
云 南	43 218	40 477	–	151	743	2 982	36 601	2 741
西 藏	13 846	9 688	–	–	–	1 006	8 682	4 158
陕 西	17 577	17 577	–	55	2 098	7 339	8 085	–
甘 肃	16 332	15 431	–	58	562	6 078	8 733	901
青 海	9 377	9 004	–	21	151	1 158	7 675	373
宁 夏	1 618	1 618	–	54	230	1 311	23	–
新 疆	22 995	20 981	–	35	1 243	11 160	8 543	2 015

2-6 乡道里程（按技术等级分）

单位：公里

地区	总计	等级公路 合计	高速	一级	二级	三级	四级	等外公路
全国总计	1 090 522	994 845	–	5 896	24 954	113 026	850 968	95 677
北　京	8 033	8 033	–	24	229	825	6 954	–
天　津	3 858	3 858	–	35	324	233	3 266	–
河　北	45 195	43 425	–	331	1 856	6 317	34 921	1 771
山　西	48 717	47 926	–	251	1 226	4 268	42 180	791
内蒙古	36 789	35 025	–	110	1 221	7 258	26 436	1 764
辽　宁	31 312	31 312	–	23	707	23 636	6 946	–
吉　林	27 855	26 570	–	104	403	4 032	22 031	1 284
黑龙江	54 707	50 362	–	85	643	15 775	33 859	4 345
上　海	7 062	7 062	–	–	1 218	1 524	4 320	–
江　苏	52 778	51 881	–	909	3 933	5 287	41 752	897
浙　江	18 734	18 413	–	46	478	1 225	16 664	321
安　徽	36 492	35 491	–	13	239	1 656	33 582	1 001
福　建	40 538	35 251	–	35	746	1 551	32 919	5 287
江　西	29 295	24 393	–	55	261	933	23 144	4 902
山　东	32 133	32 133	–	125	2 250	5 856	23 901	–
河　南	40 821	38 300	–	–	1 965	7 430	28 905	2 521
湖　北	63 811	62 391	–	160	779	3 537	57 915	1 420
湖　南	54 546	51 369	–	6	48	104	51 211	3 177
广　东	96 777	94 150	–	2 638	4 002	6 841	80 670	2 627
广　西	28 891	26 206	–	16	145	474	25 570	2 685
海　南	5 341	5 044	–	3	103	71	4 867	298
重　庆	15 260	13 359	–	31	116	671	12 540	1 901
四　川	52 158	40 143	–	521	678	1 506	37 439	12 015
贵　州	18 463	16 137	–	29	114	279	15 715	2 326
云　南	105 547	87 873	–	23	111	327	87 412	17 674
西　藏	16 521	10 203	–	–	–	149	10 054	6 318
陕　西	23 973	23 344	–	19	287	2 250	20 789	628
甘　肃	12 588	10 595	–	1	131	1 992	8 470	1 993
青　海	14 455	11 496	–	–	5	237	11 254	2 959
宁　夏	8 985	8 984	–	290	356	3 412	4 927	–
新　疆	58 886	44 117	–	12	378	3 371	40 355	14 769

2-7 专用公路里程（按技术等级分）

单位：公里

地区	总计	等级公路						等外公路
		合计	高速	一级	二级	三级	四级	
全国总计	76 793	54 414	148	1 276	5 360	11 891	35 739	22 379
北京	491	491	-	35	281	105	69	-
天津	1 008	1 008	-	58	596	153	201	-
河北	1 842	1 810	-	46	298	339	1 128	31
山西	553	544	-	7	51	284	201	9
内蒙古	6 181	5 907	-	124	672	1 063	4 048	274
辽宁	908	888	-	11	71	368	438	20
吉林	3 902	3 801	-	20	29	179	3 573	101
黑龙江	16 403	7 279	45	257	346	2 145	4 487	9 123
上海	-	-	-	-	-	-	-	-
江苏	166	166	-	13	23	73	57	-
浙江	668	596	-	10	22	117	447	72
安徽	1 002	992	-	-	46	233	713	11
福建	109	98	-	-	9	4	85	11
江西	661	485	12	21	57	43	353	175
山东	2 264	2 264	-	46	113	347	1 758	-
河南	1 453	1 303	-	42	358	386	518	150
湖北	793	773	90	-	43	79	561	19
湖南	1 535	855	-	5	2	2	846	680
广东	388	334	-	30	60	45	200	54
广西	537	360	-	11	35	30	284	177
海南	25	25	-	-	-	-	25	-
重庆	558	443	-	7	33	83	319	115
四川	5 091	2 258	-	17	85	144	2 012	2 833
贵州	759	710	1	6	46	165	491	48
云南	4 043	2 725	-	-	42	134	2 550	1 318
西藏	4 172	2 928	-	-	-	163	2 765	1 244
陕西	2 233	2 195	-	64	470	359	1 303	38
甘肃	3 315	2 659	-	5	229	897	1 529	656
青海	961	598	-	-	17	58	524	363
宁夏	940	940	-	364	297	127	151	-
新疆	13 834	8 978	-	76	1 029	3 769	4 104	4 855

2-8 村道里程（按技术等级分）

单位：公里

地区	总计	等级公路						等外公路
		合计	高速	一级	二级	三级	四级	
全国总计	2 147 421	1 690 233	–	4 082	18 587	43 491	1 624 073	457 188
北京	5 759	5 571	–	2	34	119	5 417	188
天津	5 853	5 853	–	7	525	259	5 062	–
河北	91 235	86 439	–	186	1 145	1 780	83 328	4 796
山西	52 892	50 385	–	135	690	2 299	47 260	2 507
内蒙古	73 908	64 387	–	123	306	3 035	60 923	9 521
辽宁	49 652	34 681	–	13	136	3 288	31 245	14 971
吉林	42 699	36 543	–	28	220	671	35 624	6 156
黑龙江	65 025	50 107	–	25	165	7 125	42 791	14 919
上海	1 249	1 249	–	–	34	90	1 125	–
江苏	65 458	58 838	–	898	4 150	3 368	50 422	6 620
浙江	57 019	54 123	–	106	836	1 055	52 126	2 896
安徽	99 047	94 379	–	327	390	869	92 793	4 668
福建	30 029	17 700	–	–	133	308	17 259	12 329
江西	86 150	62 743	–	60	241	576	61 866	23 407
山东	169 756	168 396	–	453	4 384	8 191	155 367	1 361
河南	162 473	112 441	–	–	1 314	2 140	108 987	50 032
湖北	123 849	111 298	–	273	581	876	109 568	12 551
湖南	103 067	79 788	–	5	34	54	79 695	23 280
广东	65 139	51 512	–	822	1 320	1 650	47 720	13 627
广西	42 321	31 380	–	3	53	85	31 239	10 942
海南	13 193	12 901	–	3	10	94	12 795	292
重庆	82 951	52 730	–	97	211	483	51 940	30 221
四川	182 225	144 724	–	252	305	781	143 386	37 501
贵州	122 629	47 939	–	11	309	190	47 429	74 690
云南	41 037	18 690	–	–	9	14	18 668	22 347
西藏	24 101	16 329	–	–	–	54	16 275	7 772
陕西	107 881	92 290	–	162	584	1 446	90 098	15 591
甘肃	87 643	64 482	–	24	166	689	63 604	23 160
青海	31 609	23 098	–	–	5	66	23 026	8 511
宁夏	12 406	12 191	–	62	243	665	11 220	215
新疆	49 166	27 048	–	6	56	1 170	25 815	22 118

2-9 全国公路里程（按路面类型分）

单位：公里

地区	总计	有铺装路面（高级）			简易铺装路面（次高级）	未铺装路面（中级、低级、无路面）
		合计	沥青混凝土	水泥混凝土		
全国总计	4 356 218	2 465 355	688 092	1 777 263	492 189	1 398 675
北京	21 673	19 719	15 206	4 513	986	969
天津	15 718	15 718	12 370	3 348	—	—
河北	174 492	139 559	55 660	83 899	11 921	23 011
山西	139 434	95 958	29 158	66 800	24 239	19 237
内蒙古	167 515	66 974	45 128	21 846	17 714	82 828
辽宁	110 973	48 377	41 378	6 999	23 945	38 650
吉林	94 191	70 723	19 103	51 621	63	23 405
黑龙江	160 206	106 998	12 463	94 534	1 291	51 917
上海	12 633	12 633	5 597	7 036	—	—
江苏	156 094	139 198	43 755	95 443	1 472	15 424
浙江	115 426	107 158	31 635	75 524	5 161	3 107
安徽	173 763	96 262	13 821	82 442	25 552	51 949
福建	99 535	77 417	4 505	72 912	2 057	20 061
江西	152 067	109 251	10 488	98 763	5 853	36 964
山东	252 786	162 456	70 166	92 290	71 908	18 422
河南	249 831	137 115	39 941	97 175	46 463	66 252
湖北	226 912	169 319	15 629	153 690	19 903	37 690
湖南	235 392	157 688	11 910	145 779	4 752	72 952
广东	202 915	139 111	11 726	127 385	4 972	58 832
广西	111 384	55 409	6 906	48 504	18 950	37 025
海南	24 852	23 371	3 346	20 026	491	989
重庆	122 846	54 613	12 055	42 559	6 986	61 247
四川	301 816	151 651	29 981	121 671	21 664	128 501
贵州	172 564	31 799	6 862	24 937	34 357	106 408
云南	222 940	62 725	41 366	21 358	10 335	149 881
西藏	70 591	8 649	7 920	729	1 965	59 977
陕西	165 249	92 603	23 330	69 273	21 026	51 620
甘肃	133 597	38 004	12 146	25 857	30 622	64 971
青海	70 117	24 740	9 844	14 896	5 125	40 252
宁夏	28 554	18 232	13 266	4 966	4 455	5 867
新疆	170 155	31 923	31 433	491	67 964	70 267

2-10 国道里程（按路面类型分）

单位：公里

地区	总计	有铺装路面（高级）			简易铺装路面（次高级）	未铺装路面（中级、低级、无路面）
		合计	沥青混凝土	水泥混凝土		
全国总计	176 814	163 770	142 213	21 557	11 247	1 797
北　京	1 315	1 315	1 307	8	-	-
天　津	860	860	860	-	-	-
河　北	7 810	7 776	7 541	236	34	-
山　西	5 249	5 187	4 912	275	62	-
内蒙古	9 745	9 365	9 300	66	380	-
辽　宁	6 924	6 791	6 783	8	133	-
吉　林	4 624	4 624	4 549	74	-	-
黑龙江	6 984	6 383	3 482	2 901	101	500
上　海	644	644	626	18	-	-
江　苏	5 301	5 301	5 258	43	-	-
浙　江	4 332	4 332	3 905	426	-	-
安　徽	5 136	4 925	4 115	810	211	-
福　建	5 051	5 051	2 713	2 338	-	-
江　西	6 211	6 159	4 687	1 472	52	-
山　东	7 763	7 763	7 638	125	-	-
河　南	6 859	6 717	6 253	464	142	-
湖　北	6 725	6 376	5 723	652	335	15
湖　南	7 094	6 935	4 588	2 347	159	-
广　东	7 212	7 163	4 035	3 128	49	-
广　西	7 070	6 104	3 006	3 098	928	37
海　南	1 652	1 628	1 196	433	23	-
重　庆	3 157	3 157	2 964	193	-	-
四　川	8 753	7 990	6 952	1 038	705	58
贵　州	4 560	2 698	2 574	124	1 862	-
云　南	8 634	6 535	6 191	344	1 768	331
西　藏	5 618	4 085	4 030	55	772	761
陕　西	7 489	7 458	6 911	547	31	-
甘　肃	7 303	5 691	5 654	38	1 606	5
青　海	4 722	4 315	4 164	151	404	4
宁　夏	2 100	1 901	1 886	15	199	-
新　疆	9 917	8 540	8 411	129	1 293	85

2-11 省道里程（按路面类型分）

单位：公里

地 区	总 计	有铺装路面（高级）			简易铺装路面（次高级）	未铺装路面（中级、低级、无路面）
		合 计	沥青混凝土	水泥混凝土		
全国总计	317 850	260 086	187 237	72 849	41 279	16 485
北 京	2 222	2 203	2 198	5	19	-
天 津	2 831	2 831	2 827	4	-	-
河 北	14 920	14 757	13 771	986	163	-
山 西	11 817	11 287	10 604	683	530	-
内蒙古	13 746	9 591	9 193	398	3 697	458
辽 宁	9 402	8 645	8 624	21	757	-
吉 林	8 949	8 559	5 968	2 590	-	391
黑龙江	9 156	8 411	3 025	5 386	-	745
上 海	1 016	1 016	956	61	-	-
江 苏	8 635	8 635	8 428	207	-	-
浙 江	6 277	6 268	4 900	1 367	9	-
安 徽	7 879	6 105	4 448	1 658	1 774	-
福 建	6 975	6 721	1 127	5 594	247	7
江 西	9 161	7 153	3 880	3 273	1 879	128
山 东	17 275	16 736	16 156	580	539	-
河 南	16 977	16 337	15 069	1 268	530	110
湖 北	11 568	9 142	5 413	3 728	2 407	20
湖 南	38 045	31 845	6 085	25 759	3 288	2 912
广 东	15 741	14 842	4 341	10 501	898	-
广 西	7 264	4 503	2 467	2 036	2 676	85
海 南	1 784	1 606	1 025	581	154	24
重 庆	8 565	7 475	5 213	2 261	865	225
四 川	12 903	11 136	9 189	1 947	1 375	393
贵 州	8 582	3 310	3 074	236	5 172	100
云 南	20 461	15 173	14 406	767	3 887	1 402
西 藏	6 332	1 678	1 643	35	243	4 412
陕 西	6 096	6 035	5 770	265	61	-
甘 肃	6 417	3 345	3 203	143	2 432	639
青 海	8 993	5 355	4 894	461	1 055	2 583
宁 夏	2 505	1 687	1 643	44	790	28
新 疆	15 357	7 701	7 694	6	5 832	1 825

2-12 县道里程（按路面类型分）

单位：公里

地区	总计	有铺装路面（高级）			简易铺装路面（次高级）	未铺装路面（中级、低级、无路面）
		合计	沥青混凝土	水泥混凝土		
全国总计	546 818	341 384	153 022	188 363	128 824	76 610
北京	3 853	3 824	3 755	69	6	23
天津	1 307	1 307	1 274	33	-	-
河北	13 489	10 984	7 783	3 200	1 739	766
山西	20 206	12 593	7 784	4 809	6 837	775
内蒙古	27 145	14 326	11 135	3 191	6 506	6 313
辽宁	12 775	9 323	9 159	163	3 349	104
吉林	6 162	5 976	3 289	2 687	-	186
黑龙江	7 931	6 591	1 354	5 236	290	1 050
上海	2 662	2 662	2 262	400	-	-
江苏	23 755	23 212	15 699	7 514	65	478
浙江	28 397	25 640	13 548	12 093	2 740	17
安徽	24 207	12 299	3 734	8 565	11 317	592
福建	16 832	14 762	456	14 306	887	1 183
江西	20 589	16 691	1 361	15 330	2 591	1 307
山东	23 595	18 518	13 328	5 190	4 905	171
河南	21 247	16 890	7 543	9 347	3 837	520
湖北	20 166	12 780	3 036	9 744	6 774	612
湖南	31 106	24 415	1 029	23 386	1 022	5 669
广东	17 658	15 401	1 290	14 111	1 578	679
广西	25 301	9 755	1 194	8 561	12 493	3 053
海南	2 856	2 355	893	1 462	302	200
重庆	12 355	9 206	2 168	7 038	1 675	1 474
四川	40 686	25 073	7 970	17 103	7 431	8 181
贵州	17 572	1 741	423	1 318	13 917	1 913
云南	43 218	21 103	16 094	5 009	3 469	18 646
西藏	13 846	1 410	1 339	71	514	11 922
陕西	17 577	9 725	5 576	4 149	6 968	884
甘肃	16 332	3 155	1 868	1 288	10 084	3 093
青海	9 377	3 553	648	2 905	2 395	3 429
宁夏	1 618	921	920	1	658	40
新疆	22 995	5 190	5 108	82	14 474	3 331

2-13 乡道里程（按路面类型分）

单位：公里

地 区	总 计	有铺装路面（高级）			简易铺装路面（次高级）	未铺装路面（中级、低级、无路面）
		合 计	沥青混凝土	水泥混凝土		
全国总计	1 090 522	640 850	102 459	538 391	127 896	321 776
北 京	8 033	7 330	5 279	2 050	517	186
天 津	3 858	3 858	2 881	977	-	-
河 北	45 195	34 988	10 905	24 083	4 833	5 375
山 西	48 717	30 665	3 478	27 187	10 011	8 041
内蒙古	36 789	16 746	8 414	8 332	4 705	15 339
辽 宁	31 312	15 387	12 255	3 132	12 872	3 052
吉 林	27 855	23 676	3 815	19 862	6	4 173
黑龙江	54 707	43 367	2 385	40 982	709	10 631
上 海	7 062	7 062	1 542	5 520	-	-
江 苏	52 778	50 673	7 631	43 043	361	1 744
浙 江	18 734	17 101	3 581	13 520	1 522	111
安 徽	36 492	20 005	454	19 551	5 474	11 012
福 建	40 538	34 475	109	34 366	569	5 494
江 西	29 295	21 936	281	21 655	600	6 758
山 东	32 133	20 573	8 817	11 756	9 838	1 722
河 南	40 821	27 197	5 113	22 084	10 244	3 380
湖 北	63 811	47 867	711	47 156	6 507	9 437
湖 南	54 546	36 787	104	36 684	165	17 593
广 东	96 777	71 235	1 645	69 590	1 932	23 610
广 西	28 891	17 219	156	17 063	2 009	9 662
海 南	5 341	4 909	163	4 745	11	421
重 庆	15 260	8 820	778	8 042	1 241	5 200
四 川	52 158	24 997	4 021	20 976	4 855	22 306
贵 州	18 463	3 946	282	3 665	6 688	7 829
云 南	105 547	17 575	4 046	13 528	718	87 254
西 藏	16 521	678	535	143	276	15 567
陕 西	23 973	13 462	2 083	11 379	6 040	4 471
甘 肃	12 588	2 482	778	1 704	5 677	4 429
青 海	14 455	4 116	47	4 069	966	9 373
宁 夏	8 985	6 002	4 538	1 464	1 648	1 335
新 疆	58 886	5 716	5 631	85	26 902	26 269

2-14 专用公路里程（按路面类型分）

单位：公里

地区	总计	有铺装路面（高级）			简易铺装路面（次高级）	未铺装路面（中级、低级、无路面）
		合计	沥青混凝土	水泥混凝土		
全国总计	76 793	25 676	11 881	13 795	10 284	40 833
北京	491	479	382	97	12	-
天津	1 008	1 008	833	175	-	-
河北	1 842	1 555	895	660	165	122
山西	553	340	118	222	155	58
内蒙古	6 181	1 800	781	1 018	277	4 104
辽宁	908	165	154	11	333	409
吉林	3 902	844	227	616	16	3 042
黑龙江	16 403	6 281	1 381	4 899	21	10 101
上海	-	-	-	-	-	-
江苏	166	163	35	127	1	2
浙江	668	527	202	325	63	79
安徽	1 002	392	49	343	131	479
福建	109	90	-	90	9	10
江西	661	442	70	372	4	215
山东	2 264	1 154	878	276	1 077	34
河南	1 453	795	520	275	441	217
湖北	793	521	113	408	133	138
湖南	1 535	409	23	386	21	1 104
广东	388	301	34	267	-	88
广西	537	174	51	123	124	238
海南	25	25	4	21	-	-
重庆	558	350	42	308	22	185
四川	5 091	1 115	357	758	250	3 726
贵州	759	198	29	169	357	204
云南	4 043	768	402	366	256	3 019
西藏	4 172	337	196	141	74	3 761
陕西	2 233	1 423	631	792	301	510
甘肃	3 315	409	230	178	1 260	1 646
青海	961	266	48	218	25	670
宁夏	940	779	686	93	68	93
新疆	13 834	2 566	2 508	57	4 690	6 578

2-15　村道里程（按路面类型分）

单位：公里

地区	总计	有铺装路面（高级）			简易铺装路面（次高级）	未铺装路面（中级、低级、无路面）
		合计	沥青混凝土	水泥混凝土		
全国总计	2 147 421	1 033 588	91 280	942 307	172 659	941 175
北　京	5 759	4 568	2 286	2 283	432	759
天　津	5 853	5 853	3 694	2 159	-	-
河　北	91 235	69 499	14 765	54 733	4 988	16 748
山　西	52 892	35 886	2 262	33 624	6 643	10 363
内蒙古	73 908	15 146	6 304	8 842	2 148	56 614
辽　宁	49 652	8 065	4 402	3 664	6 502	35 085
吉　林	42 699	27 045	1 254	25 791	41	15 613
黑龙江	65 025	35 966	835	35 130	170	28 890
上　海	1 249	1 249	212	1 037	-	-
江　苏	65 458	51 213	6 704	44 509	1 045	13 200
浙　江	57 019	53 291	5 499	47 792	828	2 900
安　徽	99 047	52 535	1 021	51 514	6 646	39 866
福　建	30 029	16 318	100	16 218	345	13 366
江　西	86 150	56 868	209	56 659	726	28 556
山　东	169 756	97 712	23 350	74 362	55 550	16 495
河　南	162 473	69 179	5 442	63 737	31 269	62 025
湖　北	123 849	92 634	632	92 002	3 747	27 468
湖　南	103 067	57 297	81	57 216	97	45 673
广　东	65 139	30 169	381	29 788	514	34 455
广　西	42 321	17 652	31	17 621	719	23 949
海　南	13 193	12 848	64	12 784	1	344
重　庆	82 951	25 606	890	24 716	3 182	54 163
四　川	182 225	81 341	1 492	79 849	7 048	93 836
贵　州	122 629	19 905	479	19 426	6 362	96 362
云　南	41 037	1 571	226	1 345	238	39 228
西　藏	24 101	461	176	285	86	23 555
陕　西	107 881	54 499	2 358	52 141	7 626	45 756
甘　肃	87 643	22 921	414	22 507	9 563	55 159
青　海	31 609	7 136	43	7 092	280	24 193
宁　夏	12 406	6 942	3 593	3 349	1 092	4 372
新　疆	49 166	2 212	2 080	132	14 773	32 181

2-16 全国公路养护里程

单位：公里

地区	总计	国道	省道	县道	乡道	专用公路	村道
全国总计	4 251 363	176 256	316 715	545 200	1 076 689	72 754	2 063 749
北京	21 673	1 315	2 222	3 853	8 033	491	5 759
天津	15 712	860	2 831	1 307	3 857	1 008	5 847
河北	174 183	7 810	14 920	13 489	45 195	1 791	90 977
山西	139 344	5 159	11 817	20 206	48 717	553	52 892
内蒙古	164 793	9 745	13 741	27 145	36 625	5 312	72 226
辽宁	110 973	6 924	9 402	12 775	31 312	908	49 652
吉林	94 043	4 624	8 949	6 162	27 854	3 902	42 551
黑龙江	160 144	6 981	9 156	7 912	54 678	16 402	65 014
上海	12 633	644	1 016	2 662	7 062	-	1 249
江苏	150 360	5 301	8 635	23 472	52 191	79	60 681
浙江	115 426	4 332	6 277	28 397	18 734	668	57 019
安徽	173 140	5 073	7 807	24 207	36 492	514	99 047
福建	99 535	5 051	6 975	16 832	40 538	109	30 029
江西	146 700	6 163	9 109	20 589	29 243	660	80 935
山东	252 786	7 763	17 275	23 595	32 133	2 264	169 756
河南	245 755	6 859	16 974	21 233	40 689	1 449	158 552
湖北	226 893	6 725	11 549	20 166	63 811	793	123 849
湖南	235 182	6 986	37 988	31 060	54 546	1 535	103 067
广东	197 444	7 152	15 683	17 630	96 661	336	59 982
广西	110 998	7 070	7 264	25 301	28 838	522	42 003
海南	24 852	1 652	1 784	2 856	5 341	25	13 193
重庆	122 525	3 157	8 565	12 355	15 258	558	82 632
四川	280 644	8 753	12 903	40 678	50 466	4 790	163 053
贵州	172 564	4 560	8 582	17 572	18 463	759	122 629
云南	222 940	8 634	20 461	43 218	105 547	4 043	41 037
西藏	65 836	5 604	5 495	13 846	16 066	4 171	20 653
陕西	163 902	7 317	6 065	17 577	23 959	2 233	106 751
甘肃	114 675	7 303	6 417	16 332	12 384	3 299	68 941
青海	70 117	4 722	8 993	9 377	14 455	961	31 609
宁夏	28 554	2 100	2 505	1 618	8 985	940	12 406
新疆	137 041	9 917	15 357	21 775	48 554	11 681	29 758

2-17　全国公路绿化里程

单位：公里

地区	总计	国道	省道	县道	乡道	专用公路	村道
全国总计	2 307 504	138 516	247 613	381 834	627 545	34 717	877 280
北　京	15 550	1 315	2 211	3 836	4 239	397	3 552
天　津	14 530	738	2 546	1 307	3 566	972	5 401
河　北	78 503	7 321	12 255	8 136	18 121	758	31 912
山　西	58 172	4 253	8 655	13 800	20 018	230	11 216
内蒙古	28 486	5 763	4 050	8 483	6 474	1 444	2 272
辽　宁	66 586	6 198	8 656	11 397	21 903	664	17 769
吉　林	84 898	4 605	8 707	6 118	27 290	3 802	34 376
黑龙江	122 683	5 922	7 303	7 096	44 974	8 861	48 527
上　海	10 806	498	843	2 477	6 007	–	981
江　苏	141 433	5 169	8 505	22 969	49 431	71	55 289
浙　江	73 585	4 018	5 817	24 006	12 768	499	26 477
安　徽	128 587	4 713	7 055	21 757	32 952	639	61 471
福　建	84 893	4 233	6 426	14 595	35 920	93	23 626
江　西	88 464	5 462	7 728	17 489	19 489	159	38 138
山　东	198 670	7 147	15 946	19 938	25 850	1 532	128 257
河　南	176 593	6 668	14 914	17 192	31 865	1 354	104 599
湖　北	94 349	5 665	10 377	15 493	27 613	582	34 618
湖　南	173 820	6 307	31 741	24 687	40 819	1 013	69 252
广　东	98 049	6 861	14 868	15 414	49 926	245	10 734
广　西	44 670	6 659	6 401	15 830	9 512	227	6 041
海　南	23 158	1 518	1 619	2 580	5 135	25	12 280
重　庆	52 438	2 604	7 656	9 517	9 431	232	22 998
四　川	125 095	8 115	10 753	30 397	29 601	2 108	44 120
贵　州	27 493	3 161	5 059	6 325	2 735	107	10 106
云　南	92 956	5 974	12 478	25 043	36 452	1 283	11 726
西　藏	3 457	1 297	1 414	248	5	392	101
陕　西	38 601	6 640	5 138	7 967	5 796	692	12 369
甘　肃	21 878	2 824	3 103	6 529	4 149	586	4 686
青　海	31 446	3 093	6 953	5 416	5 411	310	10 262
宁　夏	16 730	1 432	1 384	1 172	7 439	799	4 505
新　疆	90 927	2 342	7 051	14 620	32 653	4 645	29 617

2-18 全国高速公路里程

单位：公里

地区	高速公路 合计	四车道	六车道	八车道及以上	车道里程
全国总计	104 438	85 989	15 138	3 310	461 270
北京	923	451	433	39	4 710
天津	1 103	447	560	96	5 918
河北	5 619	4 047	1 538	34	25 690
山西	5 011	4 186	822	3	21 701
内蒙古	4 080	3 741	122	217	17 434
辽宁	4 023	3 191	337	495	18 749
吉林	2 299	2 273	26	-	9 246
黑龙江	4 084	4 084	-	-	16 334
上海	815	309	307	200	4 673
江苏	4 443	2 474	1 702	266	22 242
浙江	3 787	2 810	627	351	17 806
安徽	3 521	3 177	290	55	14 882
福建	3 935	3 130	572	233	17 818
江西	4 303	4 106	191	6	17 619
山东	4 994	4 208	763	24	21 595
河南	5 859	3 407	1 954	498	29 335
湖北	4 333	4 119	213	2	17 765
湖南	5 080	4 772	308	-	20 937
广东	5 703	2 982	2 327	393	29 038
广西	3 305	3 147	136	21	13 580
海南	757	757	-	-	3 030
重庆	2 312	1 961	352	-	9 954
四川	5 046	4 788	259	-	20 703
贵州	3 284	3 204	81	-	13 298
云南	3 200	2 568	586	46	14 157
西藏	-	-	-	-	-
陕西	4 363	3 460	571	332	19 919
甘肃	2 953	2 920	33	-	11 878
青海	1 228	1 226	2	-	4 918
宁夏	1 344	1 324	20	-	5 414
新疆	2 728	2 720	8	-	10 928

2-19　全国公路密度及通达率

地区	公路密度		公路通达率（%）			
	以国土面积计算（公里/百平方公里）	以人口计算（公里/万人）	乡（镇）	通硬化路面所占比重	行政村	通硬化路面所占比重
全国总计	45.38	32.17	99.97	97.81	99.70	89.00
北　京	132.07	10.47	100.00	100.00	100.00	100.00
天　津	132.08	11.12	100.00	100.00	100.00	100.00
河　北	92.96	24.10	100.00	100.00	100.00	100.00
山　西	89.21	38.80	100.00	100.00	99.92	99.39
内蒙古	14.16	67.28	99.45	99.45	99.98	57.35
辽　宁	76.06	26.14	100.00	100.00	100.00	100.00
吉　林	50.26	34.25	100.00	99.44	99.93	99.38
黑龙江	35.29	41.78	100.00	99.73	99.33	98.09
上　海	199.23	5.31	100.00	100.00	100.00	100.00
江　苏	152.14	19.34	100.00	100.00	100.00	100.00
浙　江	113.39	24.05	100.00	100.00	99.66	99.64
安　徽	133.66	25.18	100.00	100.00	99.99	99.99
福　建	81.99	26.37	100.00	100.00	100.00	100.00
江　西	91.11	33.76	100.00	100.00	100.00	100.00
山　东	161.32	26.10	100.00	100.00	100.00	99.88
河　南	149.60	24.75	100.00	100.00	100.00	99.96
湖　北	122.06	39.26	100.00	100.00	100.00	98.67
湖　南	111.14	32.78	100.00	100.00	99.79	93.43
广　东	114.06	19.06	100.00	100.00	100.00	100.00
广　西	47.06	21.26	100.00	99.91	99.97	82.64

2-19 （续表一）

地 区	公 路 密 度		公 路 通 达 率（%）			
	以国土面积计算（公里/百平方公里）	以人口计算（公里/万人）	乡（镇）	通硬化路面所占比重	行政村	通硬化路面所占比重
海 南	73.31	28.66	100.00	100.00	99.97	99.91
重 庆	149.08	37.07	100.00	100.00	99.99	53.86
四 川	61.90	33.17	100.00	92.87	98.40	71.56
贵 州	97.99	49.75	100.00	100.00	100.00	53.24
云 南	56.58	47.57	99.85	96.63	98.65	46.94
西 藏	5.75	217.17	99.71	45.89	95.78	16.76
陕 西	80.37	46.38	100.00	100.00	99.38	75.45
甘 肃	29.40	51.11	100.00	97.78	100.00	54.18
青 海	9.72	123.98	100.00	95.71	100.00	79.53
宁 夏	43.00	44.12	100.00	100.00	100.00	90.50
新 疆	10.25	76.20	99.85	97.98	98.47	79.18

2-20 公路桥梁（按使用年限分）

地区	总计 数量（座）	总计 长度（米）	总计中：永久式桥梁 数量（座）	总计中：永久式桥梁 长度（米）	总计中：危桥 数量（座）	总计中：危桥 长度（米）
全国总计	735 291	39 778 016	721 467	39 446 217	85 991	2 564 147
北京	4 967	352 419	4 967	352 419	78	3 376
天津	3 225	523 586	3 200	522 968	4	2 314
河北	38 915	2 580 517	38 605	2 572 710	4 006	132 128
山西	13 993	1 145 869	13 904	1 142 597	773	20 651
内蒙古	15 541	632 580	14 856	614 487	2 957	73 960
辽宁	36 766	1 351 157	36 735	1 350 276	1 156	36 671
吉林	12 545	478 636	12 251	471 447	1 233	36 056
黑龙江	20 431	716 061	18 326	681 666	6 433	138 822
上海	10 466	621 411	10 466	621 411	99	5 058
江苏	68 306	3 174 281	67 832	3 163 607	11 534	297 910
浙江	47 423	2 580 759	47 390	2 580 113	1 112	46 265
安徽	35 535	1 837 659	35 301	1 832 109	4 796	111 304
福建	23 674	1 595 322	23 631	1 593 776	1 300	58 933
江西	25 192	1 278 198	23 183	1 235 103	5 508	190 545
山东	47 693	2 072 716	47 625	2 070 200	4 597	190 144
河南	43 240	1 911 954	42 977	1 906 286	13 174	328 533
湖北	36 071	1 872 913	36 036	1 872 018	9 450	244 710
湖南	37 182	1 843 269	36 479	1 828 456	3 655	109 264
广东	45 501	3 019 570	45 417	3 017 251	1 282	72 488
广西	16 150	758 864	16 072	756 343	734	36 887
海南	5 460	179 804	5 383	178 013	396	15 047
重庆	10 153	700 664	10 021	695 172	346	17 739
四川	36 776	2 043 312	35 869	2 019 013	1 422	64 871
贵州	16 379	1 393 876	16 283	1 389 582	2 187	70 817
云南	23 698	1 839 472	23 401	1 824 855	1 690	67 939
西藏	7 320	187 689	5 398	140 603	1 420	41 604
陕西	22 939	1 984 715	21 788	1 954 309	1 180	48 133
甘肃	8 744	315 787	8 364	301 953	1 157	47 064
青海	4 576	201 116	4 515	196 791	319	8 345
宁夏	4 087	186 358	4 087	186 358	438	9 397
新疆	12 343	397 482	11 105	374 327	1 555	37 174

2-21 公路桥

地区	总计 数量(座)	总计 长度(米)	特大桥 数量(座)	特大桥 长度(米)	大 数量(座)
全国总计	735 291	39 778 016	3 075	5 461 381	67 677
北 京	4 967	352 419	30	61 825	644
天 津	3 225	523 586	100	182 235	733
河 北	38 915	2 580 517	233	483 484	4 519
山 西	13 993	1 145 869	76	116 546	2 642
内蒙古	15 541	632 580	18	38 797	1 121
辽 宁	36 766	1 351 157	59	104 048	2 085
吉 林	12 545	478 636	13	18 892	712
黑龙江	20 431	716 061	19	31 638	1 080
上 海	10 466	621 411	64	150 804	606
江 苏	68 306	3 174 281	215	422 489	3 743
浙 江	47 423	2 580 759	231	504 070	3 539
安 徽	35 535	1 837 659	172	347 084	2 311
福 建	23 674	1 595 322	142	258 856	2 988
江 西	25 192	1 278 198	54	100 878	2 592
山 东	47 693	2 072 716	75	177 273	2 713
河 南	43 240	1 911 954	72	133 999	3 006
湖 北	36 071	1 872 913	202	382 336	2 914
湖 南	37 182	1 843 269	108	198 443	3 468
广 东	45 501	3 019 570	394	668 130	4 384
广 西	16 150	758 864	13	12 140	1 471
海 南	5 460	179 804	3	3 632	227
重 庆	10 153	700 664	78	67 954	1 749
四 川	36 776	2 043 312	149	225 882	4 309
贵 州	16 379	1 393 876	164	161 244	3 104
云 南	23 698	1 839 472	117	159 146	4 793
西 藏	7 320	187 689	17	13 136	293
陕 西	22 939	1 984 715	207	373 643	4 093
甘 肃	8 744	315 787	9	2 778	657
青 海	4 576	201 116	14	20 584	348
宁 夏	4 087	186 358	12	16 537	306
新 疆	12 343	397 482	15	22 876	527

梁（按跨径分）

桥	中 桥		小 桥	
长度（米）	数量（座）	长度（米）	数量（座）	长度（米）
17 043 398	162 051	8 723 476	502 488	8 549 761
163 567	1 301	75 336	2 992	51 691
259 046	981	54 086	1 411	28 220
1 178 764	8 779	509 758	25 384	408 511
681 456	3 206	196 596	8 069	151 271
238 169	2 674	163 963	11 728	191 650
481 771	5 959	343 517	28 663	421 821
147 911	2 712	156 216	9 108	155 617
224 986	4 188	241 169	15 144	218 268
214 710	2 710	119 380	7 086	136 517
1 018 449	17 959	855 004	46 389	878 340
977 875	10 897	541 178	32 756	557 636
674 253	6 439	349 498	26 613	466 825
810 028	4 805	262 708	15 739	263 730
603 549	6 419	339 344	16 127	234 427
634 425	11 900	655 515	33 005	605 504
696 644	10 952	566 047	29 210	515 264
725 613	5 881	313 050	27 074	451 914
857 102	6 519	350 686	27 087	437 037
1 328 073	8 823	495 076	31 900	528 291
303 887	4 330	249 881	10 336	192 956
46 050	1 155	61 925	4 075	68 196
399 741	2 168	118 642	6 158	114 327
982 549	7 827	400 383	24 491	434 498
866 558	3 622	191 137	9 489	174 937
1 061 336	6 786	402 981	12 002	216 009
34 180	1 444	60 009	5 566	80 364
1 092 899	5 127	297 818	13 512	220 354
101 555	2 254	116 104	5 824	95 350
70 396	1 067	60 438	3 147	49 697
64 561	1 072	59 616	2 697	45 644
103 296	2 095	116 415	9 706	154 895

2-22 公路

地区	公路					
	总计		特长隧道		长隧道	
	数量（处）	长度（米）	数量（处）	长度（米）	数量（处）	长度（米）
全国总计	**11 359**	**9 605 593**	**562**	**2 506 899**	**2 303**	**3 936 204**
北京	112	58 325	4	13 238	13	20 490
天津	2	3 786	–	–	2	3 786
河北	553	480 980	29	125 473	124	208 195
山西	838	861 669	74	406 043	130	221 484
内蒙古	26	30 055	2	7 875	8	15 577
辽宁	247	216 765	4	13 624	71	107 067
吉林	109	113 659	2	6 330	43	75 830
黑龙江	4	4 435	–	–	2	3 350
上海	2	10 757	1	8 955	1	1 802
江苏	14	17 072	2	7 545	4	6 805
浙江	1 462	967 638	31	136 215	261	434 076
安徽	264	182 881	10	32 916	39	69 839
福建	1 084	1 206 711	84	334 093	315	546 553
江西	220	202 424	10	43 417	60	98 235
山东	68	60 663	2	7 760	16	27 232
河南	344	138 234	2	6 402	19	35 065
湖北	625	556 161	52	228 413	106	175 794
湖南	656	489 995	20	83 166	122	208 899
广东	399	330 975	10	39 173	99	166 835
广西	313	173 229	8	27 145	39	60 758
海南	14	12 207	–	–	7	8 002
重庆	578	567 968	44	202 963	120	221 833
四川	675	666 827	51	223 875	152	264 996
贵州	822	773 147	29	111 758	244	424 620
云南	635	429 690	18	64 009	95	173 468
西藏	25	4 982	–	–	1	2 447
陕西	1 083	880 260	63	328 093	175	289 721
甘肃	105	85 339	5	26 252	17	29 270
青海	41	49 374	5	22 166	9	18 522
宁夏	15	10 342	–	–	1	2 385
新疆	24	19 042	–	–	8	13 269

隧道、渡口

隧 道				公 路 渡 口	
中 隧 道		短 隧 道		总 计 (处)	机 动 渡 口 (处)
数量 (处)	长度 (米)	数量 (处)	长度 (米)		
2 384	1 694 010	6 110	1 468 480	2 182	907
13	8 766	82	15 831	–	–
–	–	–	–	–	–
113	80 583	287	66 730	–	–
182	129 941	452	104 201	–	–
5	3 705	11	2 899	46	28
108	73 839	64	22 236	207	26
34	25 728	30	5 772	45	22
2	1 085	–	–	344	38
–	–	–	–	–	–
2	1 436	6	1 286	64	26
260	179 241	910	218 107	22	19
62	43 321	153	36 806	57	20
285	206 256	400	119 809	12	3
52	36 344	98	24 428	99	36
28	19 519	22	6 153	24	24
56	38 773	267	57 994	57	33
112	80 634	355	71 320	166	135
163	119 305	351	78 625	381	132
92	67 603	198	57 365	80	59
53	35 112	213	50 214	132	72
5	3 625	2	580	6	4
107	78 844	307	64 328	76	63
137	97 835	335	80 121	209	124
207	146 659	342	90 110	57	7
122	87 895	400	104 317	2	2
–	–	24	2 535	1	–
144	98 710	701	163 737	70	17
21	15 984	62	13 833	8	2
5	3 435	22	5 251	–	–
10	7 046	4	911	15	15
4	2 789	12	2 984	2	–

2-23 全国公路营

地区	汽车数量合计（辆）	载客汽车				合计		普通货车		载货汽车 大型	
		辆	客位	大型 辆	大型 客位	辆	吨位	辆	吨位	辆	吨位
全国总计	15 047 322	852 566	21 702 588	298 970	12 831 208	14 194 756	96 139 137	10 807 508	50 083 378	3 418 641	39 503 879
北 京	241 105	54 822	691 431	8 626	385 386	186 283	869 250	158 731	558 462	42 379	392 785
天 津	169 099	9 305	358 961	6 800	300 818	159 794	864 307	114 929	271 985	12 818	135 033
河 北	1 344 509	29 731	728 492	8 401	340 281	1 314 778	11 505 355	770 117	3 714 678	219 731	2 920 932
山 西	502 946	14 029	396 213	5 339	217 890	488 917	4 657 458	303 006	1 834 228	120 676	1 578 608
内蒙古	412 618	12 880	430 358	7 881	323 303	399 738	3 199 716	269 211	1 589 671	105 935	1 350 200
辽 宁	793 537	25 220	785 641	12 311	537 494	768 317	4 653 474	596 385	2 635 284	160 830	2 009 666
吉 林	329 363	14 263	429 982	6 241	261 636	315 100	2 082 778	253 800	1 321 240	88 569	1 069 902
黑龙江	475 852	18 062	515 445	8 093	330 049	457 790	3 372 177	379 489	2 237 321	138 206	1 883 251
上 海	239 940	21 312	527 994	9 086	430 606	218 628	1 944 079	124 463	674 609	62 517	554 550
江 苏	771 789	44 005	1 622 180	29 360	1 376 870	727 784	5 792 966	506 945	2 781 570	247 132	2 373 028
浙 江	514 165	31 684	1 026 270	15 838	707 958	482 481	2 734 943	380 548	1 293 039	86 047	914 875
安 徽	695 637	34 410	897 033	11 150	490 321	661 227	4 727 364	490 698	2 497 007	171 543	2 088 984
福 建	274 929	18 765	517 454	7 427	309 752	256 164	1 647 444	194 153	720 931	44 100	538 123
江 西	403 833	17 976	483 950	5 305	230 274	385 857	3 255 339	272 705	1 623 998	100 601	1 329 755
山 东	1 137 611	32 206	1 002 914	16 583	657 547	1 105 405	9 500 902	704 518	3 713 689	270 055	3 058 980
河 南	1 146 566	50 031	1 445 624	16 906	746 876	1 096 535	7 325 221	823 767	3 728 959	252 022	2 801 823
湖 北	470 005	42 237	918 292	8 471	351 332	427 768	2 333 710	339 782	1 404 576	100 490	1 044 006
湖 南	465 916	48 266	1 114 378	11 238	466 897	417 650	2 210 333	371 537	1 578 490	116 660	1 204 152
广 东	984 968	43 092	1 627 457	30 692	1 383 370	941 876	5 063 308	773 391	2 659 711	156 750	1 807 143
广 西	452 745	33 883	891 982	13 853	560 561	418 862	2 419 061	355 696	1 660 860	119 546	1 340 557
海 南	59 807	5 902	163 685	2 404	92 383	53 905	235 516	49 652	173 647	10 719	121 138
重 庆	275 428	19 214	502 486	6 153	263 258	256 214	1 391 163	232 907	1 153 648	82 106	947 894
四 川	607 899	53 337	1 179 974	11 163	441 780	554 562	2 677 585	514 449	2 165 559	151 112	1 653 311
贵 州	257 565	29 772	617 790	4 580	204 538	227 793	909 342	222 861	865 302	62 398	649 517
云 南	600 268	48 844	781 600	6 782	269 647	551 424	2 191 232	532 126	1 952 623	132 955	1 417 934
西 藏	40 674	5 143	105 163	1 369	54 815	35 531	246 407	32 855	215 806	20 387	193 057
陕 西	379 780	26 605	597 100	8 118	327 109	353 175	2 275 524	284 308	1 434 053	86 002	1 147 380
甘 肃	282 967	20 494	449 952	6 725	267 278	262 473	1 342 523	235 162	991 411	77 935	809 954
青 海	87 417	3 731	80 168	1 079	42 918	83 686	436 044	75 596	323 602	22 261	251 875
宁 夏	141 712	5 964	164 732	2 576	111 509	135 748	1 067 091	104 836	684 440	40 612	607 507
新 疆	486 672	37 381	647 887	8 420	346 752	449 291	3 207 525	338 885	1 622 979	115 547	1 307 959

运车辆拥有量

汽车 车							其他机动车		轮胎式拖拉机	
专用货车		集装箱车		牵引车	挂车					
辆	吨 位	辆	TEU	辆	辆	吨	辆	吨 位	辆	吨 位
462 073	5 144 500	24 987	39 744	1 441 360	1 483 815	40 911 259	846 839	820 402	332 064	408 150
17 816	225 531	1 838	3 757	6 630	3 106	85 257	–	–	–	–
7 629	75 009	541	1 082	18 250	18 986	517 313	–	–	–	–
31 450	271 024	267	476	252 611	260 600	7 519 653	92 391	78 283	2 880	3 231
6 424	70 139	–	–	87 955	91 532	2 753 091	2 001	1 800	118	115
11 060	121 562	45	75	48 856	70 611	1 488 483	7 787	12 853	–	–
32 899	337 396	751	1 372	77 263	61 770	1 680 794	84 800	75 909	1 068	3 429
11 405	107 895	57	80	26 185	23 710	653 643	11 917	15 939	56	111
7 283	78 920	191	191	33 951	37 067	1 055 936	2 553	3 004	–	–
12 897	106 929	357	580	40 006	41 262	1 162 541	–	–	–	–
57 390	556 323	53	80	82 564	80 885	2 455 073	–	–	–	–
21 551	277 883	3 009	5 832	41 183	39 199	1 164 021	77	93	–	–
14 579	162 613	337	646	82 533	73 417	2 067 744	53 580	81 745	7 186	9 512
7 938	101 994	770	1 363	25 104	28 969	824 519	2 335	2 549	1 426	1 430
12 059	137 956	–	–	40 477	60 616	1 493 385	67 389	68 874	124	167
23 259	302 968	3 402	4 890	188 683	188 945	5 484 245	90 782	105 703	8 826	15 535
14 325	164 433	2	2	129 129	129 314	3 431 829	285 586	242 002	80 089	109 094
20 737	236 860	288	556	31 939	35 310	692 274	15 880	21 821	2 793	3 490
15 748	154 014	167	144	13 252	17 113	477 829	27 756	28 290	21 002	19 417
30 922	402 024	9 021	12 600	68 452	69 111	2 001 573	2	2	–	–
16 822	256 780	1 212	1 759	24 919	21 425	501 421	40 952	14 442	158 536	154 132
2 144	33 246	526	668	1 094	1 015	28 623	529	259	1 091	564
10 639	85 798	421	788	6 201	6 467	151 717	–	–	1 113	1 077
25 139	288 629	1 535	2 479	6 729	8 245	223 397	–	–	29 408	28 347
3 486	23 574	42	50	618	828	20 466	752	9 382	5 562	5 167
8 087	87 032	–	–	5 466	5 745	151 577	606	233	6 403	45 202
926	7 480	–	–	848	902	23 121	–	–	–	–
12 114	163 846	155	274	29 258	27 495	677 625	58 157	55 906	4 383	8 130
7 868	100 433	–	–	10 066	9 377	250 679	868	1 096	–	–
1 792	20 800	–	–	3 045	3 253	91 642	139	217	–	–
3 253	45 194	–	–	12 936	14 723	337 457	–	–	–	–
12 432	140 215	–	–	45 157	52 817	1 444 331	–	–	–	–

2-24 公路客、货运输量

地 区	客运量（万人）	旅客周转量（万人公里）	货运量（万吨）	货物周转量（万吨公里）
全国总计	1 853 463	112 509 430	3 076 648	557 380 775
北 京	52 481	1 360 831	24 651	1 561 929
天 津	14 556	885 583	28 206	3 136 957
河 北	52 956	2 965 348	172 492	65 778 873
山 西	28 487	1 966 203	82 834	12 785 747
内蒙古	16 184	1 734 449	97 058	18 727 112
辽 宁	78 168	3 624 336	172 923	27 920 175
吉 林	27 403	1 686 969	38 063	11 000 000
黑龙江	35 102	2 160 670	45 288	9 729 240
上 海	3 476	1 191 212	43 877	3 524 214
江 苏	135 555	8 472 817	103 709	17 904 002
浙 江	121 185	5 829 919	107 186	13 221 272
安 徽	119 433	7 339 908	284 534	65 440 223
福 建	46 895	3 306 398	69 876	8 214 391
江 西	57 915	3 076 941	121 279	28 290 235
山 东	64 019	5 203 379	227 746	54 947 841
河 南	125 450	7 123 874	162 040	44 880 104
湖 北	80 670	4 150 746	100 945	20 462 765
湖 南	149 015	7 219 340	156 269	23 295 389
广 东	133 305	12 024 810	261 273	30 033 647
广 西	45 606	4 157 347	124 677	18 571 778
海 南	10 583	849 826	10 290	754 163
重 庆	61 243	3 332 736	71 842	6 958 912
四 川	124 145	5 991 529	151 689	12 731 336
贵 州	77 359	3 778 706	65 100	6 106 414
云 南	43 392	3 231 042	98 675	9 219 786
西 藏	1 326	310 073	1 778	814 598
陕 西	63 650	3 231 352	105 566	16 850 248
甘 肃	33 556	2 120 108	45 072	8 112 113
青 海	4 140	403 349	9 588	2 027 634
宁 夏	7 568	583 405	32 502	5 094 276
新 疆	38 640	3 196 224	59 620	9 285 402

2-25　交通拥挤度情况

地　区	交　通　拥　挤　度					
	国道	国家高速公路	普通国道	省道	高速公路
全国合计	**0.47**	**0.37**	**0.63**	**0.52**	**0.34**
北　京	0.80	0.65	1.02	0.93	0.95
天　津	0.91	0.32	1.34	0.60	0.34
河　北	0.80	0.67	0.85	0.72	0.55
山　西	0.70	0.37	0.84	0.67	0.34
内蒙古	0.30	0.33	0.28	0.30	0.33
辽　宁	0.38	0.32	0.53	0.33	0.29
吉　林	0.27	0.20	0.35	0.26	0.19
黑龙江	0.19	0.13	0.33	0.20	0.11
上　海	0.92	0.88	1.13	1.12	0.89
江　苏	0.53	0.53	0.52	0.41	0.44
浙　江	0.74	0.63	0.95	0.87	0.63
安　徽	0.54	0.42	0.71	0.69	0.42
福　建	0.32	0.22	0.99	0.53	0.20
江　西	0.45	0.30	0.74	0.39	0.25
山　东	0.59	0.54	0.67	0.63	0.48
河　南	0.38	0.34	0.72	0.30	0.27
湖　北	0.55	0.40	0.64	0.52	0.39
湖　南	0.48	0.39	0.79	0.60	0.31
广　东	0.75	0.60	1.02	0.80	0.54
广　西	0.58	0.41	0.76	0.57	0.40
海　南	0.54	0.34	1.00	0.78	0.33
重　庆	0.36	0.32	0.42	0.44	0.32
四　川	0.42	0.42	0.41	0.46	0.42
贵　州	0.47	0.30	0.72	0.65	0.29
云　南	0.50	0.22	0.87	0.69	0.22
西　藏	0.20	-	0.20	0.24	-
陕　西	0.41	0.36	0.60	0.55	0.34
甘　肃	0.34	0.26	0.49	0.39	0.24
青　海	0.30	0.34	0.29	0.13	0.23
宁　夏	0.27	0.24	0.41	0.27	0.21
新　疆	0.33	0.27	0.39	0.40	0.28

2-26 道路运输

地区	道路运输经营许可证在册数（张）	道路货物运输经营业户数			
		合计	普通货运	货物专用运输	集装箱运输
总 计	7 958 198	7 451 728	7 056 922	61 061	15 141
北 京	61 583	54 684	53 940	2 684	658
天 津	24 712	19 071	18 972	1 528	916
河 北	578 299	464 131	415 042	6 617	162
山 西	259 518	247 852	241 509	239	4
内蒙古	220 484	206 641	205 693	746	36
辽 宁	383 051	368 741	364 953	3 108	523
吉 林	219 041	211 534	210 990	423	28
黑龙江	290 902	275 349	274 336	570	60
上 海	43 967	38 139	36 671	3 430	1 726
江 苏	384 963	373 327	365 760	8 948	1 454
浙 江	285 758	267 469	264 367	3 247	1 168
安 徽	201 118	192 564	191 395	923	110
福 建	121 634	117 347	116 009	1 326	866
江 西	173 135	166 238	165 648	326	–
山 东	527 402	503 974	501 262	2 630	1 223
河 南	704 706	661 225	419 930	1 096	135
湖 北	233 046	216 881	214 339	2 614	202
湖 南	388 374	363 722	347 559	3 358	339
广 东	676 527	669 726	667 249	7 867	4 924
广 西	343 364	327 666	320 786	1 398	258
海 南	53 394	49 070	48 945	127	56
重 庆	102 312	101 222	100 947	583	169
四 川	397 589	363 638	358 270	4 417	95
贵 州	164 720	155 726	155 489	114	1
云 南	460 199	424 909	421 216	146	8
西 藏	20 667	17 826	17 782	3	–
陕 西	253 792	245 389	211 111	1 756	16
甘 肃	91 112	80 800	80 308	204	–
青 海	58 812	56 279	56 200	15	–
宁 夏	93 031	84 147	84 039	14	3
新 疆	140 986	126 441	126 205	604	1

资料来源：交通运输部运输司。

注：2010年，交通运输部建立了城市客运统计报表制度，为避免重复统计，道路运输统计报表制度中的道路旅客运输经营业户统计范围不

经营业户数

（户）		道路旅客运输经营业户数（户）			
大型物件运输	危险货物运输	合　计	班车客运	旅游客运	包车客运
10 730	10 416	49 859	46 761	1 634	2 485
430	220	99	14	85	-
68	207	199	96	-	132
1 715	652	3 733	3 657	41	74
14	196	381	325	54	-
19	227	1 294	1 255	-	60
178	840	1 334	1 120	-	226
25	286	2 271	2 173	79	31
90	422	4 145	4 048	92	10
211	271	145	38	-	145
5 808	929	623	326	245	332
101	651	561	434	1	272
136	245	2 696	2 631	74	2
14	193	458	288	167	23
93	249	682	624	47	34
248	787	755	608	1	193
228	301	687	636	65	46
46	290	6 581	6 431	92	187
465	336	10 478	10 183	73	100
123	880	878	651	-	331
112	181	814	680	64	140
10	31	103	77	19	7
162	143	438	420	-	30
73	391	1 294	1 241	82	21
5	193	445	384	69	26
37	158	6 621	6 454	80	7
-	57	53	26	29	-
40	285	314	284	36	-
74	214	224	189	35	-
37	41	714	694	20	-
6	141	81	73	9	8
162	399	758	701	75	48

包含公共汽电车和出租汽车部分的内容。

2-27 道路运输相

地区	业户合计	站场	客运站	货运站（场）	机动车维修	汽车综合性能检测
总　计	**578 307**	**32 440**	**29 375**	**3 179**	**447 273**	**2 180**
北　京	6 796	25	11	14	5 869	15
天　津	5 460	59	27	32	5 375	26
河　北	20 873	266	209	58	16 957	196
山　西	11 312	169	132	37	9 845	97
内蒙古	18 788	661	596	65	16 567	49
辽　宁	19 590	482	367	115	15 810	70
吉　林	9 214	156	102	54	6 886	69
黑龙江	11 442	987	904	108	8 816	102
上　海	5 694	140	34	106	5 301	18
江　苏	32 697	1 367	668	704	22 294	89
浙　江	39 353	692	502	190	27 369	78
安　徽	16 132	5 275	5 210	65	8 995	77
福　建	8 096	1 987	1 983	4	5 440	45
江　西	13 633	1 012	956	56	9 977	75
山　东	29 766	910	438	490	23 326	147
河　南	42 896	2 268	2 165	103	32 344	99
湖　北	20 936	4 108	4 081	27	12 321	78
湖　南	20 019	1 202	1 179	23	14 721	96
广　东	70 473	1 230	989	241	55 733	137
广　西	22 048	681	636	46	20 305	58
海　南	5 785	83	66	17	3 572	28
重　庆	11 166	317	317	－	10 474	－
四　川	36 431	3 912	3 900	12	29 261	100
贵　州	11 861	411	407	4	10 177	87
云　南	32 821	568	519	50	25 679	87
西　藏	3 175	99	91	8	2 817	11
陕　西	16 580	1 038	1 000	39	12 500	61
甘　肃	11 054	610	567	43	8 238	35
青　海	2 806	121	116	5	2 280	17
宁　夏	7 420	144	141	3	6 065	19
新　疆	13 990	1 460	1 062	460	11 959	114

资料来源：交通运输部运输司。

关业务经营业户数

单位：户

机动车驾驶员培训	汽车租赁	其他	客运代理	物流服务	货运代办	信息配载
12 556	**3 999**	**84 735**	**1 214**	**19 513**	**33 024**	**23 900**
–	876	11	11	–	–	–
–	–	–	–	–	–	–
707	52	2 989	9	844	889	1 223
296	13	892	–	382	183	316
451	–	1 362	4	512	295	451
488	172	2 606	–	260	741	1 605
472	–	1 693	11	621	315	714
302	17	1 245	152	77	318	698
197	38	–	–	–	–	–
753	229	8 667	–	259	5 161	2 800
706	491	10 745	262	1 675	6 679	2 367
263	95	1 700	162	1 073	164	322
528	–	116	21	40	29	1
476	58	2 357	13	925	867	543
610	38	5 095	21	1 740	971	2 172
1 016	–	7 169	49	2 158	1 737	3 276
443	115	4 147	68	300	1 934	833
726	5	3 621	54	629	1 699	1 346
745	60	12 568	122	3 364	5 594	707
443	–	783	27	465	166	155
66	73	2 075	9	475	176	3
375	–	–	–	–	–	–
465	144	3 018	132	1 199	1 101	682
313	–	874	–	82	610	182
399	934	5 167	18	619	1 710	1 195
43	11	200	6	62	93	39
409	446	2 188	23	1 397	376	379
362	61	1 807	40	310	656	802
76	–	325	–	20	44	247
59	71	1 118	–	25	319	774
367	–	197	–	–	197	68

2-28 道路客

地区	客运线路条数（条）					
	合计	高速公路客运线路	跨省线路	跨地（市）线路	跨县线路	县内线路
总计	179 245	29 129	17 919	36 999	34 758	89 569
北京	1 190	629	826	–	32	332
天津	876	164	525	146	–	205
河北	9 038	582	1 704	1 123	2 407	3 804
山西	4 572	630	629	874	879	2 190
内蒙古	5 644	307	872	858	1 389	2 525
辽宁	7 101	660	493	1 593	1 791	3 224
吉林	5 874	260	360	773	1 045	3 696
黑龙江	7 165	671	224	1 079	1 359	4 503
上海	3 405	2 994	3 405	–	–	–
江苏	8 908	931	2 703	3 179	1 176	1 850
浙江	7 544	1 271	2 449	1 215	644	3 236
安徽	10 226	1 122	2 240	1 811	1 616	4 559
福建	5 516	1 265	976	1 170	1 065	2 305
江西	6 805	541	1 204	1 232	884	3 485
山东	9 679	2 273	1 591	2 969	2 190	2 929
河南	9 805	866	2 254	2 217	1 757	3 577
湖北	10 396	1 296	1 328	1 977	1 551	5 540
湖南	12 903	1 473	1 756	2 292	2 657	6 198
广东	13 821	3 463	3 971	4 443	1 569	3 838
广西	7 901	1 604	1 740	1 679	1 726	2 756
海南	645	294	161	105	147	232
重庆	4 756	906	949	–	718	3 089
四川	11 354	1 979	957	1 485	2 058	6 854
贵州	7 111	849	661	786	1 437	4 227
云南	6 481	654	346	1 098	1 088	3 949
西藏	384	–	15	69	119	181
陕西	6 011	682	673	969	1 217	3 152
甘肃	4 677	398	403	772	970	2 532
青海	753	43	99	149	84	421
宁夏	2 179	115	289	329	213	1 348
新疆	4 443	207	34	607	970	2 832

运线路班次

	客运线路平均日发班次（班次/日）				
合 计	高速公路客运线路	跨省线路	跨地（市）线路	跨县线路	县内线路
1 697 958	111 091	58 761	186 553	329 218	1 123 439
1 946	1 401	1 946	-	-	-
8 595	239	775	2 100	-	5 720
74 843	2 472	5 341	4 630	18 696	46 176
21 291	1 867	853	2 539	4 597	13 302
14 198	485	1 204	1 800	3 671	7 524
47 861	1 620	481	4 482	12 138	30 761
33 032	753	561	2 249	6 137	24 086
25 772	1 603	461	2 327	6 774	16 210
3 213	2 757	3 213	-	-	-
72 079	2 286	3 779	9 138	12 156	47 007
156 946	5 842	4 389	11 103	25 318	116 137
77 703	1 978	4 327	6 975	14 065	52 337
56 064	3 743	861	4 004	17 649	33 551
49 957	1 556	1 598	4 019	9 535	34 805
71 265	6 473	2 895	11 993	20 161	36 217
119 102	1 639	3 837	11 496	20 389	83 380
76 327	4 816	2 540	7 692	11 949	54 147
112 731	2 029	1 863	4 223	24 055	82 591
102 088	32 650	6 052	44 652	18 264	33 120
90 781	4 519	3 314	9 438	20 232	57 797
12 515	2 891	213	3 653	1 820	6 829
63 734	4 246	2 125	-	7 762	53 847
134 027	10 101	2 003	12 131	21 769	98 124
65 716	3 626	1 251	4 025	14 106	46 334
64 208	2 774	629	4 569	8 055	50 956
595	-	11	197	171	216
52 373	2 777	858	6 579	10 008	34 928
23 244	1 401	697	2 429	5 578	14 540
6 915	445	212	1 341	480	4 883
8 656	425	455	1 595	1 582	5 025
50 181	1 677	17	5 174	12 101	32 889

2-29 道路运输从业人员数

单位：人

地区	从业人员数合计	道路货物运输	道路旅客运输	站（场）经营	机动车维修经营	汽车综合性能检测站	机动车驾驶员培训	汽车租赁	其他相关业务经营
总计	28 700 630	20 876 996	3 178 490	451 497	2 941 989	45 828	790 670	34 407	380 753
北京	433 925	324 575	19 007	1 336	83 439	361	–	5 200	7
天津	500 015	398 967	22 593	1 380	76 710	365	–	–	–
河北	1 710 313	1 468 800	73 031	16 551	96 752	4 130	34 707	236	16 106
山西	960 732	798 935	37 652	8 657	85 942	1 782	20 780	311	6 673
内蒙古	672 608	508 363	72 445	8 445	58 394	700	20 726	–	3 535
辽宁	1 457 498	1 099 790	198 248	11 491	116 989	1 902	23 666	1 663	3 749
吉林	554 774	436 761	47 159	7 680	40 837	820	17 021	–	4 496
黑龙江	691 406	573 872	39 278	12 134	48 405	1 536	12 398	819	2 964
上海	561 631	445 587	18 075	1 789	57 469	544	24 463	13 704	–
江苏	1 745 671	1 302 794	206 741	22 755	149 410	2 532	50 898	1 361	9 180
浙江	970 204	588 852	77 978	32 204	187 201	2 115	51 754	2 193	27 907
安徽	1 051 688	798 063	124 967	19 939	75 867	2 082	25 156	515	5 099
福建	478 660	299 666	73 497	8 489	54 252	1 318	41 236	–	202
江西	783 695	615 050	58 542	11 955	64 304	1 050	20 020	239	12 535
山东	2 380 944	1 934 972	159 814	45 885	162 150	2 996	59 298	153	15 676
河南	2 912 050	2 217 507	203 596	47 257	233 603	5 390	40 125	–	164 572
湖北	966 860	686 570	156 988	20 401	70 079	1 362	26 010	560	4 890
湖南	852 327	554 561	125 169	24 846	86 793	1 759	32 233	502	26 464
广东	1 953 696	986 980	398 040	43 060	438 141	3 201	68 125	721	15 428
广西	1 110 329	707 773	304 003	13 723	56 834	911	21 367	–	5 718
海南	130 201	71 051	18 779	2 322	20 417	291	4 639	891	11 811
重庆	540 541	376 251	75 836	8 302	56 846	–	23 306	–	–
四川	1 288 049	813 459	202 122	23 827	192 207	2 122	44 698	550	9 064
贵州	514 412	318 750	91 335	13 783	52 883	1 446	33 410	–	2 805
云南	939 998	701 234	77 770	10 275	107 599	1 441	28 073	2 648	10 958
西藏	97 925	48 744	29 789	2 509	15 509	106	846	59	363
陕西	791 919	565 904	86 628	10 638	83 836	745	36 128	1 565	6 475
甘肃	481 070	351 584	51 062	7 691	48 602	511	10 946	293	10 381
青海	223 938	176 773	18 395	1 458	23 000	427	2 763	–	1 122
宁夏	239 544	194 305	14 469	2 174	21 839	416	3 952	224	2 165
新疆	704 007	510 503	95 482	8 541	75 680	1 467	11 926	–	408

注：2010 年，交通运输部建立了城市客运统计报表制度，为避免重复统计，道路运输统计报表制度中的从业人员统计范围不包含公共汽电车和出租汽车部分的内容。

2-30 机动车维修业及汽车综合性能检测站

单位：户

地区	机动车维修业户数				
	合计	一类汽车维修	二类汽车维修	三类汽车维修	摩托车维修
总计	447 273	13 788	67 624	291 625	71 581
北京	5 869	744	1 934	3 136	55
天津	5 375	248	1 274	3 763	37
河北	16 957	359	3 339	11 679	1 554
山西	9 845	266	1 873	7 540	164
内蒙古	16 567	304	1 480	13 605	1 079
辽宁	15 810	968	3 603	10 564	640
吉林	6 886	140	913	5 577	254
黑龙江	8 816	267	1 532	6 647	348
上海	5 301	161	2 123	2 661	356
江苏	22 294	1 553	4 370	14 138	2 206
浙江	27 369	1 038	3 892	17 374	4 858
安徽	8 995	285	1 772	5 316	1 621
福建	5 440	440	1 676	2 710	543
江西	9 977	313	1 543	6 131	1 990
山东	23 326	469	4 856	16 385	1 607
河南	32 344	797	3 468	23 175	4 904
湖北	12 321	752	1 868	7 663	1 891
湖南	14 721	955	2 897	8 621	1 778
广东	55 733	1 026	5 856	29 714	18 439
广西	20 305	186	1 845	10 470	7 529
海南	3 572	47	262	1 483	1 780
重庆	10 474	331	1 418	7 000	1 725
四川	29 261	798	4 524	19 133	4 618
贵州	10 177	339	1 188	7 694	890
云南	25 679	370	2 077	17 140	6 015
西藏	2 817	79	229	2 106	402
陕西	12 500	332	2 235	7 578	2 225
甘肃	8 238	135	1 103	6 459	541
青海	2 280	34	340	1 569	336
宁夏	6 065	22	421	5 276	343
新疆	11 959	30	1 713	9 318	853

2-30 (续表一)

地区	机动车维修业年完成主要工作量（辆次、台次）					
	合计	整车修理	总成修理	二级维护	专项修理	维修救援
总　计	332 027 572	4 430 593	8 728 806	45 402 686	232 675 448	4 729 913
北　京	13 638 780	5 882	16 590	312 221	13 112 289	191 798
天　津	5 743 600	89 692	185 292	1 813 282	3 655 334	–
河　北	7 561 561	51 120	250 340	1 954 680	5 139 065	86 411
山　西	4 773 839	9 470	106 441	868 969	3 788 959	65 261
内蒙古	4 609 326	36 629	179 008	514 116	3 477 552	9 632
辽　宁	24 253 265	112 444	538 231	1 195 105	22 094 185	117 756
吉　林	4 675 534	14 301	53 617	434 788	4 162 226	20 302
黑龙江	8 417 739	41 476	363 387	528 952	7 704 272	17 471
上　海	8 969 000	7 833	4 803	188 076	747 142	–
江　苏	33 486 730	103 504	539 728	2 004 085	24 930 927	245 154
浙　江	35 349 431	118 123	441 670	3 396 953	25 692 572	365 547
安　徽	4 762 688	10 248	507 519	1 267 799	2 927 686	64 534
福　建	4 317 970	42 501	112 703	1 503 000	2 544 114	69 020
江　西	3 440 914	63 937	213 918	1 059 071	2 052 880	39 728
山　东	16 491 211	309 480	626 917	3 019 417	12 334 502	290 606
河　南	11 840 332	217 000	445 863	3 739 183	7 466 660	250 260
湖　北	8 462 107	169 498	290 503	2 790 964	4 756 467	103 889
湖　南	5 676 869	82 033	247 055	1 351 674	3 419 637	101 772
广　东	47 798 566	2 461 831	2 106 408	7 546 623	22 492 567	1 670 779
广　西	7 411 058	34 831	83 889	749 759	6 321 956	44 011
海　南	1 231 086	17 210	73 067	191 941	786 561	33 415
重　庆	3 861 808	50 090	135 419	584 068	2 962 281	82 691
四　川	27 407 961	160 390	594 315	3 830 580	18 109 379	523 900
贵　州	5 285 802	39 144	136 133	621 991	4 401 597	65 755
云　南	19 216 809	76 500	188 042	1 348 876	17 434 554	176 359
西　藏	134 740	1 304	2 049	54 083	81 921	2 286
陕　西	4 131 841	22 495	54 540	637 687	3 317 917	31 950
甘　肃	2 240 668	14 276	41 422	715 446	1 437 547	15 105
青　海	893 560	12 533	50 414	200 886	620 396	10 666
宁　夏	2 432 704	8 176	24 927	242 415	2 143 660	10 340
新　疆	3 510 073	46 642	114 596	735 996	2 558 643	23 515

2-30 （续表二）

地区	汽车综合性能检测站数量合计（个）	汽车综合性能检测站年完成检测量（辆次）						
		合计	维修竣工检测	等级评定检测	维修质量监督检测	其他检测	排放检测	质量仲裁检测
总 计	2 180	31 140 507	16 582 638	10 826 211	793 787	3 294 802	2 166 461	12 766
北 京	15	267 181	120 588	143 613	1 794	1 186	–	3
天 津	26	189 998	–	84 694	105 304	–	–	–
河 北	196	2 578 381	1 699 532	758 054	86 915	134 421	88 408	589
山 西	97	1 015 694	623 591	322 491	4 453	65 159	42 421	12
内蒙古	49	636 445	332 760	252 281	3 016	53 077	51 796	561
辽 宁	70	1 214 205	410 790	680 081	5 138	132 233	118 972	–
吉 林	69	438 162	185 135	239 663	2 335	17 285	10 844	2
黑龙江	102	729 547	388 404	308 971	19 994	15 900	2 864	372
上 海	18	296 753	260 941	185 593	–	477	–	–
江 苏	89	2 494 328	1 519 383	388 340	15 879	586 835	312 481	107
浙 江	78	1 525 802	623 955	475 413	10 644	440 752	232 994	3 627
安 徽	77	1 266 495	746 394	434 008	976	38 764	21 174	37
福 建	45	698 939	442 888	253 668	471	18 815	18 815	–
江 西	75	481 176	195 048	215 731	8 169	53 298	45 493	644
山 东	147	2 940 988	1 585 968	960 712	118 250	307 996	154 788	125
河 南	99	3 737 708	2 192 599	932 214	51 434	345 266	332 337	785
湖 北	78	848 845	415 198	316 337	30 291	112 081	49 315	160
湖 南	96	1 340 948	707 339	332 493	41 865	201 978	154 316	1 078
广 东	137	2 077 147	915 442	926 107	58 440	232 155	228 817	3 348
广 西	58	593 098	287 539	281 535	32 957	84 830	41 079	40
海 南	28	265 113	111 050	51 545	22 978	28 532	25 514	518
重 庆	–	–	–	–	–	–	–	–
四 川	100	1 510 306	710 412	602 477	49 386	234 825	146 718	58
贵 州	87	343 564	140 562	118 531	37 718	43 883	40 126	–
云 南	87	1 418 649	890 420	514 415	26 794	7 720	485	–
西 藏	11	55 420	20 351	22 029	1	16 054	–	633
陕 西	61	397 943	182 837	213 160	16 531	15 448	10 283	–
甘 肃	35	324 477	59 406	252 503	12 568	–	–	–
青 海	17	210 332	121 563	83 743	930	3 738	3 699	39
宁 夏	19	146 420	21 579	113 029	3 020	54 594	10 921	–
新 疆	114	1 096 443	670 964	362 780	25 536	47 500	21 801	28

2-31 2013年、2012年

地区	货物运输					
	年运输量合计		出境		年出入境辆次	年C种许可证使用量
	吨	吨公里	吨	吨公里	辆次	张
2013年总计	**35 732 490**	**2 207 478 953**	**9 820 427**	**1 136 031 232**	**1 443 282**	**362 481**
内蒙古	20 963 927	758 715 049	2 432 355	38 250 850	448 147	36 907
辽宁	356 400	712 800	356 400	–	23 760	–
吉林	1 414 609	29 949 420	267 518	8 788 966	122 996	4 601
黑龙江	1 311 167	52 088 911	921 354	38 546 311	88 684	44 075
广西	918 500	7 348 000	918 500	7 348 000	20 440	20 440
云南	6 002 440	191 647 854	2 337 078	88 606 211	464 727	135 911
西藏	–	–	–	–	–	–
新疆	4 765 447	1 167 016 919	2 587 222	954 490 894	274 528	120 547

地区	货物运输					
	年运输量合计		出境		年出入境辆次	年C种许可证使用量
	吨	吨公里	吨	吨公里	辆次	张
2012年总计	**33 715 761**	**2 382 168 494**	**9 588 973**	**1 093 434 508**	**1 330 771**	**430 721**
内蒙古	22 433 988	829 164 633	2 620 209	42 646 616	451 630	163 940
辽宁	344 550	689 100	344 550	–	23 250	–
吉林	615 144	17 663 905	180 390	7 254 865	88 343	3 810
黑龙江	1 332 943	55 312 917	898 189	41 051 334	84 314	43 684
广西	907 000	7 256 000	907 000	7 256 000	18 344	18 344
云南	4 033 680	227 892 701	2 375 607	126 054 367	431 740	103 780
西藏	–	–	–	–	–	–
新疆	4 048 456	1 244 189 238	2 263 028	869 171 326	233 150	97 163

资料来源：交通运输部运输司。

出入境汽车运输对比表

旅客运输						
年运输量合计		出　境		年出入境辆次	年A种许可证使用量	年B种许可证使用量
人次	人公里	人次	人公里	辆次	张	张
6 767 021	**414 962 181**	**3 196 402**	**209 880 478**	**695 542**	**1 164**	**51 538**
1 587 597	28 259 023	811 632	16 821 216	89 434	71	10 440
30 360	60 720	30 360	60 720	3 432	—	—
492 779	28 503 805	244 969	14 175 163	12 381	32	1 864
1 128 668	52 559 840	555 157	25 603 308	45 566	93	3 471
122 796	5 037 560	122 796	5 037 560	—	—	—
2 694 424	89 255 257	1 080 496	45 128 762	515 910	30	30 449
—	—	—	—	—	—	—
710 397	211 285 976	350 992	103 053 749	28 819	938	5 314

旅客运输						
年运输量合计		出　境		年出入境辆次	年A种许可证使用量	年B种许可证使用量
人次	人公里	人次	人公里	辆次	张	张
8 542 429	**439 483 436**	**3 921 331**	**214 986 549**	**708 107**	**1 368**	**88 616**
2 712 389	45 225 955	1 307 839	20 286 383	129 435	90	38 442
28 040	56 080	28 040	56 080	3 240	—	—
528 426	31 601 600	262 468	15 703 832	12 449	32	1 754
1 204 781	45 875 065	577 237	22 148 195	46 563	68	4 004
121 360	4 978 650	121 360	4 978 650	—	—	—
3 262 102	92 622 501	1 289 054	45 774 660	487 836	30	39 186
—	—	—	—	—	—	—
685 331	219 123 585	335 333	106 038 749	28 584	1 148	5 230

2-32 出入境汽车运输——分国

行政区名称	货物运输				年出入境辆次	年 C 种许可证使用量
	年运输量合计		出　境			
	吨	吨公里	吨	吨公里	辆次	张
中俄小计	**1 754 812**	**65 288 460**	**1 233 046**	**45 754 827**	**130 793**	**64 954**
黑龙江	1 311 167	52 088 911	921 354	38 546 311	88 684	44 075
吉　林	82 925	4 975 500	18 987	1 139 220	8 352	4 181
内蒙古	360 720	8 224 049	292 705	6 069 296	33 757	16 698
中朝小计	**1 688 084**	**25 686 720**	**604 931**	**7 649 746**	**138 404**	**420**
吉　林	1 331 684	24 973 920	248 531	7 649 746	114 644	420
辽　宁	356 400	712 800	356 400	–	23 760	–
中蒙小计	**22 852 876**	**945 945 472**	**2 276 936**	**40 997 886**	**473 930**	**21 794**
内蒙古	20 603 207	750 491 000	2 139 650	32 181 554	414 390	20 209
新　疆	2 249 669	195 454 472	137 286	8 816 332	59 540	1 585
中越小计	**3 654 144**	**47 122 357**	**1 974 963**	**9 583 928**	**206 368**	**126 290**
广　西	918 500	7 348 000	918 500	7 348 000	20 440	20 440
云　南	2 735 644	39 774 357	1 056 463	2 235 928	185 928	105 850
中　哈	1 407 899	368 125 249	1 385 223	366 181 307	128 454	82 315
中　吉	795 661	401 396 822	755 250	379 039 132	67 817	27 317
中　塔	269 914	179 999 994	269 144	179 447 924	15 812	7 848
中　巴	42 304	22 040 382	40 319	21 006 199	2 905	1 482
中　老	444 825	41 989 481	236 626	24 500 316	49 194	30 000
中　缅	2 821 971	109 884 016	1 043 989	61 869 967	229 605	61
中　尼	–	–	–	–	–	–
内地与港澳	**119 244 388**	**20 417 470 167**	**68 525 535**	**13 181 971 121**	**22 436 372**	**–**
广　西	–	–	–	–	–	–
广　东	119 244 388	20 417 470 167	68 525 535	13 181 971 121	22 436 372	–

家（特别行政区）运输完成情况

旅客运输				年出入境辆次	年A种许可证使用量	年B种许可证使用量
年运输量合计		出　境				
人次	人公里	人次	人公里	辆次	张	张
1 766 023	73 885 318	872 447	36 476 869	82 936	173	10 491
1 128 668	52 559 840	555 157	25 603 308	45 566	93	3 471
288 379	17 302 740	143 013	8 580 762	10 133	32	1 864
348 976	4 022 738	174 277	2 292 799	27 237	48	5 156
234 760	11 261 785	132 316	5 655 121	5 680	–	–
204 400	11 201 065	101 956	5 594 401	2 248	–	–
30 360	60 720	30 360	60 720	3 432	–	–
1 428 344	36 887 550	732 993	20 997 329	67 084	26	7 734
1 238 621	24 236 285	637 355	14 528 417	62 197	23	5 284
189 723	12 651 265	95 638	6 468 912	4 887	3	2 450
134 962	6 558 310	122 796	5 037 560	6 020	–	3 610
122 796	5 037 560	122 796	5 037 560	–	–	–
12 166	1 520 750	–	–	6 020	–	3 610
495 062	183 397 406	242 701	88 945 012	20 797	906	2 048
16 307	10 389 400	8 428	5 438 600	1 347	29	397
–	–	–	–	–	–	–
9 305	4 847 905	4 225	2 201 225	1 788	–	419
107 192	17 015 316	55 099	8 670 414	43 342	30	26 839
2 575 066	70 719 191	1 025 397	36 458 348	466 548	–	–
–	–	–	–	–	–	–
13 426 633	2 874 877 700	6 385 904	1 206 863 850	719 161	–	–
23 000	9 200 000	23 000	9 200 000	360	–	–
13 403 633	2 865 677 700	6 362 904	1 197 663 850	718 801	–	–

2-33 出入境汽车运输

行政区名称	货物运输				年出入境辆次	年C种许可证使用量
	年运输量合计		出　境			
	吨	吨公里	吨	吨公里	辆次	张
中俄小计	**385 436**	**16 826 502**	**281 186**	**11 566 235**	**29 520**	**14 294**
黑龙江	357 249	15 741 044	266 842	11 157 166	26 336	12 813
吉　林	3 189	191 340	2 578	154 704	356	156
内蒙古	24 998	894 118	11 766	254 365	2 828	1 325
中朝小计	**1 345 047**	**19 761 694**	**606 161**	**6 833 898**	**117 877**	**-**
吉　林	988 647	19 048 894	249 761	6 833 898	94 117	-
辽　宁	356 400	712 800	356 400	-	23 760	-
中蒙小计	**3 873 668**	**231 473 268**	**1 362 739**	**17 978 876**	**78 414**	**12 399**
内蒙古	1 763 932	46 054 992	1 349 232	17 025 992	27 965	11 005
新　疆	2 109 736	185 418 276	13 507	952 884	50 449	1 394
中越小计	**2 157 745**	**32 431 678**	**1 974 963**	**9 583 928**	**116 430**	**79 597**
广　西	918 500	7 348 000	918 500	7 348 000	20 440	20 440
云　南	1 239 245	25 083 678	1 056 463	2 235 928	95 990	59 157
中　哈	438 658	85 281 223	433 637	83 849 036	41 047	21 240
中　吉	313 498	140 907 529	307 851	139 127 439	25 210	12 191
中　塔	140 587	94 664 227	140 497	94 602 037	7 563	3 769
中　巴	42 244	22 009 124	40 319	21 006 199	2 893	1 476
中　老	306 293	23 121 902	146 077	12 447 390	27 695	15 000
中　缅	1 757 026	80 464 089	786 761	53 290 134	153 650	61
中　尼	-	-	-	-	-	-
内地与港澳	**1 485 471**	**162 824 682**	**145 241**	**124 233 656**	**367 542**	**-**
广　西	-	-	-	-	-	-
广　东	1 485 471	162 824 682	145 241	124 233 656	367 542	-

——中方完成运输情况

旅客运输						
年运输量合计		出境		年出入境辆次	年A种许可证使用量	年B种许可证使用量
人次	人公里	人次	人公里	辆次	张	张
726 491	**39 338 746**	**375 256**	**20 432 131**	**41 563**	**101**	**5 988**
513 328	33 073 496	254 349	16 487 527	22 157	45	1 743
73 736	4 424 112	49 847	2 990 820	3 123	32	226
139 427	1 841 138	71 060	953 784	16 283	24	4 019
232 746	**11 140 957**	**131 247**	**5 590 969**	**5 112**	**–**	**–**
202 386	11 080 237	100 887	5 530 249	1 680	–	–
30 360	60 720	30 360	60 720	3 432	–	–
852 456	**15 681 384**	**433 127**	**7 907 881**	**54 221**	**13**	**609**
798 815	11 307 445	409 917	5 944 493	54 173	11	582
53 641	4 373 939	23 210	1 963 388	48	2	27
134 295	**6 474 935**	**122 796**	**5 037 560**	**5 860**	**–**	**3 530**
122 796	5 037 560	122 796	5 037 560	–	–	–
11 499	1 437 375	–	–	5 860	–	3 530
178 131	**105 570 260**	**94 464**	**52 802 582**	**8 387**	**206**	**88**
10 497	**6 740 800**	**5 742**	**3 738 600**	**1 041**	**10**	**2**
–	**–**	**–**	**–**	**–**	**–**	**–**
3 785	**1 971 985**	**3 543**	**1 845 903**	**366**	**–**	**44**
74 945	**13 726 428**	**38 042**	**6 566 550**	**33 717**	**20**	**16 839**
1 026 728	**35 055 387**	**615 214**	**24 913 204**	**275 750**	**–**	**–**
–	**–**	**–**	**–**	**–**	**–**	**–**
1 666 285	**272 547 854**	**1 016 078**	**161 585 940**	**81 102**	**–**	**–**
23 000	9 200 000	23 000	9 200 000	360	–	–
1 643 285	263 347 854	993 078	152 385 940	80 742	–	–

主要统计指标解释

公路里程 指报告期末公路的实际长度。计算单位：公里。公路里程包括城间、城乡间、乡（村）间能行驶汽车的公共道路，公路通过城镇街道的里程，公路桥梁长度、隧道长度、渡口宽度。不包括城市街道里程，农（林）业生产用道路里程，工（矿）企业等内部道路里程和断头路里程。公路里程按已竣工验收或交付使用的实际里程计算。

公路里程一般按以下方式分组：

按公路行政等级分为国道、省道、县道、乡道、专用公路和村道里程。

按是否达到公路工程技术标准分为等级公路里程和等外公路里程。等级公路里程按技术等级分为高速公路、一级公路、二级公路、三级公路、四级公路里程。

按公路路面类型分为有铺装路面、简易铺装路面和未铺装路面。有铺装路面含沥青混凝土、水泥混凝土路面。

公路养护里程 指报告期内对公路工程设施进行经常性或季节性养护和修理的公路里程数。凡进行养护的公路，不论工程量大小、养护方式如何，均纳入统计，包括拨给补助费由群众养护的公路里程。计算单位：公里。

公路密度 指报告期末一定区域内单位国土面积或人口所拥有的公路里程数。一般地，按国土面积计算，计算单位：公里/百平方公里；按人口计算，计算单位：公里/万人。

公路通达率 指报告期末一定区域内已通公路的行政区占本区域全部行政区的比重。计算单位：%。行政区一般指乡镇或行政村。

公路桥梁数量 指报告期末公路桥梁的实际数量。计算单位：座。按桥梁的跨径分为特大桥、大桥、中桥、小桥数量。

公路隧道数量 指报告期末公路隧道的实际数量。计算单位：处。按隧道长度分为特长隧道、长隧道、中隧道和短隧道数量。

公路营运车辆拥有量 指报告期末在各地交通运输管理部门登记注册的从事公路运输的车辆实有数量。计算单位：辆。

客运量 指报告期内运输车辆实际运送的旅客人数。计算单位：人。

旅客周转量 指报告期内运输车辆实际运送的每位旅客与其相应运送距离的乘积之和。计算单位：人公里。

货运量 指报告期内运输车辆实际运送的货物重量。计算单位：吨。

货物周转量 指报告期内运输车辆实际运送的每批货物重量与其相应运送距离的乘积之和。计算单位：吨公里。

道路运输行业经营业户数 指报告期末持有道路运政管理机构核发的有效道路运输经营许可证，从事道路运输经营活动的业户数量。计算单位：户。一般按道路运输经营许可证核定的经营范围分为道路货物运输、道路旅客运输、道路运输相关业务经营业户数。

交通拥挤度 是指机动车当量数与适应交通量的比值。

根据《关于调整公路交通情况调查车型分类及折算系数的通知》（厅规划字[2010]205号）要求，从2012年起全国公路交通情况调查报表采用新的车型分类及折算系数进行计算，新旧车型及折算系数关系详见下表所示。

2012年当量小客车折算系数		2005年当量小客车折算系数	
车　　型	折算系数	车　　型	折算系数
小型货车	1.0	小型载货汽车	1.0
中型货车	1.5	中型载货汽车	1.5
大型货车	3.0	大型载货汽车	2.0
特大型货车	4.0	特大型载货汽车	3.0
		拖挂车	3.0
集装箱车	4.0	集装箱车	3.0
中小客车	1.0	小型客车	1.0
大客车	1.5	大型客车	1.5
摩托车	1.0	摩托车	1.0
拖拉机	4.0	拖拉机	4.0
		畜力车	4.0
		人力车	1.0
		自行车	0.2

三、水路运输

简 要 说 明

一、本篇资料反映我国水路基础设施、运输装备和水路运输发展的基本情况。主要包括：内河航道通航里程、运输船舶拥有量、水路旅客运输量、货物运输量、海上交通事故和搜救活动等。

二、水路运输按船舶核定航区分为内河、沿海和远洋运输。

三、本资料内河航道通航里程为年末通航里程，不含在建和未正式投入使用的航道里程，根据各省航道管理部门资料整理，由各省（区、市）交通运输厅（局、委）提供。

四、运输船舶拥有量根据各省航运管理部门登记的船舶资料整理，由各省（区、市）交通运输厅（局、委）提供。

五、水路运输量通过抽样调查和全面调查相结合的方法，按运输工具经营权和到达量进行统计，范围原则上为所有在交通运输主管部门审批备案，从事营业性旅客和货物运输生产的船舶。

六、船舶拥有量和水路运输量中不分地区是指国内运输企业的驻外机构船舶拥有量及其承运的第三国货物运输量。

七、海上险情及搜救活动统计范围是：由中国海上搜救中心、各省（区、市）海上搜救中心组织、协调或参与的搜救活动。表中"江河干流"指长江、西江、黑龙江干流；"险情等级"的划分主要根据遇险人数划定：死亡或失踪3人以下的为一般险情，3人到9人为较大险情，10人到29人为重大险情，30人及以上为特大险情，具体内容参见《国家海上搜救应急措施》——海上突发事件险情分级。

3-1 全国内河航道通航里程数（按技术等级分）

单位：公里

地区	总计	等级航道								等外航道
		合计	一级	二级	三级	四级	五级	六级	七级	
全国总计	125 853	64 900	1 395	3 043	5 763	8 796	8 600	19 190	18 113	60 953
北京	-	-	-	-	-	-	-	-	-	-
天津	88	88	-	-	-	47	-	42	-	-
河北	-	-	-	-	-	-	-	-	-	-
山西	467	139	-	-	-	-	118	21	-	328
内蒙古	2 403	2 380	-	-	-	555	201	1 070	555	23
辽宁	413	413	-	-	56	-	140	217	-	-
吉林	1 456	1 381	-	-	64	227	654	312	124	75
黑龙江	5 098	4 723	-	967	864	1 185	490	-	1 217	375
上海	2 268	937	179	-	121	101	101	311	124	1 331
江苏	24 333	8 515	370	456	899	791	1 034	2 363	2 602	15 818
浙江	9 743	4 953	14	12	184	1 180	493	1 596	1 473	4 791
安徽	5 642	5 060	343	-	394	380	693	2 538	712	582
福建	3 245	1 269	108	20	52	264	205	46	574	1 977
江西	5 638	2 349	78	-	342	87	240	443	1 160	3 289
山东	1 117	1 030	-	9	272	72	57	381	238	88
河南	1 267	1 150	-	-	-	178	264	431	278	117
湖北	8 271	5 803	229	688	299	457	1 065	1 778	1 286	2 468
湖南	11 496	4 127	-	80	497	417	395	1 521	1 217	7 369
广东	12 097	4 668	65	1	832	381	398	1 134	1 857	7 429
广西	5 478	3 352	-	295	277	607	317	1 116	740	2 127
海南	343	76	9	-	-	7	1	22	37	267
重庆	4 331	1 801	-	515	372	99	231	126	458	2 530
四川	10 720	3 848	-	-	224	616	612	800	1 595	6 873
贵州	3 649	2 354	-	-	-	243	403	1 040	668	1 295
云南	3 551	2 816	-	-	14	904	263	847	788	735
西藏	-	-	-	-	-	-	-	-	-	-
陕西	1 066	558	-	-	-	-	9	300	248	508
甘肃	914	381	-	-	-	-	217	13	152	533
青海	629	618	-	-	-	-	-	618	-	12
宁夏	130	115	-	-	-	-	-	105	11	15
新疆	-	-	-	-	-	-	-	-	-	-

3-2　全国内河航道通航里程数（按水系分）

单位：公里

地区	总计	长江水系	长江干流	珠江水系	黄河水系	黑龙江水系	京杭运河	闽江水系	淮河水系	其他水系
全国总计	125 853	64 254	2 813	16 163	3 488	8 211	1 437	1 973	17 338	14 351
北　京	-	-	-	-	-	-	-	-	-	-
天　津	88	-	-	-	-	-	15	-	-	88
河　北	-	-	-	-	-	-	-	-	-	-
山　西	467	-	-	-	467	-	-	-	-	-
内蒙古	2 403	-	-	-	939	1 401	-	-	-	63
辽　宁	413	-	-	-	-	256	-	-	-	157
吉　林	1 456	-	-	-	-	1 456	-	-	-	-
黑龙江	5 098	-	-	-	-	5 098	-	-	-	-
上　海	2 268	2 268	125	-	-	-	-	-	-	-
江　苏	24 333	10 874	370	-	-	-	795	-	13 417	9
浙　江	9 743	3 182	-	-	-	-	175	-	-	6 517
安　徽	5 642	3 113	343	-	-	-	-	-	2 469	61
福　建	3 245	-	-	-	-	-	-	1 973	-	1 272
江　西	5 638	5 638	78	-	-	-	-	-	-	-
山　东	1 117	-	-	-	198	-	453	-	870	49
河　南	1 267	186	-	-	499	-	-	-	583	-
湖　北	8 271	8 271	918	-	-	-	-	-	-	-
湖　南	11 496	11 464	80	32	-	-	-	-	-	-
广　东	12 097	-	-	8 333	-	-	-	-	-	3 764
广　西	5 478	105	-	5 373	-	-	-	-	-	-
海　南	343	-	-	343	-	-	-	-	-	-
重　庆	4 331	4 331	675	-	-	-	-	-	-	-
四　川	10 720	10 716	224	-	4	-	-	-	-	-
贵　州	3 649	2 243	-	1 406	-	-	-	-	-	-
云　南	3 551	939	-	676	-	-	-	-	-	1 936
西　藏	-	-	-	-	-	-	-	-	-	-
陕　西	1 066	738	-	-	328	-	-	-	-	-
甘　肃	914	187	-	-	705	-	-	-	-	23
青　海	629	-	-	-	231	-	-	-	-	398
宁　夏	130	-	-	-	118	-	-	-	-	12
新　疆	-	-	-	-	-	-	-	-	-	-

注：京杭运河航道里程中含长江等其他水系里程1 361公里。

3-3 全国内河航道通航里程数（按水域类型分）

单位：公里

地区	总计	天然河流及渠化河段航道	限制性航道	宽浅河流航道	山区急流河段航道	湖区航道	库区航道
全国总计	125 853	65 036	36 178	6 061	4 156	3 769	10 653
北京	-	-	-	-	-	-	-
天津	88	88	-	-	-	-	-
河北	-	-	-	-	-	-	-
山西	467	453	-	-	14	-	-
内蒙古	2 403	839	-	1 149	14	364	37
辽宁	413	413	-	-	-	-	-
吉林	1 456	572	-	165	102	-	617
黑龙江	5 098	36	-	4 734	85	176	67
上海	2 268	254	2 003	-	-	11	-
江苏	24 333	733	23 338	14	-	247	-
浙江	9 743	1 710	7 011	-	-	10	1 011
安徽	5 642	4 438	315	-	9	570	309
福建	3 245	2 747	53	-	305	-	140
江西	5 638	4 613	61	-	111	426	427
山东	1 117	331	522	-	-	264	-
河南	1 267	772	-	-	-	-	494
湖北	8 271	4 704	1 550	-	512	538	966
湖南	11 496	9 181	607	-	302	413	993
广东	12 097	11 040	670	-	-	-	387
广西	5 478	5 465	-	-	4	-	9
海南	343	268	-	-	-	-	75
重庆	4 331	3 179	16	-	356	6	775
四川	10 720	8 626	32	-	453	51	1 558
贵州	3 649	3 162	-	-	16	-	471
云南	3 551	40	-	-	1 465	281	1 765
西藏	-	-	-	-	-	-	-
陕西	1 066	1 036	-	-	-	-	30
甘肃	914	207	-	-	370	-	337
青海	629	12	-	-	36	398	184
宁夏	130	115	-	-	2	12	-
新疆	-	-	-	-	-	-	-

3-4 各水系内河航道通航里程数（按技术等级分）

单位：公里

技术等级	总计	长江水系	长江干流	珠江水系	黄河水系	黑龙江水系	京杭运河	淮河水系	闽江水系	其他水系
全国总计	125 853	64 254	2 813	16 163	3 488	8 211	1 437	17 338	1 973	14 351
等级航道	64 900	29 881	2 813	8 260	2 385	7 761	1 274	8 674	897	6 974
一级航道	1 395	1 199	1 145	16	–	–	–	–	50	130
二级航道	3 043	1 284	1 284	296	–	967	433	465	14	18
三级航道	5 763	2 233	384	1 123	73	967	242	1 191	–	177
四级航道	8 796	2 672	–	1 355	–	1 908	242	909	242	1 667
五级航道	8 600	4 064	–	746	519	1 344	98	1 133	135	654
六级航道	19 190	8 984	–	2 371	1 579	782	173	3 145	13	2 298
七级航道	18 113	9 447	–	2 353	214	1 793	86	1 832	444	2 030
等外航道	60 953	34 372	–	7 904	1 103	450	164	8 665	1 076	7 376

注：京杭运河航道里程中含长江等其他水系里程 1 361 公里。

3-5 各水域类型内河航道通航里程数（按技术等级分）

单位：公里

地区	总计	天然河流及渠化河段航道	限制性航道	宽浅河流航道	山区急流河段航道	湖区航道	库区航道
全国总计	125 853	65 036	36 178	6 061	4 156	3 769	10 653
等级航道	64 900	34 869	13 234	5 739	1 655	2 557	6 846
一级航道	1 395	1 395	–	–	–	–	–
二级航道	3 043	1 291	465	882	85	–	321
三级航道	5 763	3 667	1 041	928	45	45	36
四级航道	8 796	4 498	1 338	1 449	28	460	1 024
五级航道	8 600	4 303	1 791	743	315	357	1 090
六级航道	19 190	10 120	4 421	252	667	959	2 772
七级航道	18 113	9 595	4 179	1 486	515	736	1 603
等外航道	60 953	30 167	22 944	322	2 501	1 212	3 806

3-6 全国内河航道枢纽及通航建筑物数（按行政区域分）

地区	枢纽数量（处）		通航建筑物数量（座）			
		具有通航功能	船闸	升船机	正常使用	
					船闸	升船机
全国总计	4 194	2 359	864	45	602	21
北　京	-	-	-	-	-	-
天　津	6	6	5	-	1	-
河　北	9	9	3	-	2	-
山　西	1	-	-	-	-	-
内蒙古	2	-	-	-	-	-
辽　宁	4	2	1	-	1	-
吉　林	5	-	-	-	-	-
黑龙江	2	-	-	-	-	-
上　海	96	90	55	-	50	-
江　苏	683	577	106	-	103	-
浙　江	318	291	50	17	45	10
安　徽	99	52	45	1	34	1
福　建	148	29	20	1	12	1
江　西	83	22	19	2	11	1
山　东	42	19	15	-	11	-
河　南	35	3	3	-	-	-
湖　北	167	55	38	4	35	-
湖　南	494	151	133	13	48	4
广　东	1 211	880	200	-	149	-
广　西	134	42	39	3	19	3
海　南	2	-	-	-	-	-
重　庆	165	45	46	1	34	1
四　川	366	80	85	-	47	-
贵　州	94	6	1	2	-	-
云　南	11	1	1	-	1	-
西　藏	-	-	-	-	-	-
陕　西	3	1	-	1	-	-
甘　肃	15	-	-	-	-	-
青　海	2	-	-	-	-	-
宁　夏	1	-	-	-	-	-
新　疆	-	-	-	-	-	-

3-7 全国水路

地区	轮驳船总计					一、机		
	艘数（艘）	净载重量（吨）	载客量（客位）	集装箱位（TEU）	功率（千瓦）	艘数（艘）	净载重量（吨）	载客量（客位）
全国总计	172 554	244 010 334	1 032 998	1 701 624	64 846 571	155 340	234 317 614	1 031 711
北　京	–	–	–	–	–	–	–	–
天　津	422	8 551 856	3 137	3 299	1 745 954	403	8 297 475	3 137
河　北	1 535	3 477 921	16 820	544	585 558	1 532	3 473 938	16 820
山　西	249	4 073	3 314	–	14 197	249	4 073	3 314
内蒙古	–	–	–	–	–	–	–	–
辽　宁	534	8 095 951	29 919	5 764	1 334 492	524	8 064 843	29 919
吉　林	897	40 601	20 053	–	41 607	866	24 451	20 053
黑龙江	1 602	293 423	22 186	402	133 013	1 251	82 385	22 186
上　海	1 764	30 556 817	71 913	844 049	10 157 894	1 693	30 407 440	71 913
江　苏	47 774	43 131 965	53 534	37 620	10 455 242	39 378	39 354 712	53 534
浙　江	18 208	23 775 322	77 531	17 349	6 565 272	17 732	23 684 637	77 531
安　徽	28 721	31 751 999	15 193	42 864	8 419 370	27 193	31 035 562	15 193
福　建	2 174	7 913 693	30 586	127 791	2 287 623	2 169	7 906 718	30 586
江　西	3 942	2 294 612	10 758	2 953	731 640	3 926	2 287 031	10 758
山　东	12 024	14 891 950	63 273	17 852	3 158 599	7 524	11 042 793	63 273
河　南	5 196	5 887 829	11 329	–	1 867 510	5 088	5 846 995	11 329
湖　北	4 794	7 612 307	41 611	23 348	1 892 374	4 562	7 340 798	41 611
湖　南	8 067	3 029 408	73 601	3 272	1 222 314	8 015	2 977 560	73 236
广　东	8 494	24 046 901	78 700	123 377	6 322 626	8 474	24 013 693	78 700
广　西	8 662	7 430 171	103 685	103 590	1 970 310	8 658	7 426 921	103 685
海　南	523	1 799 307	30 408	16 045	589 875	521	1 797 693	30 408
重　庆	3 700	5 200 972	83 372	56 027	1 470 924	3 620	5 082 148	83 372
四　川	7 614	1 086 401	86 805	5 509	508 485	6 582	1 034 812	86 805
贵　州	2 018	129 421	43 563	–	148 026	1 992	125 068	43 563
云　南	952	120 640	20 303	12	97 781	951	120 540	20 303
西　藏	–	–	–	–	–	–	–	–
陕　西	1 345	29 534	20 785	–	40 984	1 094	28 068	19 863
甘　肃	434	1 494	7 675	–	30 521	434	1 494	7 675
青　海	65	–	1 943	–	13 695	65	–	1 943
宁　夏	691	–	11 001	–	30 498	691	–	11 001
新　疆	–	–	–	–	–	–	–	–
不分地区	153	12 855 766	–	269 957	3 010 187	153	12 855 766	–

运输工具拥有量

动船		1.客船			2.客货船				
集装箱位（TEU）	功率（千瓦）	艘数（艘）	载客量（客位）	功率（千瓦）	艘数（艘）	净载重量（吨）	载客量（客位）	集装箱位（TEU）	功率（千瓦）
1 699 290	64 846 571	22 796	895 941	1 989 172	412	273 210	135 770	2 698	791 065
–	–	–	–	–	–	–	–	–	–
3 299	1 745 954	56	3 137	13 891	–	–	–	–	–
544	585 558	1 391	16 472	42 283	1	4 046	348	282	12 960
–	14 197	240	3 263	12 336	3	22	51	–	77
–	–	–	–	–	–	–	–	–	–
5 764	1 334 492	52	8 280	21 296	29	32 280	21 639	144	176 471
–	41 607	733	20 053	31 524	–	–	–	–	–
402	133 013	641	19 623	52 910	64	1 886	2 563	–	7 298
842 445	10 157 894	173	61 051	78 596	12	8 680	10 862	814	57 094
37 620	10 455 242	312	28 445	42 049	62	12 536	25 089	–	28 335
17 349	6 565 272	1 238	75 552	263 522	9	–	1 979	–	2 574
42 864	8 419 370	498	15 193	27 986	–	–	–	–	–
127 641	2 287 623	589	28 167	120 521	9	9 456	2 419	256	52 434
2 901	731 640	336	10 758	17 350	–	–	–	–	–
17 852	3 158 599	1 440	34 360	134 550	38	110 225	28 913	1 202	288 550
–	1 867 510	632	11 329	40 891	–	–	–	–	–
23 348	1 892 374	848	40 851	102 857	4	9 799	760	–	5 670
3 272	1 222 314	2 560	73 236	105 770	–	–	–	–	–
122 849	6 322 626	617	60 114	270 712	42	32 980	18 586	–	72 013
103 590	1 970 310	2 357	101 826	106 710	6	5 099	1 859	–	15 718
16 045	589 875	323	13 521	60 784	24	44 234	16 887	–	68 746
56 027	1 470 924	1 189	83 218	162 093	4	53	154	–	228
5 509	508 485	2 608	86 805	72 379	–	–	–	–	–
–	148 026	1 339	43 563	74 178	–	–	–	–	–
12	97 781	688	18 563	37 153	48	1 083	1 740	–	1 877
–	–	–	–	–	–	–	–	–	–
–	40 984	785	18 558	24 097	44	441	1 305	–	702
–	30 521	399	7 059	29 555	13	390	616	–	318
–	13 695	65	1 943	13 695	–	–	–	–	–
–	30 498	687	11 001	29 484	–	–	–	–	–
–	–	–	–	–	–	–	–	–	–
269 957	3 010 187	–	–	–	–	–	–	–	–

3-7

地区	3.货船				集装箱船			
	艘数（艘）	净载重量（吨）	集装箱位（TEU）	功率（千瓦）	艘数（艘）	净载重量（吨）	集装箱位（TEU）	功率（千瓦）
全国总计	129 460	233 832 129	1 696 592	60 830 673	1 981	17 576 894	1 398 149	9 948 506
北 京	–	–	–	–	–	–	–	–
天 津	320	8 297 475	3 299	1 654 415	2	21 714	3 016	28 907
河 北	140	3 469 892	262	530 315	1	1 642	262	1 765
山 西	6	4 051	–	1 784	–	–	–	–
内蒙古	–	–	–	–	–	–	–	–
辽 宁	435	8 032 560	5 620	1 120 962	9	72 222	4 197	27 039
吉 林	113	15 368	–	5 041	–	–	–	–
黑龙江	368	74 311	402	31 352	1	6 721	402	2 060
上 海	1 450	30 324 822	841 631	9 922 468	369	9 938 405	834 574	6 401 454
江 苏	37 830	39 305 779	37 620	10 009 424	139	498 778	30 561	171 106
浙 江	16 384	23 676 660	17 349	6 186 467	61	264 379	16 849	123 832
安 徽	26 548	31 034 150	42 864	8 351 613	37	125 567	7 960	35 867
福 建	1 563	7 896 591	127 385	2 104 452	81	756 453	46 462	268 460
江 西	3 588	2 287 031	2 901	713 526	3	4 760	286	1 438
山 东	5 590	10 923 840	16 650	2 469 056	18	225 905	14 794	102 164
河 南	4 439	5 846 051	–	1 823 874	–	–	–	–
湖 北	3 566	7 330 999	23 348	1 725 949	7	20 808	1 127	6 062
湖 南	5 399	2 975 246	3 272	1 108 731	20	35 598	2 469	10 868
广 东	7 748	23 934 867	122 849	5 887 790	865	1 189 000	81 978	523 169
广 西	6 293	7 421 822	103 590	1 847 000	93	186 861	8 437	52 332
海 南	174	1 750 697	16 045	460 345	13	226 832	16 045	128 524
重 庆	2 408	5 082 095	56 027	1 296 458	199	786 119	56 027	196 116
四 川	3 799	1 034 812	5 509	421 008	21	56 732	2 734	13 432
贵 州	652	125 068	–	73 707	–	–	–	–
云 南	213	110 364	12	58 251	1	297	12	404
西 藏	–	–	–	–	–	–	–	–
陕 西	259	21 527	–	15 850	–	–	–	–
甘 肃	22	285	–	648	–	–	–	–
青 海	–	–	–	–	–	–	–	–
宁 夏	–	–	–	–	–	–	–	–
新 疆	–	–	–	–	–	–	–	–
不分地区	153	12 855 766	269 957	3 010 187	41	3 158 101	269 957	1 853 507

(续表一)

			4. 拖 船		二、驳 船			
油 船								
艘数（艘）	净载重量（吨）	功率（千瓦）	艘数（艘）	功率（千瓦）	艘数（艘）	净载重量（吨）	载客量（客位）	集装箱位（TEU）
4 442	**28 969 561**	**5 032 161**	**2 672**	**1 235 661**	**17 214**	**9 692 720**	**1 287**	**2 334**
–	–	–	–	–	–	–	–	–
48	65 253	43 767	27	77 648	19	254 381	–	–
–	–	–	–	–	3	3 983	–	–
–	–	–	–	–	–	–	–	–
–	–	–	–	–	–	–	–	–
93	6 997 743	772 163	8	15 763	10	31 108	–	–
–	–	–	20	5 042	31	16 150	–	–
2	1 000	736	178	41 453	351	211 038	–	–
385	8 140 050	1 306 097	58	99 736	71	149 377	–	1 604
1 784	8 859 046	1 339 923	1 174	375 434	8 396	3 777 253	–	–
745	2 138 259	634 695	101	112 709	476	90 685	–	–
324	241 411	87 125	147	39 771	1 528	716 437	–	–
147	387 911	126 349	8	10 216	5	6 975	–	150
70	200 914	61 153	2	764	16	7 581	–	52
83	204 760	81 578	456	266 443	4 500	3 849 157	–	–
–	–	–	17	2 745	108	40 834	–	–
142	264 465	78 333	144	57 898	232	271 509	–	–
28	31 676	12 465	56	7 813	52	51 848	365	–
434	1 040 107	341 352	67	92 111	20	33 208	–	528
63	83 557	32 198	2	882	4	3 250	–	–
27	240 539	71 448	–	–	2	1 614	–	–
33	31 485	19 451	19	12 145	80	118 824	–	–
32	40 982	22 380	175	15 098	1 032	51 589	–	–
–	–	–	1	141	26	4 353	–	–
2	403	948	2	500	1	100	–	–
–	–	–	–	–	–	–	–	–
–	–	–	6	335	251	1 466	922	–
–	–	–	–	–	–	–	–	–
–	–	–	–	–	–	–	–	–
–	–	–	4	1 014	–	–	–	–
–	–	–	–	–	–	–	–	–
–	–	–	–	–	–	–	–	–

3-8 远洋运输

地区	轮驳船总计					一、机		
	艘数（艘）	净载重量（吨）	载客量（客位）	集装箱位（TEU）	功率（千瓦）	艘数（艘）	净载重量（吨）	载客量（客位）
全国总计	2 457	73 665 983	20 393	1 176 590	17 366 216	2 450	73 655 019	20 393
北京	-	-	-	-	-	-	-	-
天津	81	5 539 925	-	326	772 144	81	5 539 925	-
河北	21	2 316 206	348	282	281 078	21	2 316 206	348
山西								
内蒙古								
辽宁	67	6 713 129	800	1 187	719 176	67	6 713 129	800
吉林								
黑龙江	-	-	-	-	-	-	-	-
上海	324	17 565 124	856	776 217	7 392 277	324	17 565 124	856
江苏	151	9 576 665	-	5 922	1 223 465	151	9 576 665	-
浙江	49	3 273 795	-	1 104	427 894	49	3 273 795	-
安徽	1	7 200	-	-	2 867	1	7 200	-
福建	100	1 941 116	2 870	8 722	466 190	100	1 941 116	2 870
江西	2	13 600	-	-	5 536	2	13 600	-
山东	49	3 567 397	4 051	2 218	528 311	49	3 567 397	4 051
河南	-	-	-	-	-	-	-	-
湖北								
湖南	1	72 000	-	-	8 899	1	72 000	-
广东	1 336	9 357 374	11 069	96 675	2 276 634	1 329	9 346 410	11 069
广西	90	152 371	399	6 008	54 467	90	152 371	399
海南	32	714 315	-	7 972	197 091	32	714 315	-
重庆								
四川								
贵州								
云南								
西藏								
陕西								
甘肃								
青海								
宁夏								
新疆								
不分地区	153	12 855 766	-	269 957	3 010 187	153	12 855 766	-

工具拥有量

动船		1. 客船			2. 客货船				
集装箱位（TEU）	功率（千瓦）	艘数（艘）	载客量（客位）	功率（千瓦）	艘数（艘）	净载重量（吨）	载客量（客位）	集装箱位（TEU）	功率（千瓦）
1 176 590	17 366 216	38	12 496	159 015	13	63 153	7 897	2 698	236 790
–	–	–	–	–	–	–	–	–	–
326	772 144	–	–	–	–	–	–	–	–
282	281 078	–	–	–	1	4 046	348	282	12 960
–	–	–	–	–	–	–	–	–	–
–	–	–	–	–	–	–	–	–	–
1 187	719 176	–	–	–	1	5 695	800	144	19 845
–	–	–	–	–	–	–	–	–	–
–	–	–	–	–	–	–	–	–	–
776 217	7 392 277	–	–	–	3	5 500	856	814	42 960
5 922	1 223 465	–	–	–	–	–	–	–	–
1 104	427 894	–	–	–	–	–	–	–	–
–	2 867	–	–	–	–	–	–	–	–
8 722	466 190	5	1 427	22 513	2	7 123	1 443	256	48 286
–	5 536	–	–	–	–	–	–	–	–
2 218	528 311	–	–	–	5	38 243	4 051	1 202	102 817
–	–	–	–	–	–	–	–	–	–
–	–	–	–	–	–	–	–	–	–
–	8 899	–	–	–	–	–	–	–	–
96 675	2 276 634	33	11 069	136 502	–	–	–	–	–
6 008	54 467	–	–	–	1	2 546	399	–	9 922
7 972	197 091	–	–	–	–	–	–	–	–
–	–	–	–	–	–	–	–	–	–
–	–	–	–	–	–	–	–	–	–
–	–	–	–	–	–	–	–	–	–
–	–	–	–	–	–	–	–	–	–
–	–	–	–	–	–	–	–	–	–
–	–	–	–	–	–	–	–	–	–
269 957	3 010 187	–	–	–	–	–	–	–	–

3-8

地 区	3. 货 船				集 装 箱 船			
	艘数（艘）	净载重量（吨）	集装箱位（TEU）	功率（千瓦）	艘数（艘）	净载重量（吨）	集装箱位（TEU）	功率（千瓦）
全国总计	2 394	73 581 646	1 173 892	16 967 213	984	13 353 444	1 126 362	8 474 900
北 京	–	–	–	–	–	–	–	–
天 津	81	5 539 925	326	772 144	1	6 228	326	4 452
河 北	20	2 312 160	–	268 118	–	–	–	–
山 西	–	–	–	–	–	–	–	–
内蒙古	–	–	–	–	–	–	–	–
辽 宁	66	6 707 434	1 043	699 331	3	13 532	1 043	5 204
吉 林	–	–	–	–	–	–	–	–
黑龙江	–	–	–	–	–	–	–	–
上 海	321	17 559 624	775 403	7 349 317	208	8 977 123	774 763	6 059 586
江 苏	151	9 576 665	5 922	1 223 465	8	69 540	5 248	27 646
浙 江	49	3 273 795	1 104	427 894	2	15 187	1 104	11 006
安 徽	1	7 200	–	2 867	–	–	–	–
福 建	93	1 933 993	8 466	395 391	18	67 144	4 772	31 955
江 西	2	13 600	–	5 536	–	–	–	–
山 东	44	3 529 154	1 016	425 494	–	–	–	–
河 南	–	–	–	–	–	–	–	–
湖 北	–	–	–	–	–	–	–	–
湖 南	1	72 000	–	8 899	–	–	–	–
广 东	1 291	9 336 190	96 675	2 136 934	674	902 801	59 329	403 533
广 西	89	149 825	6 008	44 545	25	35 523	1 848	13 202
海 南	32	714 315	7 972	197 091	4	108 265	7 972	64 809
重 庆	–	–	–	–	–	–	–	–
四 川	–	–	–	–	–	–	–	–
贵 州	–	–	–	–	–	–	–	–
云 南	–	–	–	–	–	–	–	–
西 藏	–	–	–	–	–	–	–	–
陕 西	–	–	–	–	–	–	–	–
甘 肃	–	–	–	–	–	–	–	–
青 海	–	–	–	–	–	–	–	–
宁 夏	–	–	–	–	–	–	–	–
新 疆	–	–	–	–	–	–	–	–
不分地区	153	12 855 766	269 957	3 010 187	41	3 158 101	269 957	1 853 507

(续表一)

			4. 拖船		二、驳船			
油船								
艘数（艘）	净载重量（吨）	功率（千瓦）	艘数（艘）	功率（千瓦）	艘数（艘）	净载重量（吨）	载客量（客位）	集装箱位（TEU）
227	**21 008 147**	**2 611 414**	**5**	**3 198**	**7**	**10 964**	**–**	**–**
–	–	–	–	–	–	–	–	–
–	–	–	–	–	–	–	–	–
–	–	–	–	–	–	–	–	–
–	–	–	–	–	–	–	–	–
–	–	–	–	–	–	–	–	–
34	6 654 429	663 620	–	–	–	–	–	–
–	–	–	–	–	–	–	–	–
–	–	–	–	–	–	–	–	–
73	6 541 600	975 662	–	–	–	–	–	–
62	7 234 578	807 427	–	–	–	–	–	–
–	–	–	–	–	–	–	–	–
–	–	–	–	–	–	–	–	–
5	97 538	21 887	–	–	–	–	–	–
–	–	–	–	–	–	–	–	–
–	–	–	–	–	–	–	–	–
–	–	–	–	–	–	–	–	–
–	–	–	–	–	–	–	–	–
–	–	–	–	–	–	–	–	–
39	341 982	96 429	5	3 198	7	10 964	–	–
–	–	–	–	–	–	–	–	–
14	138 020	46 389	–	–	–	–	–	–
–	–	–	–	–	–	–	–	–
–	–	–	–	–	–	–	–	–
–	–	–	–	–	–	–	–	–
–	–	–	–	–	–	–	–	–
–	–	–	–	–	–	–	–	–
–	–	–	–	–	–	–	–	–
–	–	–	–	–	–	–	–	–
–	–	–	–	–	–	–	–	–
–	–	–	–	–	–	–	–	–
–	–	–	–	–	–	–	–	–
–	–	–	–	–	–	–	–	–

3-9 沿海运输

地区	轮驳船总计					一、机		
	艘数（艘）	净载重量（吨）	载客量（客位）	集装箱位（TEU）	功率（千瓦）	艘数（艘）	净载重量（吨）	载客量（客位）
全国总计	11 024	68 187 811	195 642	280 316	17 365 981	10 932	67 588 903	195 642
北京	–	–	–	–	–	–	–	–
天津	250	2 998 979	–	2 973	926 255	232	2 745 098	–
河北	123	1 161 715	–	262	262 197	120	1 157 732	–
山西	–	–	–	–	–	–	–	–
内蒙古	–	–	–	–	–	–	–	–
辽宁	467	1 382 822	29 119	4 577	615 316	457	1 351 714	29 119
吉林	–	–	–	–	–	–	–	–
黑龙江	12	56 813	–	402	11 609	12	56 813	–
上海	604	12 476 904	–	56 591	2 489 426	586	12 385 280	–
江苏	1 226	7 228 217	515	17 717	1 867 679	1 224	7 211 230	515
浙江	3 429	17 013 816	38 997	14 934	4 190 828	3 422	17 001 112	38 997
安徽	389	1 581 712	–	11 837	399 437	383	1 570 912	–
福建	1 217	5 646 928	18 373	119 069	1 558 229	1 213	5 640 501	18 373
江西	44	210 790	–	–	60 789	44	210 790	–
山东	1 067	3 012 130	43 080	15 508	1 213 050	1 057	2 945 230	43 080
河南	–	–	–	–	–	–	–	–
湖北	233	1 764 679	–	–	400 629	231	1 676 937	–
湖南	34	48 903	–	–	18 755	34	48 903	–
广东	910	10 545 792	31 178	9 829	2 341 839	904	10 533 904	31 178
广西	618	1 959 981	6 720	18 544	619 689	614	1 956 731	6 720
海南	400	1 084 223	27 660	8 073	387 313	398	1 082 609	27 660
重庆	1	13 407	–	–	2 941	1	13 407	–
四川	–	–	–	–	–	–	–	–
贵州	–	–	–	–	–	–	–	–
云南	–	–	–	–	–	–	–	–
西藏	–	–	–	–	–	–	–	–
陕西	–	–	–	–	–	–	–	–
甘肃	–	–	–	–	–	–	–	–
青海	–	–	–	–	–	–	–	–
宁夏	–	–	–	–	–	–	–	–
新疆	–	–	–	–	–	–	–	–

工具拥有量

动　船		1.　客　船			2.　客　货　船				
集装箱位 （TEU）	功率 （千瓦）	艘数 （艘）	载客量 （客位）	功率 （千瓦）	艘数 （艘）	净载重量 （吨）	载客量 （客位）	集装箱位 （TEU）	功率 （千瓦）
279 438	17 365 981	1 506	111 745	543 089	141	180 646	83 897	–	494 910
–	–	–	–	–	–	–	–	–	–
2 973	926 255	–	–	–	–	–	–	–	–
262	262 197	–	–	–	–	–	–	–	–
–	–	–	–	–	–	–	–	–	–
4 577	615 316	52	8 280	21 296	28	26 585	20 839	–	156 626
–	–	–	–	–	–	–	–	–	–
402	11 609	–	–	–	–	–	–	–	–
56 391	2 489 426	–	–	–	–	–	–	–	–
17 717	1 867 679	7	515	1 887	–	–	–	–	–
14 934	4 190 828	181	38 518	185 742	6	–	479	–	2 068
11 837	399 437	–	–	–	–	–	–	–	–
118 919	1 558 229	302	17 397	71 848	7	2 333	976	–	4 148
–	60 789	–	–	–	–	–	–	–	–
15 508	1 213 050	532	18 218	81 721	33	71 982	24 862	–	185 733
–	–	–	–	–	–	–	–	–	–
–	400 629	–	–	–	–	–	–	–	–
–	18 755	–	–	–	–	–	–	–	–
9 301	2 341 839	126	12 784	89 781	38	32 959	18 394	–	71 793
18 544	619 689	74	5 260	35 501	5	2 553	1 460	–	5 796
8 073	387 313	232	10 773	55 313	24	44 234	16 887	–	68 746
–	2 941	–	–	–	–	–	–	–	–
–	–	–	–	–	–	–	–	–	–
–	–	–	–	–	–	–	–	–	–
–	–	–	–	–	–	–	–	–	–
–	–	–	–	–	–	–	–	–	–
–	–	–	–	–	–	–	–	–	–

3–9

地区	3. 货船				集装箱船			
	艘数（艘）	净载重量（吨）	集装箱位（TEU）	功率（千瓦）	艘数（艘）	净载重量（吨）	集装箱位（TEU）	功率（千瓦）
全国总计	9 038	67 389 965	279 438	15 695 219	328	2 685 762	169 558	1 023 768
北 京	–	–	–	–	–	–	–	–
天 津	210	2 745 098	2 973	859 406	1	15 486	2 690	24 455
河 北	120	1 157 732	262	262 197	1	1 642	262	1 765
山 西	–	–	–	–	–	–	–	–
内蒙古	–	–	–	–	–	–	–	–
辽 宁	369	1 325 126	4 577	421 631	6	58 690	3 154	21 835
吉 林	–	–	–	–	–	–	–	–
黑龙江	12	56 813	402	11 609	1	6 721	402	2 060
上 海	560	12 385 280	56 391	2 417 648	80	829 281	51 050	289 294
江 苏	1 185	7 210 577	17 717	1 771 351	63	304 779	17 157	105 948
浙 江	3 203	16 993 408	14 934	3 898 149	28	223 161	14 434	102 504
安 徽	381	1 570 912	11 837	397 982	12	53 260	3 918	15 820
福 建	900	5 637 944	118 919	1 472 589	63	689 309	41 690	236 505
江 西	44	210 790	–	60 789	–	–	–	–
山 东	419	2 869 643	15 508	776 952	15	222 762	14 668	100 712
河 南	–	–	–	–	–	–	–	–
湖 北	227	1 676 937	–	383 591	–	–	–	–
湖 南	34	48 903	–	18 755	–	–	–	–
广 东	698	10 496 835	9 301	2 098 865	40	91 445	7 634	40 106
广 西	533	1 954 178	18 544	577 510	9	70 659	4 426	19 049
海 南	142	1 036 382	8 073	263 254	9	118 567	8 073	63 715
重 庆	1	13 407	–	2 941	–	–	–	–
四 川	–	–	–	–	–	–	–	–
贵 州	–	–	–	–	–	–	–	–
云 南	–	–	–	–	–	–	–	–
西 藏	–	–	–	–	–	–	–	–
陕 西	–	–	–	–	–	–	–	–
甘 肃	–	–	–	–	–	–	–	–
青 海	–	–	–	–	–	–	–	–
宁 夏	–	–	–	–	–	–	–	–
新 疆	–	–	–	–	–	–	–	–

(续表一)

油　船			4.拖　船		二、驳　船			
艘数（艘）	净载重量（吨）	功率（千瓦）	艘数（艘）	功率（千瓦）	艘数（艘）	净载重量（吨）	载客量（客位）	集装箱位（TEU）
1 481	6 099 657	1 716 139	247	632 763	92	598 908	–	878
–	–	–	–	–	–	–	–	–
28	55 719	37 260	22	66 849	18	253 881	–	–
–	–	–	–	–	3	3 983	–	–
–	–	–	–	–	–	–	–	–
–	–	–	–	–	–	–	–	–
59	343 314	108 543	8	15 763	10	31 108	–	–
–	–	–	–	–	–	–	–	–
–	–	–	–	–	–	–	–	–
130	1 498 994	285 444	26	71 778	18	91 624	–	200
64	668 411	184 772	32	94 441	2	16 987	–	–
714	2 127 125	628 115	32	104 869	7	12 704	–	–
18	54 872	13 084	2	1 455	6	10 800	–	–
132	289 494	103 626	4	9 644	4	6 427	–	150
24	147 694	44 493	–	–	–	–	–	–
83	204 760	81 578	73	168 644	10	66 900	–	–
–	–	–	–	–	–	–	–	–
37	56 015	15 928	4	17 038	2	87 742	–	–
3	7 913	3 825	–	–	–	–	–	–
125	473 266	157 324	42	81 400	6	11 888	–	528
51	69 561	27 088	2	882	4	3 250	–	–
13	102 519	25 059	–	–	2	1 614	–	–
–	–	–	–	–	–	–	–	–
–	–	–	–	–	–	–	–	–
–	–	–	–	–	–	–	–	–
–	–	–	–	–	–	–	–	–
–	–	–	–	–	–	–	–	–
–	–	–	–	–	–	–	–	–
–	–	–	–	–	–	–	–	–

3-10 内河运输

地区	轮驳船总计					一、机		
	艘数（艘）	净载重量（吨）	载客量（客位）	集装箱位（TEU）	功率（千瓦）	艘数（艘）	净载重量（吨）	载客量（客位）
全国总计	159 073	102 156 540	816 963	244 718	30 114 374	141 958	93 073 692	815 676
北 京	-	-	-	-	-	-	-	-
天 津	91	12 952	3 137	-	47 555	90	12 452	3 137
河 北	1 391	-	16 472	-	42 283	1 391	-	16 472
山 西	249	4 073	3 314	-	14 197	249	4 073	3 314
内蒙古	-	-	-	-	-	-	-	-
辽 宁	-	-	-	-	-	-	-	-
吉 林	897	40 601	20 053	-	41 607	866	24 451	20 053
黑龙江	1 590	236 610	22 186	-	121 404	1 239	25 572	22 186
上 海	836	514 789	71 057	11 241	276 191	783	457 036	71 057
江 苏	46 397	26 327 083	53 019	13 981	7 364 098	38 003	22 566 817	53 019
浙 江	14 730	3 487 711	38 534	1 311	1 946 550	14 261	3 409 730	38 534
安 徽	28 331	30 163 087	15 193	31 027	8 017 066	26 809	29 457 450	15 193
福 建	857	325 649	9 343	-	263 204	856	325 101	9 343
江 西	3 896	2 070 222	10 758	2 953	665 315	3 880	2 062 641	10 758
山 东	10 908	8 312 423	16 142	126	1 417 238	6 418	4 530 166	16 142
河 南	5 196	5 887 829	11 329	-	1 867 510	5 088	5 846 995	11 329
湖 北	4 561	5 847 628	41 611	23 348	1 491 745	4 331	5 663 861	41 611
湖 南	8 032	2 908 505	73 601	3 272	1 194 660	7 980	2 856 657	73 236
广 东	6 248	4 143 735	36 453	16 873	1 704 153	6 241	4 133 379	36 453
广 西	7 954	5 317 819	96 566	79 038	1 296 154	7 954	5 317 819	96 566
海 南	91	769	2 748	-	5 471	91	769	2 748
重 庆	3 699	5 187 565	83 372	56 027	1 467 983	3 619	5 068 741	83 372
四 川	7 614	1 086 401	86 805	5 509	508 485	6 582	1 034 812	86 805
贵 州	2 018	129 421	43 563	-	148 026	1 992	125 068	43 563
云 南	952	120 640	20 303	12	97 781	951	120 540	20 303
西 藏	-	-	-	-	-	-	-	-
陕 西	1 345	29 534	20 785	-	40 984	1 094	28 068	19 863
甘 肃	434	1 494	7 675	-	30 521	434	1 494	7 675
青 海	65	-	1 943	-	13 695	65	-	1 943
宁 夏	691	-	11 001	-	30 498	691	-	11 001
新 疆	-	-	-	-	-	-	-	-

工具拥有量

动 船		1. 客 船			2. 客 货 船				
集装箱位（TEU）	功率（千瓦）	艘数（艘）	载客量（客位）	功率（千瓦）	艘数（艘）	净载重量（吨）	载客量（客位）	集装箱位（TEU）	功率（千瓦）
243 262	30 114 374	21 252	771 700	1 287 068	258	29 411	43 976	–	59 365
–	–	–	–	–	–	–	–	–	–
–	47 555	56	3 137	13 891	–	–	–	–	–
–	42 283	1 391	16 472	42 283	–	–	–	–	–
–	14 197	240	3 263	12 336	3	22	51	–	77
–	–	–	–	–	–	–	–	–	–
–	–	–	–	–	–	–	–	–	–
–	41 607	733	20 053	31 524	–	–	–	–	–
–	121 404	641	19 623	52 910	64	1 886	2 563	–	7 298
9 837	276 191	173	61 051	78 596	9	3 180	10 006	–	14 134
13 981	7 364 098	305	27 930	40 162	62	12 536	25 089	–	28 335
1 311	1 946 550	1 057	37 034	77 780	3	–	1 500	–	506
31 027	8 017 066	498	15 193	27 986	–	–	–	–	–
–	263 204	282	9 343	26 160	–	–	–	–	–
2 901	665 315	336	10 758	17 350	–	–	–	–	–
126	1 417 238	908	16 142	52 829	–	–	–	–	–
–	1 867 510	632	11 329	40 891	–	–	–	–	–
23 348	1 491 745	848	40 851	102 857	4	9 799	760	–	5 670
3 272	1 194 660	2 560	73 236	105 770	–	–	–	–	–
16 873	1 704 153	458	36 261	44 429	4	21	192	–	220
79 038	1 296 154	2 283	96 566	71 209	–	–	–	–	–
–	5 471	91	2 748	5 471	–	–	–	–	–
56 027	1 467 983	1 189	83 218	162 093	4	53	154	–	228
5 509	508 485	2 608	86 805	72 379	–	–	–	–	–
–	148 026	1 339	43 563	74 178	–	–	–	–	–
12	97 781	688	18 563	37 153	48	1 083	1 740	–	1 877
–	–	–	–	–	–	–	–	–	–
–	40 984	785	18 558	24 097	44	441	1 305	–	702
–	30 521	399	7 059	29 555	13	390	616	–	318
–	13 695	65	1 943	13 695	–	–	–	–	–
–	30 498	687	11 001	29 484	–	–	–	–	–
–	–	–	–	–	–	–	–	–	–

地区	3.货船				集装箱船			
	艘数（艘）	净载重量（吨）	集装箱位（TEU）	功率（千瓦）	艘数（艘）	净载重量（吨）	集装箱位（TEU）	功率（千瓦）
全国总计	118 028	92 860 518	243 262	28 168 241	669	1 537 688	102 229	449 838
北　京	–	–	–	–	–	–	–	–
天　津	29	12 452	–	22 865	–	–	–	–
河　北	–	–	–	–	–	–	–	–
山　西	6	4 051	–	1 784	–	–	–	–
内蒙古	–	–	–	–	–	–	–	–
辽　宁	–	–	–	–	–	–	–	–
吉　林	113	15 368	–	5 041	–	–	–	–
黑龙江	356	17 498	–	19 743	–	–	–	–
上　海	569	379 918	9 837	155 503	81	132 001	8 761	52 574
江　苏	36 494	22 518 537	13 981	7 014 608	68	124 459	8 156	37 512
浙　江	13 132	3 409 457	1 311	1 860 424	31	26 031	1 311	10 322
安　徽	26 166	29 456 038	31 027	7 950 764	25	72 307	4 042	20 047
福　建	570	324 654	–	236 472	–	–	–	–
江　西	3 542	2 062 641	2 901	647 201	3	4 760	286	1 438
山　东	5 127	4 525 043	126	1 266 610	3	3 143	126	1 452
河　南	4 439	5 846 051	–	1 823 874	–	–	–	–
湖　北	3 339	5 654 062	23 348	1 342 358	7	20 808	1 127	6 062
湖　南	5 364	2 854 343	3 272	1 081 077	20	35 598	2 469	10 868
广　东	5 759	4 101 842	16 873	1 651 991	151	194 754	15 015	79 530
广　西	5 671	5 317 819	79 038	1 224 945	59	80 679	2 163	20 081
海　南	–	–	–	–	–	–	–	–
重　庆	2 407	5 068 688	56 027	1 293 517	199	786 119	56 027	196 116
四　川	3 799	1 034 812	5 509	421 008	21	56 732	2 734	13 432
贵　州	652	125 068	–	73 707	–	–	–	–
云　南	213	110 364	12	58 251	1	297	12	404
西　藏	–	–	–	–	–	–	–	–
陕　西	259	21 527	–	15 850	–	–	–	–
甘　肃	22	285	–	648	–	–	–	–
青　海	–	–	–	–	–	–	–	–
宁　夏	–	–	–	–	–	–	–	–
新　疆	–	–	–	–	–	–	–	–

（续表一）

			4. 拖 船		二、驳 船			
油 船								
艘数（艘）	净载重量（吨）	功率（千瓦）	艘数（艘）	功率（千瓦）	艘数（艘）	净载重量（吨）	载客量（客位）	集装箱位（TEU）
2 734	**1 861 757**	**704 608**	**2 420**	**599 700**	**17 115**	**9 082 848**	**1 287**	**1 456**
–	–	–	–	–	–	–	–	–
20	9 534	6 507	5	10 799	1	500	–	–
–	–	–	–	–	–	–	–	–
–	–	–	–	–	–	–	–	–
–	–	–	–	–	–	–	–	–
–	–	–	–	–	–	–	–	–
–	–	–	20	5 042	31	16 150	–	–
2	1 000	736	178	41 453	351	211 038	–	–
182	99 456	44 991	32	27 958	53	57 753	–	1 404
1 658	956 057	347 724	1 142	280 993	8 394	3 760 266	–	–
31	11 134	6 580	69	7 840	469	77 981	–	–
306	186 539	74 041	145	38 316	1 522	705 637	–	–
10	879	836	4	572	1	548	–	–
46	53 220	16 660	2	764	16	7 581	–	52
–	–	–	383	97 799	4 490	3 782 257	–	–
–	–	–	17	2 745	108	40 834	–	–
105	208 450	62 405	140	40 860	230	183 767	–	–
25	23 763	8 640	56	7 813	52	51 848	365	–
270	224 859	87 599	20	7 513	7	10 356	–	–
12	13 996	5 110	–	–	–	–	–	–
–	–	–	–	–	–	–	–	–
33	31 485	19 451	19	12 145	80	118 824	–	–
32	40 982	22 380	175	15 098	1 032	51 589	–	–
–	–	–	1	141	26	4 353	–	–
2	403	948	2	500	1	100	–	–
–	–	–	–	–	–	–	–	–
–	–	–	6	335	251	1 466	922	–
–	–	–	–	–	–	–	–	–
–	–	–	–	–	–	–	–	–
–	–	–	4	1 014	–	–	–	–
–	–	–	–	–	–	–	–	–

3-11 水路客、货运输量

地 区	客运量（万人）	旅客周转量（万人公里）	货运量（万吨）	货物周转量（万吨公里）
全国总计	23 535	683 326	559 785	794 356 507
北 京	-	-	-	-
天 津	87	1 022	8 678	22 678 400
河 北	-	-	3 048	8 625 373
山 西	118	1 115	30	768
内蒙古	-	-	-	-
辽 宁	534	65 178	13 379	78 371 594
吉 林	116	2 490	232	13 423
黑龙江	357	3 997	1 245	78 897
上 海	243	6 232	39 726	139 654 689
江 苏	2 454	39 658	70 909	77 530 248
浙 江	3 111	50 892	76 662	73 570 042
安 徽	67	1 916	100 291	49 136 680
福 建	1 711	28 463	23 162	29 547 139
江 西	207	3 645	8 676	1 983 621
山 东	1 809	110 092	13 478	12 119 868
河 南	255	3 742	9 854	6 184 575
湖 北	442	32 366	24 409	17 912 732
湖 南	1 480	28 502	23 097	5 524 455
广 东	2 157	83 744	78 027	59 155 266
广 西	394	19 199	19 550	11 897 599
海 南	1 356	21 737	6 075	5 324 962
重 庆	689	72 561	12 924	14 204 388
四 川	2 390	28 781	7 100	1 587 722
贵 州	1 755	45 353	1 142	256 172
云 南	1 045	22 289	508	116 488
西 藏	-	-	-	-
陕 西	360	7 043	246	8 430
甘 肃	85	1 590	10	101
青 海	58	742	-	-
宁 夏	256	977	-	-
新 疆	-	-	-	-
不分地区	-	-	17 328	178 872 875

3-12 水路旅客运输量（按航区分）

地 区	客运量（万人）			旅客周转量（万人公里）		
	内 河	沿 海	远 洋	内 河	沿 海	远 洋
全国总计	14 659	7 032	1 844	326 115	224 077	133 134
北 京	-	-	-	-	-	-
天 津	87	-	-	1 022	-	-
河 北	-	-	-	-	-	-
山 西	118	-	-	1 115	-	-
内蒙古	-	-	-	-	-	-
辽 宁	-	518	15	-	57 136	8 042
吉 林	116	-	-	2 490	-	-
黑龙江	357	-	-	3 997	-	-
上 海	-	243	-	-	6 232	-
江 苏	2 405	27	22	21 389	496	17 773
浙 江	823	2 288	-	8 702	42 191	-
安 徽	67	-	-	1 916	-	-
福 建	311	1 346	54	4 220	18 326	5 918
江 西	207	-	-	3 645	-	-
山 东	414	1 306	89	2 790	71 766	35 537
河 南	255	-	-	3 742	-	-
湖 北	442	-	-	32 366	-	-
湖 南	1 480	-	-	28 502	-	-
广 东	474	20	1 664	17 762	117	65 865
广 西	239	155	-	12 252	6 947	-
海 南	227	1 130	-	870	20 867	-
重 庆	689	-	-	72 561	-	-
四 川	2 390	-	-	28 781	-	-
贵 州	1 755	-	-	45 353	-	-
云 南	1 045	-	-	22 289	-	-
西 藏	-	-	-	-	-	-
陕 西	360	-	-	7 043	-	-
甘 肃	85	-	-	1 590	-	-
青 海	58	-	-	742	-	-
宁 夏	256	-	-	977	-	-
新 疆	-	-	-	-	-	-
不分地区						

3-13 水路货物运输量（按航区分）

地区	货运量（万吨）			货物周转量（万吨公里）		
	内河	沿海	远洋	内河	沿海	远洋
全国总计	323 904	164 725	71 156	115 141 436	192 161 390	487 053 681
北京	-	-	-	-	-	-
天津	-	6 931	1 747	-	10 702 696	11 975 704
河北	-	2 508	540	-	4 123 288	4 502 085
山西	30	-	-	768	-	-
内蒙古	-	-	-	-	-	-
辽宁	-	7 323	6 056	-	4 283 036	74 088 558
吉林	232	-	-	13 423	-	-
黑龙江	1 245	-	-	78 897	-	-
上海	2 211	23 970	13 545	402 742	37 246 440	102 005 507
江苏	47 559	15 837	7 512	13 365 575	17 632 011	46 532 662
浙江	27 007	46 146	3 510	3 477 935	49 171 583	20 920 524
安徽	96 403	3 888	-	45 731 080	3 405 600	-
福建	2 898	18 031	2 232	124 301	22 637 625	6 785 213
江西	8 152	508	17	1 430 470	485 999	67 153
山东	4 877	7 770	831	2 154 473	6 835 416	3 129 979
河南	9 854	-	-	6 184 575	-	-
湖北	19 022	5 174	213	12 255 169	4 187 623	1 469 941
湖南	22 991	-	106	4 408 641	-	1 115 814
广东	45 262	16 276	16 488	4 635 159	21 003 321	33 516 786
广西	14 336	4 831	382	4 740 854	7 048 997	107 747
海南	-	5 104	971	-	2 975 548	2 349 414
重庆	12 818	106	-	14 168 461	35 927	-
四川	7 100	-	-	1 587 722	-	-
贵州	1 142	-	-	256 172	-	-
云南	508	-	-	116 488	-	-
西藏	-	-	-	-	-	-
陕西	246	-	-	8 430	-	-
甘肃	10	-	-	101	-	-
青海	-	-	-	-	-	-
宁夏	-	-	-	-	-	-
新疆	-	-	-	-	-	-
不分地区	-	321	17 007	-	386 280	178 486 595

3-14　海上险情及搜救活动

指　　标	计算单位	数　量	所占比例（%）
一、船舶、人员遇险次数	次	**2 170**	**100.00**
1.按遇险性质分：碰撞	次	451	20.78
触礁	次	68	3.13
搁浅	次	238	10.97
触损	次	53	2.44
浪损	次	15	0.69
火灾/爆炸	次	81	3.73
风灾	次	74	3.42
自沉	次	197	9.08
机损	次	233	10.74
伤病	次	354	16.31
其他	次	406	18.71
2.按区域分：东海海区	次	694	31.98
南海海区	次	408	18.80
黄海海区	次	218	10.05
渤海海区	次	167	7.70
江河干流	次	553	25.48
支流、湖泊	次	127	5.85
其他	次	3	0.14
3.按等级分：一般	次	1 224	56.41
较大	次	654	30.13
重大	次	269	12.40
特大	次	23	1.06
二、遇险人员救助情况	人次	**21 406**	**100.00**
获救人员	人次	20 719	96.79
三、各部门派出搜救船艇	艘次	**7 517**	**100.00**
海事	艘次	1 885	25.08
救捞	艘次	398	5.29
军队	艘次	145	1.93
社会	艘次	1 907	25.37
渔船	艘次	2 000	26.61
过往船舶	艘次	1 182	15.72
四、各部门派出搜救飞机	架次	**386**	**100.00**
海事	架次	18	4.66
救捞	架次	294	76.17
军队	架次	52	13.47
社会	架次	22	5.70

资料来源：中国海上搜救中心。

主要统计指标解释

内河航道通航长度 指报告期末在江河、湖泊、水库、渠道和运河水域内，船舶、排筏在不同水位期可以通航的实际航道里程数。计算单位：公里。内河航道通航里程按主航道中心线实际长度计算。

内河航道通航里程可分为等级航道和等外航道里程，等级航道里程又分为一级航道、二级航道、三级航道、四级航道、五级航道、六级航道和七级航道里程。

船舶数量 指报告期末在交通运输主管部门注册登记的船舶实际数量。计算单位：艘。统计的船舶包括运输船舶、工程船舶和辅助船舶，不包括渔船和军用船舶。

船舶一般分为机动船和驳船，机动船又可分为客船、客货船、货船（包括集装箱船）和拖船。

净载重量 指报告期末所拥有船舶的总载重量减去燃（物）料、淡水、粮食及供应品、人员及其行李等重量及船舶常数后，能够装载货物的实际重量。计算单位：吨。船舶常数指船舶经过一段时间营运后的空船重量与船舶建造出厂时空船重量的差值。

载客量 指报告期末所拥有船舶可用于载运旅客的额定数量。计算单位：客位。载客量包括船员临时占用的旅客铺位，但不包括船员自用铺位。客货船临时将货舱改作载客用途，该船的客位数不作变更。

箱位量 指报告期末所拥有集装箱船舶可装载折合为20英尺集装箱的额定数量。计算单位：TEU。各种外部尺寸的集装箱箱位均按折算系数折算成20英尺集装箱进行计算。

船舶功率 指报告期末所拥有船舶主机的额定功率数。计算单位：千瓦。

客运量 指报告期内船舶实际运送的旅客人数。计算单位：人。

旅客周转量 指报告期内船舶实际运送的每位旅客与该旅客运送距离的乘积之和。计算单位：人公里。

货运量 指报告期内船舶实际运送的货物重量。计算单位：吨。

货物周转量 指报告期内船舶实际运送的每批货物重量与该批货物运送距离的乘积之和。计算单位：吨公里。

四、城市客运

简 要 说 明

一、本篇资料反映我国全国、中心城市公共交通运输发展的基本情况。主要包括：全国、中心城市公共交通的运输工具、运营线路、客运量等内容。

二、本资料分全国、中心城市公共汽车和无轨电车、轨道交通、出租汽车和客运轮渡。

4-1 全国城市客运经营业户

单位：户

地区	公共汽电车经营业户数			轨道交通经营业户数	城市客运轮渡经营业户数
	国有企业	国有控股企业	私营企业		
全 国	3 416	824	373	1 852	26	66
北 京	2	1	1	-	2	-
天 津	12	11	-	1	2	-
河 北	149	31	6	94	-	-
山 西	105	16	7	69	-	-
内蒙古	190	10	5	105	-	-
辽 宁	113	37	19	54	2	-
吉 林	105	14	6	76	1	-
黑龙江	195	20	3	129	1	17
上 海	35	-	24	7	6	1
江 苏	97	44	22	30	2	1
浙 江	125	56	28	39	1	2
安 徽	107	30	18	55	-	-
福 建	88	40	26	19	-	3
江 西	112	17	15	73	-	1
山 东	205	83	21	101	-	1
河 南	101	35	13	53	1	-
湖 北	97	48	8	37	1	7
湖 南	150	58	14	76	-	4
广 东	233	57	24	149	3	9
广 西	131	17	5	95	-	-
海 南	49	14	4	30	-	-
重 庆	63	21	14	17	1	20
四 川	234	44	28	122	1	-
贵 州	176	21	8	57	-	-
云 南	151	26	21	104	1	-
西 藏	9	5	-	3	-	-
陕 西	118	21	12	82	1	-
甘 肃	72	10	5	55	-	-
青 海	39	9	5	23	-	-
宁 夏	42	5	1	36	-	-
新 疆	111	23	10	61	-	-

4-1 （续表一）

单位：户

地　区	出租汽车经营业户数					
	合计	车辆 301 辆以上的企业数	车辆 101~300 辆（含）的企业数	车辆 50~100 辆（含）的企业数	车辆 50 辆（含）以下的企业数	个体经营业户数
全　国	**138 309**	**796**	**2 628**	**2 199**	**2 751**	**129 935**
北　京	1 403	27	62	55	102	1 157
天　津	6 089	26	26	11	12	6 014
河　北	1 293	66	115	98	82	932
山　西	260	26	112	74	48	–
内蒙古	18 880	54	96	41	45	18 644
辽　宁	23 138	50	151	101	292	22 544
吉　林	34 150	31	64	40	73	33 942
黑龙江	21 190	79	165	70	107	20 769
上　海	3 190	27	16	29	53	3 065
江　苏	5 228	26	164	107	81	4 850
浙　江	2 310	19	122	98	181	1 890
安　徽	1 061	43	116	64	41	797
福　建	203	12	33	61	97	–
江　西	205	7	38	58	102	–
山　东	2 227	42	195	134	108	1 748
河　南	476	36	165	157	117	1
湖　北	1 668	15	98	108	73	1 374
湖　南	309	10	103	125	71	–
广　东	450	43	143	119	110	35
广　西	178	15	35	43	82	3
海　南	57	1	18	12	26	–
重　庆	1 075	11	38	50	67	909
四　川	758	24	84	132	241	277
贵　州	5 292	9	36	41	131	5 075
云　南	2 359	9	64	92	117	2 077
西　藏	21	–	7	9	5	–
陕　西	328	10	86	110	122	–
甘　肃	296	21	105	58	52	60
青　海	108	10	20	10	11	57
宁　夏	82	14	42	14	12	–
新　疆	4 025	33	109	78	90	3 715

4-2 全国城市客运从业人员

单位：人

地区	公共汽电车从业人员	出租汽车从业人员	轨道交通从业人员	客运轮渡从业人员
全国	1 322 223	2 608 948	139 241	5 591
北京	85 648	102 415	33 420	—
天津	17 714	43 244	4 780	—
河北	48 845	112 523	—	—
山西	32 975	77 089	—	—
内蒙古	22 055	101 437	—	—
辽宁	56 928	198 184	6 127	—
吉林	25 278	163 192	2 114	—
黑龙江	38 781	148 039	1 372	813
上海	58 838	128 801	28 783	1 449
江苏	79 884	114 005	9 567	252
浙江	67 222	105 287	2 465	147
安徽	36 091	95 376	—	—
福建	31 815	50 173	—	369
江西	20 219	35 307	—	41
山东	84 854	122 389	—	380
河南	53 619	120 600	762	—
湖北	58 331	95 140	3 879	886
湖南	46 721	76 374	—	96
广东	181 708	140 696	26 280	960
广西	21 456	37 742	—	—
海南	6 903	11 770	—	—
重庆	39 390	60 020	10 927	198
四川	59 699	100 156	3 007	—
贵州	19 233	55 184	—	—
云南	26 524	53 791	2 745	—
西藏	1 605	4 666	—	—
陕西	37 647	75 089	3 013	—
甘肃	18 748	46 971	—	—
青海	9 382	20 242	—	—
宁夏	10 446	25 124	—	—
新疆	23 664	87 922	—	—

4-3 全国城市客运设施

地区	公交专用车道长度（公里）	轨道交通车站数（个）	换乘站数	城市客运轮渡在用码头数（个）	公交IC卡售卡量（万张）
全 国	5 890.6	1 549	134	225	37 494.1
北 京	365.6	276	40	-	6 517.3
天 津	65.0	82	3	-	800.0
河 北	63.8	-	-	-	622.7
山 西	146.0	-	-	-	383.7
内蒙古	37.5	-	-	-	149.7
辽 宁	514.0	99	2	-	1 202.9
吉 林	113.5	81	1	-	297.6
黑龙江	52.9	18	-	24	414.8
上 海	161.8	331	41	38	5 159.0
江 苏	765.3	81	2	15	3 803.6
浙 江	317.2	31	1	7	2 049.3
安 徽	107.0	-	-	-	616.7
福 建	117.2	-	-	16	746.2
江 西	47.7	-	-	2	154.9
山 东	809.2	-	-	3	1 465.8
河 南	40.0	20	-	-	889.2
湖 北	69.4	61	3	28	800.6
湖 南	212.9	-	-	14	574.2
广 东	852.5	282	34	47	6 776.3
广 西	9.8	-	-	-	250.3
海 南	15.0	-	-	-	23.1
重 庆	-	96	5	31	812.7
四 川	473.2	42	1	-	1 129.0
贵 州	13.4	-	-	-	218.9
云 南	105.0	14	-	-	495.2
西 藏	-	-	-	-	2.4
陕 西	255.3	35	1	-	342.5
甘 肃	8.9	-	-	-	400.5
青 海	-	-	-	-	26.1
宁 夏	74.3	-	-	-	17.6
新 疆	77.2	-	-	-	351.1

4-4　全国公共汽电车数量

地区	公共汽电车数（辆）				标准运营车数（标台）
		空调车	安装卫星定位车载终端的车辆	BRT运营车辆	
全 国	509 629	264 599	343 852	4 484	573 044
北 京	23 592	16 315	13 574	382	34 512
天 津	9 670	6 264	4 777	-	11 076
河 北	21 903	10 342	10 585	-	23 134
山 西	10 903	1 883	4 877	-	12 090
内蒙古	9 816	1 164	3 341	-	9 843
辽 宁	22 198	922	10 104	64	26 023
吉 林	11 761	875	2 847	-	11 743
黑龙江	17 640	1 524	8 639	-	18 752
上 海	16 717	16 674	16 717	-	20 517
江 苏	34 538	27 077	32 646	683	40 861
浙 江	28 378	27 847	24 086	220	31 770
安 徽	16 623	6 261	10 641	234	18 361
福 建	14 152	13 716	10 407	198	15 442
江 西	9 813	4 795	6 505	-	10 717
山 东	39 962	10 022	30 199	349	44 256
河 南	21 291	7 014	10 693	479	22 790
湖 北	18 999	11 660	14 594	-	21 923
湖 南	17 862	9 544	9 851	72	19 092
广 东	53 556	50 971	43 883	1 000	59 669
广 西	10 193	2 649	6 962	115	10 955
海 南	2 950	2 904	2 066	-	3 078
重 庆	12 088	8 677	11 554	-	12 969
四 川	26 798	16 390	20 713	176	31 588
贵 州	6 484	2 011	4 294	-	6 970
云 南	12 849	1 964	8 694	-	12 758
西 藏	494	89	379	-	556
陕 西	13 064	2 802	4 073	-	14 732
甘 肃	7 038	458	4 516	70	7 142
青 海	3 797	285	2 211	-	3 775
宁 夏	3 657	429	2 589	80	3 904
新 疆	10 843	1 071	6 835	362	12 049

4-5　全国公共汽电车数量（按长度分）

地区	公共汽电车数（辆）								
	合计	≤5米	>5米且≤7米	>7米且≤10米	>10米且≤13米	>13米且≤16米	>16米且≤18米	>18米	双层车
全　国	509 629	10 903	56 395	187 155	237 694	8 600	4 609	4	4 269
北　京	23 592	–	–	91	16 041	4 175	2 288	–	997
天　津	9 670	–	163	4 984	4 360	–	–	–	163
河　北	21 903	3 005	2 648	7 747	6 104	2 322	10	2	65
山　西	10 903	246	1 657	3 587	5 093	68	43	–	209
内蒙古	9 816	957	1 993	3 280	3 530	30	4	–	22
辽　宁	22 198	16	1 918	6 507	13 179	367	74	–	137
吉　林	11 761	355	2 402	6 166	2 791	–	–	–	47
黑龙江	17 640	925	2 898	5 689	8 119	–	–	–	9
上　海	16 717	–	236	3 708	12 713	–	29	–	31
江　苏	34 538	21	1 629	11 102	21 238	307	189	–	52
浙　江	28 378	237	3 094	11 056	13 553	189	166	–	83
安　徽	16 623	343	1 528	7 262	7 307	2	113	–	68
福　建	14 152	304	2 087	5 205	6 401	–	82	–	73
江　西	9 813	91	1 086	4 640	3 840	94	13	–	49
山　东	39 962	653	3 552	17 818	17 410	157	185	–	187
河　南	21 291	666	4 349	7 376	7 973	553	207	–	167
湖　北	18 999	25	2 031	6 728	9 409	45	70	–	691
湖　南	17 862	31	2 412	8 908	6 475	29	3	–	4
广　东	53 556	469	4 555	23 502	24 637	177	42	–	174
广　西	10 193	717	1 302	3 806	4 034	–	5	–	329
海　南	2 950	6	387	1 735	822	–	–	–	–
重　庆	12 088	25	1 547	5 990	4 526	–	–	–	–
四　川	26 798	144	1 664	8 974	15 204	9	709	–	94
贵　州	6 484	67	632	3 557	2 149	32	–	–	47
云　南	12 849	447	3 978	4 857	3 149	–	46	–	372
西　藏	494	–	104	87	300	–	–	–	3
陕　西	13 064	22	2 645	2 488	7 742	–	–	–	167
甘　肃	7 038	411	1 316	2 990	2 301	20	–	–	–
青　海	3 797	244	1 002	1 237	1 304	–	–	–	10
宁　夏	3 657	–	429	2 111	1 055	6	50	–	6
新　疆	10 843	476	1 151	3 967	4 935	18	281	2	13

4-6　全国公共汽电车数量（按燃料类型分）

地区	公共汽电车数（辆）										
	合计	汽油车	乙醇汽油车	柴油车	液化石油气车	天然气车	双燃料车	无轨电车	纯电动客车	混合动力车	其他
全国	509 629	17 183	7 978	302 428	8 385	123 778	25 753	1 879	3 050	19 186	9
北京	23 592	-	-	18 326	-	4 516	-	588	162	-	-
天津	9 670	22	-	8 067	-	845	-	-	42	694	-
河北	21 903	2 889	1 102	9 657	-	7 451	358	-	20	426	-
山西	10 903	832	-	4 969	-	2 556	2 204	133	-	209	-
内蒙古	9 816	1 692	-	4 351	230	1 239	2 304	-	-	-	-
辽宁	22 198	582	474	17 721	160	2 352	405	61	46	397	-
吉林	11 761	-	2 039	7 198	-	59	2 263	-	-	202	-
黑龙江	17 640	17	2 288	10 703	450	4 031	-	-	-	151	-
上海	16 717	-	-	16 271	-	80	-	118	239	-	9
江苏	34 538	435	715	23 919	98	7 992	127	-	50	1 202	-
浙江	28 378	290	-	22 256	165	3 760	134	101	108	1 564	-
安徽	16 623	520	776	11 337	-	3 263	145	-	324	258	-
福建	14 152	357	-	10 513	-	2 181	44	-	-	1 057	-
江西	9 813	72	-	8 559	-	762	8	-	11	401	-
山东	39 962	1 156	228	24 173	8	11 461	864	276	647	1 149	-
河南	21 291	1 517	257	14 201	59	1 992	1 436	117	27	1 685	-
湖北	18 999	404	8	10 569	196	5 832	951	211	89	739	-
湖南	17 862	551	-	13 360	-	1 670	-	-	77	2 204	-
广东	53 556	445	-	31 163	6 848	10 156	135	274	565	3 970	-
广西	10 193	620	91	9 030	-	203	-	-	13	236	-
海南	2 950	-	-	1 192	135	1 040	-	-	90	493	-
重庆	12 088	-	-	878	-	9 557	590	-	41	1 022	-
四川	26 798	412	-	2 898	36	16 290	6 816	-	236	110	-
贵州	6 484	697	-	2 985	-	2 570	142	-	-	90	-
云南	12 849	1 398	-	9 907	-	382	207	-	213	742	-
西藏	494	-	-	494	-	-	-	-	-	-	-
陕西	13 064	139	-	1 994	-	6 148	4 548	-	50	185	-
甘肃	7 038	620	-	3 244	-	3 124	50	-	-	-	-
青海	3 797	397	-	375	-	2 848	177	-	-	-	-
宁夏	3 657	100	-	695	-	2 401	461	-	-	-	-
新疆	10 843	1 019	-	1 423	-	7 017	1 384	-	-	-	-

4-7 全国公共汽电车数量（按排放标准分）

地区	公共汽电车数（辆）				
	合计	国Ⅱ及以下	国Ⅲ	国Ⅳ	国Ⅴ及以上
全国	509 629	126 454	272 726	90 791	19 658
北京	23 592	–	12 451	5 711	5 430
天津	9 670	516	6 209	2 875	70
河北	21 903	7 525	9 182	3 434	1 762
山西	10 903	2 827	4 774	3 026	276
内蒙古	9 816	3 446	5 782	502	86
辽宁	22 198	7 456	11 677	2 640	425
吉林	11 761	4 009	6 604	1 039	109
黑龙江	17 640	4 084	10 434	2 507	615
上海	16 717	5 402	9 091	2 194	30
江苏	34 538	5 739	19 251	8 405	1 143
浙江	28 378	5 319	15 424	6 123	1 512
安徽	16 623	5 997	8 841	1 394	391
福建	14 152	2 316	9 670	1 904	262
江西	9 813	2 843	6 078	763	129
山东	39 962	12 184	20 641	5 800	1 337
河南	21 291	7 341	10 543	2 813	594
湖北	18 999	5 661	10 534	2 784	20
湖南	17 862	5 580	10 345	1 810	127
广东	53 556	8 593	30 079	11 495	3 389
广西	10 193	3 690	5 941	432	130
海南	2 950	463	2 062	425	–
重庆	12 088	2 036	6 882	2 921	249
四川	26 798	6 812	11 664	7 762	560
贵州	6 484	1 722	4 013	664	85
云南	12 849	5 372	6 057	1 331	89
西藏	494	112	120	262	–
陕西	13 064	4 318	6 278	2 451	17
甘肃	7 038	1 579	3 178	1 925	356
青海	3 797	894	1 230	1 673	–
宁夏	3 657	685	1 822	1 088	62
新疆	10 843	1 933	5 869	2 638	403

4-8　全国公共汽电车场站及线路

地区	保养场面积（万平方米）	停车场面积（万平方米）	运营线路条数（条）	运营线路总长度（公里）	BRT 线路长度	无轨电车线路长度
全 国	1 037.6	5 075.6	41 738	748 939	2 753	841
北 京	57.2	295.7	813	19 688	149	214
天 津	6.9	65.8	566	13 460	-	-
河 北	18.7	238.3	1 961	31 673	-	-
山 西	9.8	110.2	1 119	20 784	-	47
内蒙古	10.2	138.0	1 020	22 014	-	-
辽 宁	39.3	225.2	1 655	28 053	14	8
吉 林	5.6	55.2	968	14 231	-	-
黑龙江	20.5	177.6	1 154	19 660	-	-
上 海	49.4	130.0	1 338	23 824	-	180
江 苏	122.7	383.8	3 019	53 903	420	-
浙 江	99.1	281.5	2 958	50 386	169	25
安 徽	61.6	240.7	1 163	18 220	56	-
福 建	33.9	107.2	1 381	21 960	92	-
江 西	11.4	64.8	1 042	17 839	-	-
山 东	43.4	429.6	3 118	72 179	459	73
河 南	17.4	245.0	1 416	23 310	233	57
湖 北	47.2	194.4	1 218	20 341	-	71
湖 南	33.9	127.1	1 319	19 410	113	-
广 东	95.3	538.7	4 452	92 544	764	166
广 西	21.9	139.6	1 112	17 003	139	-
海 南	4.7	20.3	253	4 778	-	-
重 庆	16.4	31.4	1 081	19 574	-	-
四 川	50.8	238.8	2 072	30 277	59	-
贵 州	20.1	55.5	576	7 202	-	-
云 南	17.7	122.0	1 771	35 359	-	-
西 藏	0.1	5.5	63	1 151	-	-
陕 西	58.8	122.0	715	12 803	-	-
甘 肃	28.6	36.2	572	8 298	9	-
青 海	1.8	19.5	388	7 845	-	-
宁 夏	6.4	54.3	370	7 118	21	-
新 疆	26.8	181.9	1 085	14 053	57	-

4-9　全国公共汽电车客运量

地区	运营里程（万公里）	客运量（万人次）		
			月票换算	使用 IC 卡
全　国	3 489 553	7 711 694	279 778	3 172 700
北　京	135 624	484 306	–	402 945
天　津	44 449	136 490	2 095	53 047
河　北	166 114	223 335	31 447	37 608
山　西	57 850	170 744	5 998	66 254
内蒙古	73 605	127 168	1 944	33 717
辽　宁	144 772	418 207	8 571	136 604
吉　林	77 156	172 855	1 123	38 638
黑龙江	124 828	254 011	10 077	66 634
上　海	109 206	271 048	–	212 538
江　苏	239 969	457 444	16 199	237 762
浙　江	172 357	357 164	8 257	178 349
安　徽	115 718	244 676	4 172	98 080
福　建	96 095	246 067	4 489	86 565
江　西	75 748	149 878	2 016	36 808
山　东	264 053	434 378	36 969	157 269
河　南	142 491	284 022	4 988	92 258
湖　北	142 552	349 776	1 367	156 027
湖　南	156 912	322 295	1 183	58 285
广　东	431 723	754 857	433	422 733
广　西	69 438	156 313	14 676	23 589
海　南	36 442	47 846	–	651
重　庆	91 576	243 549	11 685	134 921
四　川	144 964	419 287	102 444	70 643
贵　州	44 083	153 881	1 468	23 409
云　南	91 856	177 728	1 225	85 080
西　藏	3 498	8 990	51	1 184
陕　西	89 215	258 675	1 655	120 833
甘　肃	37 241	121 056	2 038	55 176
青　海	22 602	50 191	3	30 384
宁　夏	22 851	44 428	23	2 019
新　疆	64 566	171 032	3 180	52 690

4-10 全国出租汽车车辆数

单位：辆

地区	运营车数								
	合计	汽油车	乙醇汽油车	柴油车	液化石油气车	天然气车	双燃料车	纯电动车	其他
全国	1 340 012	548 851	210 986	59 266	7 919	46 035	463 252	1 801	1 902
北京	67 046	65 046	-	-	-	-	2 000	-	-
天津	31 940	24 140	-	-	-	-	7 800	-	-
河北	69 029	31 653	6 008	827	-	289	30 250	-	2
山西	46 941	16 689	166	15	53	2 181	27 687	-	150
内蒙古	64 525	42 558	-	54	-	-	21 913	-	-
辽宁	90 885	39 208	22 151	9 734	-	400	18 047	-	1 345
吉林	69 372	-	60 026	6 501	-	-	2 845	-	-
黑龙江	99 553	2 547	89 819	5 429	-	57	1 701	-	-
上海	50 612	49 240	-	688	-	-	684	-	-
江苏	56 785	23 521	5 655	917	-	1 637	25 055	-	-
浙江	41 985	24 211	-	8 959	250	-	8 065	500	-
安徽	52 714	5 960	11 311	187	1 255	999	32 972	30	-
福建	22 240	8 055	-	3 428	-	272	10 485	-	-
江西	16 975	10 238	-	5 270	-	5	1 057	-	405
山东	69 501	15 828	1 394	216	220	1 049	50 794	-	-
河南	59 966	24 359	10 644	1 957	858	3 728	18 320	100	-
湖北	39 575	9 285	2 439	41	-	2 020	25 790	-	-
湖南	34 398	14 829	-	7 178	125	-	12 266	-	-
广东	67 362	25 562	-	3 250	3 902	-	33 838	810	-
广西	18 970	15 170	1 373	1 004	-	125	1 298	-	-
海南	5 833	252	-	1 314	-	118	3 869	280	-
重庆	20 431	707	-	-	-	1 175	18 549	-	-
四川	42 840	7 533	-	31	-	406	34 870	-	-
贵州	23 295	20 416	-	1 729	-	542	608	-	-
云南	27 934	26 243	-	516	-	-	1 175	-	-
西藏	2 090	424	-	-	1 175	-	491	-	-
陕西	34 399	7 682	-	-	-	203	26 483	31	-
甘肃	33 119	16 917	-	-	-	15 502	700	-	-
青海	12 338	4 971	-	-	-	-	7 367	-	-
宁夏	15 987	4 669	-	-	-	828	10 440	50	-
新疆	51 372	10 938	-	21	81	14 499	25 833	-	-

4-11 全国出租汽车运量

地区	载客车次总数（万车次）	运营里程（万公里）	载客里程	客运量（万人次）
全　国	2 044 180	15 932 094	11 016 332	4 019 357
北　京	50 660	587 873	399 777	69 946
天　津	18 551	338 267	202 960	37 102
河　北	71 884	711 054	493 390	142 537
山　西	64 073	456 261	321 376	132 450
内蒙古	81 062	645 369	453 611	151 257
辽　宁	149 831	1 203 597	846 234	297 670
吉　林	111 949	747 939	569 679	241 556
黑龙江	150 618	902 395	641 274	310 460
上　海	59 571	638 687	405 890	107 615
江　苏	83 032	746 049	457 940	164 215
浙　江	78 210	645 627	432 821	144 988
安　徽	89 462	645 618	463 857	185 930
福　建	36 984	311 642	214 102	72 710
江　西	31 610	212 997	143 091	64 660
山　东	89 491	877 022	560 291	160 822
河　南	92 417	685 884	497 067	173 547
湖　北	77 426	584 280	395 269	144 393
湖　南	83 801	514 669	365 401	173 684
广　东	107 203	1 032 786	667 805	207 894
广　西	22 216	199 953	140 783	46 311
海　南	6 916	83 415	59 761	15 479
重　庆	48 690	340 973	253 002	99 496
四　川	89 303	618 609	427 920	175 220
贵　州	59 317	266 233	209 868	138 973
云　南	44 248	251 140	177 362	95 326
西　藏	6 460	40 610	29 580	13 360
陕　西	61 739	465 976	327 260	121 966
甘　肃	44 577	318 799	234 584	81 024
青　海	16 052	125 926	101 819	28 322
宁　夏	25 788	164 797	120 388	50 883
新　疆	91 036	567 646	402 170	169 562

4-12　全国轨道交通运营车辆数

地区	运营车数（辆）						标准运营车数（标台）	编组列数（列）
	合计	地铁	轻轨	单轨	有轨电车	磁悬浮		
全　国	14 366	12 971	1 253	–	125	17	34 415	2 579
北　京	3 998	3 998	–	–	–	–	9 995	656
天　津	626	450	152	–	24	–	1 527	121
河　北	–	–	–	–	–	–	–	–
山　西	–	–	–	–	–	–	–	–
内蒙古	–	–	–	–	–	–	–	–
辽　宁	458	258	128	–	72	–	1 070	151
吉　林	380	–	351	–	29	–	490	106
黑龙江	66	66	–	–	–	–	165	11
上　海	3 490	3 473	–	–	–	17	8 725	582
江　苏	670	480	190	–	–	–	1 675	123
浙　江	288	288	–	–	–	–	480	48
安　徽	–	–	–	–	–	–	–	–
福　建	–	–	–	–	–	–	–	–
江　西	–	–	–	–	–	–	–	–
山　东	–	–	–	–	–	–	–	–
河　南	150	150	–	–	–	–	195	25
湖　北	402	402	–	–	–	–	1 005	78
湖　南	–	–	–	–	–	–	–	–
广　东	2 470	2 470	–	–	–	–	6 175	450
广　西	–	–	–	–	–	–	–	–
海　南	–	–	–	–	–	–	–	–
重　庆	702	270	432	–	–	–	1 410	117
四　川	312	312	–	–	–	–	780	52
贵　州	–	–	–	–	–	–	–	–
云　南	72	72	–	–	–	–	18	12
西　藏	–	–	–	–	–	–	–	–
陕　西	282	282	–	–	–	–	705	47
甘　肃	–	–	–	–	–	–	–	–
青　海	–	–	–	–	–	–	–	–
宁　夏	–	–	–	–	–	–	–	–
新　疆	–	–	–	–	–	–	–	–

4-13 全国轨道交通运营线路条数

单位：条

地 区	运营线路条数					
	合计	地铁	轻轨	单轨	有轨电车	磁悬浮
全 国	**81**	**67**	**9**	**–**	**4**	**1**
北 京	17	17	–	–	–	–
天 津	5	3	1	–	1	–
河 北	–	–	–	–	–	–
山 西	–	–	–	–	–	–
内蒙古	–	–	–	–	–	–
辽 宁	6	2	2	–	2	–
吉 林	3	–	2	–	1	–
黑龙江	1	1	–	–	–	–
上 海	15	14	–	–	–	1
江 苏	4	2	2	–	–	–
浙 江	1	1	–	–		–
安 徽	–	–	–	–	–	–
福 建	–	–	–	–	–	–
江 西	–	–	–	–	–	–
山 东	–	–	–	–	–	–
河 南	1	1	–	–	–	–
湖 北	3	3	–	–	–	–
湖 南	–	–	–	–	–	–
广 东	14	14	–	–	–	–
广 西	–	–	–	–	–	–
海 南	–	–	–	–	–	–
重 庆	5	3	2	–	–	–
四 川	2	2	–	–	–	–
贵 州	–	–	–	–	–	–
云 南	2	2	–	–	–	–
西 藏	–	–	–	–	–	–
陕 西	2	2	–	–	–	–
甘 肃	–	–	–	–	–	–
青 海	–	–	–	–	–	–
宁 夏	–	–	–	–	–	–
新 疆	–	–	–	–	–	–

4-14 全国轨道交通运营线路里程

单位：公里

地区	运营线路总长度					
	合计	地铁	轻轨	单轨	有轨电车	磁悬浮
全国	2 407.9	2 049.6	290.1	-	39.1	29.1
北京	465.0	465.0	-	-	-	-
天津	142.6	82.4	52.3	-	7.9	-
河北	-	-	-	-	-	-
山西	-	-	-	-	-	-
内蒙古	-	-	-	-	-	-
辽宁	141.0	54.0	63.4	-	23.6	-
吉林	54.5	-	46.9	-	7.6	-
黑龙江	17.2	17.2	-	-	-	-
上海	567.4	538.3	-	-	-	29.1
江苏	133.8	81.6	52.2	-	-	-
浙江	48.0	48.0	-	-	-	-
安徽	-	-	-	-	-	-
福建	-	-	-	-	-	-
江西	-	-	-	-	-	-
山东	-	-	-	-	-	-
河南	26.2	26.2	-	-	-	-
湖北	72.1	72.1	-	-	-	-
湖南	-	-	-	-	-	-
广东	437.0	437.0	-	-	-	-
广西	-	-	-	-	-	-
海南	-	-	-	-	-	-
重庆	169.9	94.6	75.3	-	-	-
四川	48.3	48.3	-	-	-	-
贵州	-	-	-	-	-	-
云南	40.2	40.2	-	-	-	-
西藏	-	-	-	-	-	-
陕西	44.7	44.7	-	-	-	-
甘肃	-	-	-	-	-	-
青海	-	-	-	-	-	-
宁夏	-	-	-	-	-	-
新疆	-	-	-	-	-	-

4-15　全国轨道交通运量

地区	运营里程（万列公里）	客运量（万人次）
全　国	27 439	1 091 872
北　京	6 920	320 469
天　津	1 139	24 437
河　北	–	–
山　西	–	–
内蒙古	–	–
辽　宁	1 146	31 851
吉　林	598	7 235
黑龙江	43	1 397
上　海	5 872	250 628
江　苏	1 379	50 125
浙　江	469	9 238
安　徽	–	–
福　建	–	–
江　西	–	–
山　东	–	–
河　南	2	65
湖　北	788	27 343
湖　南	–	–
广　东	6 641	297 111
广　西	–	–
海　南	–	–
重　庆	1 494	40 049
四　川	531	19 359
贵　州	–	–
云　南	120	376
西　藏	–	–
陕　西	297	12 190
甘　肃	–	–
青　海	–	–
宁　夏	–	–
新　疆	–	–

4-16 全国城市客运轮渡船舶及航线数

地区	运营船数（艘）	运营航线条数（条）	运营航线总长度（公里）
全国	422	143	575.4
北京	-	-	-
天津	-	-	-
河北	-	-	-
山西	-	-	-
内蒙古	-	-	-
辽宁	-	-	-
吉林	-	-	-
黑龙江	139	24	109.0
上海	54	17	10.9
江苏	13	7	30.8
浙江	6	2	1.9
安徽	-	-	-
福建	31	15	78.5
江西	3	1	1.5
山东	3	1	11.0
河南	-	-	-
湖北	59	22	160.3
湖南	15	8	8.9
广东	70	22	84.6
广西	-	-	-
海南	-	-	-
重庆	29	24	78.0
四川	-	-	-
贵州	-	-	-
云南	-	-	-
西藏	-	-	-
陕西	-	-	-
甘肃	-	-	-
青海	-	-	-
宁夏	-	-	-
新疆	-	-	-

4-17 全国城市客运轮渡运量

地区	运量		
	客运量（万人次）	机动车运量（辆）	非机动车运量（辆）
全 国	10 583	2 319 281	26 410 915
北 京	–	–	–
天 津	–	–	–
河 北			
山 西	–	–	–
内蒙古			
辽 宁	–	–	–
吉 林			
黑龙江	462	65 240	121 800
上 海	1 620	790 431	23 794 365
江 苏	630	62 050	2 025 750
浙 江	368	–	–
安 徽	–	–	
福 建	2 849	6	
江 西	36	2 000	60 000
山 东	87	112 846	–
河 南	–	–	
湖 北	1 519		83 800
湖 南	126		
广 东	2 567	1 286 708	325 200
广 西	–	–	–
海 南		–	
重 庆	317	–	–
四 川		–	
贵 州		–	
云 南			
西 藏		–	
陕 西			
甘 肃			
青 海			
宁 夏			
新 疆	–		

4-18　按中心城市分的城市客运经营业户

单位：户

中心城市	公共汽电车经营业户数				轨道交通经营业户数	城市客运轮渡经营业户数
		国有企业	国有控股企业	私营企业		
北　京	2	1	1	–	2	–
天　津	12	11	–	1	2	–
石家庄	1	1	–	–	–	–
太　原	1	–	1	–	–	–
呼和浩特	1	1	–	–	–	–
沈　阳	17	4	7	6	1	–
长　春	26	1	1	24	1	–
哈尔滨	36	2	1	33	1	5
上　海	35	–	24	7	6	1
南　京	3	3	–	–	1	1
杭　州	6	4	2	–	1	–
合　肥	5	4	1	–	–	–
福　州	5	2	1	1	–	2
南　昌	1	1	–	–	–	–
济　南	4	3	–	1	–	–
郑　州	1	1	–	–	1	–
武　汉	3	2	1	–	1	1
长　沙	8	1	2	5	–	–
广　州	25	11	7	7	1	1
南　宁	7	2	–	5	–	–
海　口	8	2	–	6	–	–
重　庆	36	10	8	8	1	3
成　都	16	6	1	8	1	–
贵　阳	91	3	–	2	–	–
昆　明	10	3	4	3	1	–
拉　萨	1	1	–	–	–	–
西　安	25	1	5	19	1	–
兰　州	4	–	1	3	–	–
西　宁	6	–	3	3	–	–
银　川	1	1	–	–	–	–
乌鲁木齐	10	4	–	6	–	–
大　连	13	6	–	7	1	–
青　岛	4	4	–	–	–	1
宁　波	6	1	2	3	–	1
深　圳	15	–	3	12	2	–
厦　门	3	1	–	2	–	1

4-18 （续表一）

单位：户

中心城市	出租汽车经营业户数					
	合计	车辆301辆以上的企业数	车辆101~300辆（含）的企业数	车辆50~100辆（含）的企业数	车辆50辆（含）以下的企业数	个体经营业户数
北　京	1 403	27	62	55	102	1 157
天　津	6 089	26	26	11	12	6 014
石家庄	27	10	9	5	3	–
太　原	19	7	8	–	4	–
呼和浩特	24	4	11	6	3	–
沈　阳	528	11	44	31	88	354
长　春	3 995	10	16	17	10	3 942
哈尔滨	95	10	34	25	26	–
上　海	3 190	27	16	29	53	3 065
南　京	1 180	5	24	16	7	1 128
杭　州	1 394	6	27	15	56	1 290
合　肥	116	6	–	–	1	109
福　州	19	7	7	3	2	–
南　昌	29	4	6	10	9	–
济　南	201	8	22	11	–	160
郑　州	49	10	23	14	2	–
武　汉	489	9	37	12	14	417
长　沙	28	6	14	7	1	–
广　州	63	13	29	18	3	–
南　宁	11	10	1	–	–	–
海　口	13	1	8	2	2	–
重　庆	1 026	11	28	31	47	909
成　都	68	22	8	12	26	–
贵　阳	432	7	11	8	12	394
昆　明	37	8	18	6	5	–
拉　萨	7	–	6	–	1	–
西　安	57	7	31	9	10	–
兰　州	33	9	14	3	1	6
西　宁	6	6	–	–	–	–
银　川	21	6	12	–	3	–
乌鲁木齐	36	10	13	9	4	–
大　连	3 397	1	11	26	143	3 216
青　岛	24	8	13	1	2	–
宁　波	32	1	25	3	3	–
深　圳	82	15	42	12	13	–
厦　门	13	4	1	7	1	–

4-19 按中心城市分的城市客运从业人员

单位：人

中心城市	公共汽电车从业人员	出租汽车从业人员	轨道交通从业人员	客运轮渡从业人员
北　京	85 648	102 415	33 420	—
天　津	17 714	43 244	4 780	—
石家庄	13 039	15 906	—	—
太　原	9 114	15 328	—	—
呼和浩特	5 551	15 590	—	—
沈　阳	13 989	50 002	3 344	—
长　春	8 414	61 302	2 114	—
哈尔滨	15 728	29 538	1 372	425
上　海	58 838	128 801	28 783	1 449
南　京	21 594	22 023	7 136	252
杭　州	22 428	26 996	2 465	—
合　肥	9 204	20 753	—	—
福　州	8 413	15 625	—	19
南　昌	6 163	12 431	—	—
济　南	11 716	13 626	—	—
郑　州	12 986	25 545	762	—
武　汉	29 976	46 016	3 879	598
长　沙	10 222	17 827	—	—
广　州	71 502	42 643	16 716	545
南　宁	6 293	13 702	—	—
海　口	3 740	5 953	—	—
重　庆	35 360	51 960	10 927	147
成　都	18 892	35 276	3 007	—
贵　阳	7 949	18 015	—	—
昆　明	11 552	15 808	2 745	—
拉　萨	1 225	2 389	—	—
西　安	23 715	34 047	3 013	—
兰　州	9 936	10 332	—	—
西　宁	5 987	9 786	—	—
银　川	5 649	9 999	—	—
乌鲁木齐	10 857	23 983	—	—
大　连	12 716	35 024	2 783	—
青　岛	18 917	18 589	—	380
宁　波	10 247	11 618	—	65
深　圳	56 355	37 096	9 564	—
厦　门	8 670	12 101	—	350

4-20 按中心城市分的城市客运设施

中心城市	公交专用车道长度（公里）	轨道交通车站数（个）	换乘站数	城市客运轮渡在用码头数（个）	公交IC卡售卡量（万张）
北　　京	365.6	276	40	–	6 517.3
天　　津	65.0	82	3	–	800.0
石 家 庄	39.0	–	–	–	303.0
太　　原	124.0	–	–	–	310.0
呼和浩特	17.0	–	–	–	67.8
沈　　阳	152.1	43	1	–	562.0
长　　春	93.0	81	1	–	170.0
哈 尔 滨	41.9	18	–	15	310.3
上　　海	161.8	331	41	38	5 159.0
南　　京	81.0	57	2	15	1 693.2
杭　　州	91.0	31	1	–	720.6
合　　肥	34.1	–	–	–	277.7
福　　州	38.0	–	–	7	171.6
南　　昌	15.3	–	–	–	30.0
济　　南	125.6	–	–	–	575.7
郑　　州	30.0	20	–	–	561.3
武　　汉	32.4	61	3	14	400.0
长　　沙	129.6	–	–	–	320.2
广　　州	357.6	164	21	25	3 245.0
南　　宁	–	–	–	–	98.5
海　　口	15.0	–	–	–	17.0
重　　庆	–	96	5	9	799.4
成　　都	431.8	42	1	–	670.0
贵　　阳	13.4	–	–	–	175.5
昆　　明	105.0	14	–	–	339.9
拉　　萨	–	–	–	–	2.4
西　　安	238.8	35	1	–	165.0
兰　　州	8.9	–	–	–	309.3
西　　宁	–	–	–	–	14.1
银　　川	74.3	–	–	–	11.2
乌鲁木齐	57.2	–	–	–	229.8
大　　连	120.4	56	1	–	312.8
青　　岛	79.0	–	–	3	301.0
宁　　波	41.3	–	–	5	362.6
深　　圳	376.0	118	13	–	2 200.0
厦　　门	53.2	–	–	9	459.5

4-21 中心城市公共汽电车数量

中心城市	公共汽电车数（辆）				标准运营车数（标台）
		空调车	安装卫星定位车载终端	BRT运营车辆	
北　京	23 592	16 315	13 574	382	34 512
天　津	9 670	6 264	4 777	–	11 076
石家庄	4 552	4 552	–	–	6 513
太　原	2 507	640	–	–	3 223
呼和浩特	1 946	–	–	–	2 462
沈　阳	5 551	35	2 131	–	7 214
长　春	4 724	404	994	–	5 288
哈尔滨	5 990	680	4 316	–	7 474
上　海	16 717	16 674	16 717	–	20 517
南　京	6 789	5 503	6 057	–	8 416
杭　州	8 249	8 214	8 249	160	10 100
合　肥	3 854	1 631	3 745	234	4 709
福　州	3 565	3 565	1 015	–	4 278
南　昌	3 484	2 239	3 484	–	4 260
济　南	4 652	1 722	4 495	182	5 636
郑　州	5 745	3 958	5 098	479	7 495
武　汉	7 594	5 770	7 508	–	10 084
长　沙	4 155	3 278	4 134	–	5 381
广　州	13 010	13 010	12 950	1 000	15 880
南　宁	2 720	848	2 719	–	3 551
海　口	1 602	1 602	1 102	–	1 799
重　庆	10 680	7 410	10 177	–	11 696
成　都	11 468	9 639	10 676	176	14 658
贵　阳	2 723	1 456	2 699	–	3 157
昆　明	5 104	1 211	4 882	–	5 986
拉　萨	317	30	317	–	410
西　安	8 079	2 055	2 363	–	9 308
兰　州	2 712	356	2 326	70	3 299
西　宁	1 885	80	1 313	–	2 199
银　川	1 645	284	1 500	80	1 942
乌鲁木齐	4 149	14	3 507	362	5 296
大　连	5 037	313	2 156	64	6 210
青　岛	5 900	1 265	4 591	–	7 547
宁　波	4 454	4 452	4 324	–	5 473
深　圳	14 617	14 599	12 310	–	17 203
厦　门	3 987	3 987	3 615	198	4 947

4-22 中心城市公共汽电车数量（按长度分）

中心城市	公共汽电车数（辆）								
	合计	≤5米	>5米且≤7米	>7米且≤10米	>10米且≤13米	>13米且≤16米	>16米且≤18米	>18米	双层车
北京	23 592	–	–	91	16 041	4 175	2 288	–	997
天津	9 670	–	163	4 984	4 360	–	–	–	163
石家庄	4 552	–	–	1 044	1 255	2 229	10	2	12
太原	2 507	–	15	444	1 878	–	40	–	130
呼和浩特	1 946	–	45	215	1 636	30	–	–	20
沈阳	5 551	–	–	356	5 002	75	40	–	78
长春	4 724	–	65	2 764	1 870	–	–	–	25
哈尔滨	5 990	–	86	890	5 005	–	–	–	9
上海	16 717	–	236	3 708	12 713	–	29	–	31
南京	6 789	20	258	796	5 715	–	–	–	–
杭州	8 249	160	361	1 330	6 225	–	160	–	13
合肥	3 854	–	55	1 243	2 399	–	107	–	50
福州	3 565	155	50	680	2 677	–	–	–	3
南昌	3 484	16	68	870	2 434	60	–	–	36
济南	4 652	–	127	1 659	2 623	–	167	–	76
郑州	5 745	–	483	397	4 002	516	207	–	140
武汉	7 594	–	45	781	5 980	35	70	–	683
长沙	4 155	–	–	68	4 087	–	–	–	–
广州	13 010	–	513	2 529	9 919	–	36	–	13
南宁	2 720	–	4	175	2 424	–	–	–	117
海口	1 602	–	122	703	777	–	–	–	–
重庆	10 680	25	1 039	5 148	4 468	–	–	–	–
成都	11 468	–	454	1 730	8 497	4	699	–	84
贵阳	2 723	10	187	961	1 523	–	–	–	42
昆明	5 104	36	636	1 545	2 521	–	46	–	320
拉萨	317	–	–	14	300	–	–	–	3
西安	8 079	–	1 647	960	5 337	–	–	–	135
兰州	2 712	–	136	510	2 046	20	–	–	–
西宁	1 885	–	285	288	1 302	–	–	–	10
银川	1 645	–	43	707	833	6	50	–	6
乌鲁木齐	4 149	20	145	623	3 086	–	275	–	–
大连	5 037	–	4	1 336	3 586	25	34	–	52
青岛	5 900	–	6	630	5 101	143	–	–	20
宁波	4 454	–	283	640	3 438	57	6	–	30
深圳	14 617	–	1 100	4 339	8 850	173	–	–	155
厦门	3 987	–	180	740	2 925	–	82	–	60

4-23 中心城市公共汽电车数量（按燃料类型分）

中心城市	公共汽电车数（辆）										
	合计	汽油车	乙醇汽油车	柴油车	液化石油气车	天然气车	双燃料车	无轨电车	纯电动客车	混合动力车	其他
北 京	23 592	–	–	18 326	–	4 516	–	588	162	–	–
天 津	9 670	22	–	8 067	–	845	–	–	42	694	–
石家庄	4 552	–	–	1 152	–	3 378	–	–	–	22	–
太 原	2 507	412	–	182	–	617	1 163	133	–	–	–
呼和浩特	1 946	–	–	–	–	–	1 946	–	–	–	–
沈 阳	5 551	–	90	3 846	160	1 019	391	–	–	45	–
长 春	4 724	–	454	1 805	–	–	2 263	–	–	202	–
哈尔滨	5 990	–	344	1 726	450	3 359	–	–	–	111	–
上 海	16 717	–	–	16 271	–	80	–	118	239	–	9
南 京	6 789	227	–	4 155	–	2 327	59	–	21	–	–
杭 州	8 249	153	–	5 809	–	1 000	–	101	108	1 078	–
合 肥	3 854	–	25	2 135	–	1 388	–	–	184	122	–
福 州	3 565	155	–	2 146	–	720	–	–	–	544	–
南 昌	3 484	–	–	3 045	–	182	–	–	10	247	–
济 南	4 652	–	11	2 680	–	1 315	–	140	6	500	–
郑 州	5 745	–	–	2 945	–	–	1 215	20	10	1 555	–
武 汉	7 594	75	–	4 271	196	2 192	–	211	2	647	–
长 沙	4 155	–	–	1 538	–	617	–	–	55	1 945	–
广 州	13 010	33	–	2 956	6 848	1 125	–	274	26	1 748	–
南 宁	2 720	–	–	2 461	–	101	–	–	8	150	–
海 口	1 602	–	–	335	–	690	–	–	90	487	–
重 庆	10 680	–	–	290	–	8 928	399	–	41	1 022	–
成 都	11 468	–	–	213	–	10 547	382	–	236	90	–
贵 阳	2 723	276	–	187	–	2 245	15	–	–	–	–
昆 明	5 104	1 069	–	2 999	–	290	–	–	4	742	–
拉 萨	317	–	–	317	–	–	–	–	–	–	–
西 安	8 079	–	–	208	–	4 859	2 812	–	50	150	–
兰 州	2 712	–	–	54	–	2 658	–	–	–	–	–
西 宁	1 885	–	–	–	–	1 831	54	–	–	–	–
银 川	1 645	35	–	–	–	1 610	–	–	–	–	–
乌鲁木齐	4 149	4	–	275	–	3 870	–	–	–	–	–
大 连	5 037	41	–	3 915	–	671	–	61	46	303	–
青 岛	5 900	111	–	2 758	–	2 335	106	136	454	–	–
宁 波	4 454	–	–	3 113	–	1 226	–	–	–	115	–
深 圳	14 617	–	–	11 809	–	580	–	–	490	1 738	–
厦 门	3 987	6	–	3 179	–	416	–	–	–	386	–

4-24 中心城市公共汽电车数量（按排放标准分）

中心城市	公共汽电车数（辆）				
	合计	国Ⅱ及以下	国Ⅲ	国Ⅳ	国Ⅴ及以上
北　京	23 592	-	12 451	5 711	5 430
天　津	9 670	516	6 209	2 875	70
石家庄	4 552	1 408	2 140	508	496
太　原	2 507	302	-	2 205	-
呼和浩特	1 946	792	1 039	50	65
沈　阳	5 551	1 539	3 223	578	211
长　春	4 724	1 040	3 047	635	2
哈尔滨	5 990	553	3 247	1 647	543
上　海	16 717	5 402	9 091	2 194	30
南　京	6 789	1 188	2 464	2 468	669
杭　州	8 249	2 114	3 101	1 960	1 074
合　肥	3 854	1 574	1 500	560	220
福　州	3 565	507	2 195	833	30
南　昌	3 484	744	2 514	140	86
济　南	4 652	1 469	2 320	557	306
郑　州	5 745	2 406	1 789	1 540	10
武　汉	7 594	1 684	4 328	1 582	-
长　沙	4 155	844	2 069	1 187	55
广　州	13 010	2 567	5 482	3 672	1 289
南　宁	2 720	1 536	874	201	109
海　口	1 602	355	847	400	-
重　庆	10 680	1 839	5 995	2 846	
成　都	11 468	1 447	5 242	4 290	489
贵　阳	2 723	1 028	1 319	376	-
昆　明	5 104	2 448	1 783	869	4
拉　萨	317	-	55	262	-
西　安	8 079	2 945	3 428	1 706	-
兰　州	2 712	-	697	1 725	290
西　宁	1 885	603	312	970	-
银　川	1 645	-	680	903	62
乌鲁木齐	4 149	565	1 617	1 602	365
大　连	5 037	1 341	2 679	910	107
青　岛	5 900	763	3 396	1 151	590
宁　波	4 454	354	3 070	993	37
深　圳	14 617	289	12 799	1 296	233
厦　门	3 987	463	3 138	386	-

4-25 中心城市公共汽电车场站及线路

中心城市	保养场面积（万平方米）	停车场面积（万平方米）	运营线路条数（条）	运营线路总长度（公里）	BRT线路长度	无轨电车线路长度
北　京	57.2	295.7	813	19 688	149	214
天　津	6.9	65.8	566	13 460	–	–
石家庄	1.4	63.3	225	3 719	–	–
太　原	–	34.8	168	2 719	–	47
呼和浩特	4.7	48.5	104	1 748	–	–
沈　阳	6.8	28.5	209	4 012	–	–
长　春	1.2	8.2	250	4 564	–	–
哈尔滨	13.4	75.0	211	4 514	–	–
上　海	49.4	130.0	1 338	23 824	–	180
南　京	7.2	28.0	487	7 937	–	–
杭　州	78.1	83.1	645	11 500	122	25
合　肥	5.2	59.8	160	2 416	56	–
福　州	2.5	31.1	213	3 679	–	–
南　昌	0.2	1.4	188	3 790	–	–
济　南	5.2	84.4	232	3 918	85	43
郑　州	–	114.9	277	4 172	233	23
武　汉	30.4	50.5	342	6 314	–	71
长　沙	11.3	34.2	141	3 484	–	–
广　州	25.7	97.8	1 020	16 688	764	166
南　宁	6.5	35.5	150	2 702	–	–
海　口	2.9	11.1	96	2 017	–	–
重　庆	16.1	26.1	890	16 972	–	–
成　都	12.5	118.5	453	7 495	59	–
贵　阳	8.6	22.7	211	3 085	–	–
昆　明	8.6	58.7	466	9 515	–	–
拉　萨	–	4.9	29	563	–	–
西　安	53.4	74.3	249	5 733	–	–
兰　州	24.0	5.6	109	1 188	9	–
西　宁	0.1	11.8	78	1 293	–	–
银　川	2.8	26.4	81	1 594	21	–
乌鲁木齐	3.8	86.2	146	2 541	57	–
大　连	5.8	39.5	207	3 204	14	8
青　岛	8.6	51.0	286	5 405	–	30
宁　波	3.9	57.0	383	8 400	–	–
深　圳	20.2	180.4	881	19 087	–	–
厦　门	6.6	21.5	331	5 704	92	–

4-26　中心城市公共汽电车客运量

中心城市	运营里程（万公里）	客运量（万人次）		
			月票换算	使用IC卡
北　京	135 624	484 306	–	402 945
天　津	44 449	136 490	2 095	53 047
石家庄	42 782	63 836	20 584	8 245
太　原	12 249	52 665	–	41 288
呼和浩特	12 669	36 240	–	19 810
沈　阳	32 933	111 575	–	49 549
长　春	29 335	72 969	–	20 430
哈尔滨	50 703	118 343	292	44 363
上　海	109 206	271 048	–	212 538
南　京	44 512	104 610	1	81 605
杭　州	45 672	132 221	6 091	91 549
合　肥	20 879	67 607	–	33 446
福　州	23 493	63 697	1 892	19 718
南　昌	31 564	60 369	–	15 031
济　南	21 403	83 423	30 529	17 137
郑　州	28 347	103 233	2	46 815
武　汉	51 511	149 713	877	99 126
长　沙	30 984	73 943	–	31 144
广　州	100 693	266 622	–	189 548
南　宁	17 371	54 790	857	6 149
海　口	21 411	29 415	–	564
重　庆	78 836	221 342	11 405	131 032
成　都	43 668	167 795	95 673	7 051
贵　阳	15 413	68 702	1 286	17 551
昆　明	29 401	85 448	–	58 774
拉　萨	2 304	7 631	–	1 184
西　安	48 959	172 586	–	95 518
兰　州	14 898	76 113	48	41 158
西　宁	11 644	40 892	–	28 589
银　川	9 643	29 813	–	1 284
乌鲁木齐	22 876	88 039	–	34 728
大　连	27 766	104 901	147	45 428
青　岛	29 622	97 748	–	60 051
宁　波	25 046	47 299	34	34 077
深　圳	114 658	220 178	–	137 693
厦　门	28 472	90 466	–	53 806

4-27　中心城市出租汽车车辆数

单位：辆

中心城市	运营车数								
	合计	汽油车	乙醇汽油车	柴油车	液化石油气车	天然气车	双燃料车	纯电动车	其他
北　京	67 046	65 046	-	-	-	-	2 000	-	-
天　津	31 940	24 140	-	-	-	-	7 800	-	-
石家庄	6 823	-	-	-	-	-	6 823	-	-
太　原	8 292	1 852	-	1	53	1 918	4 468	-	-
呼和浩特	5 568	-	-	-	-	-	5 568	-	-
沈　阳	19 021	-	2 753	3 376	-	-	11 547	-	1 345
长　春	16 967	-	12 968	3 999	-	-	-	-	-
哈尔滨	15 587	-	11 514	4 073	-	-	-	-	-
上　海	50 612	49 240	-	688	-	-	684	-	-
南　京	11 164	1 115	-	1	-	150	9 898	-	-
杭　州	10 904	8 677	-	294	250	-	1 183	500	-
合　肥	8 925	-	-	35	-	-	8 860	30	-
福　州	5 774	2 529	-	1 188	-	69	1 988	-	-
南　昌	5 210	1 890	-	2 466	-	5	444	-	405
济　南	8 357	316	-	16	-	-	8 025	-	-
郑　州	10 608	50	-	-	-	-	10 558	-	-
武　汉	16 597	-	563	-	-	-	16 034	-	-
长　沙	6 915	1 161	-	983	-	-	4 771	-	-
广　州	21 437	50	-	-	3 902	-	17 485	-	-
南　宁	5 970	5 421	-	-	100	-	449	-	-
海　口	2 710	-	-	25	-	-	2 405	280	-
重　庆	17 096	-	-	-	-	501	16 595	-	-
成　都	15 826	2 289	-	-	-	-	13 537	-	-
贵　阳	8 070	7 058	-	998	-	14	-	-	-
昆　明	8 135	7 023	-	67	-	-	1 045	-	-
拉　萨	1 160	-	-	-	1 160	-	-	-	-
西　安	13 232	2	-	-	-	-	13 230	-	-
兰　州	7 410	-	-	-	-	7 410	-	-	-
西　宁	5 516	-	-	-	-	-	5 516	-	-
银　川	5 364	63	-	-	-	824	4 427	50	-
乌鲁木齐	12 188	-	-	-	-	12 188	-	-	-
大　连	10 693	10 693	-	-	-	-	-	-	-
青　岛	9 564	383	-	-	-	421	8 760	-	-
宁　波	4 627	116	-	2 075	-	-	2 436	-	-
深　圳	15 973	15 173	-	-	-	-	-	800	-
厦　门	4 962	17	-	-	-	-	4 945	-	-

4-28 中心城市出租汽车运量

中心城市	载客车次总数（万车次）	运营里程（万公里）		客运量（万人次）
			载客里程	
北　京	50 660	587 873	399 777	69 946
天　津	18 551	338 267	202 960	37 102
石家庄	11 538	86 269	56 063	22 925
太　原	9 073	96 481	68 505	19 104
呼和浩特	8 739	72 196	53 856	9 720
沈　阳	25 515	268 577	185 318	51 030
长　春	24 451	235 291	176 642	70 750
哈尔滨	23 709	186 112	129 709	49 094
上　海	59 571	638 687	405 890	107 615
南　京	14 023	134 313	86 303	28 064
杭　州	17 370	152 469	104 965	31 812
合　肥	15 080	131 413	97 313	30 159
福　州	10 921	80 827	55 009	23 752
南　昌	9 761	73 395	43 600	18 935
济　南	9 236	88 869	55 918	18 472
郑　州	14 114	93 369	70 027	29 457
武　汉	27 300	266 882	189 103	41 988
长　沙	14 619	109 240	75 436	30 160
广　州	33 442	308 813	219 511	76 739
南　宁	7 478	66 396	47 477	15 848
海　口	3 725	37 508	25 095	8 302
重　庆	38 846	292 658	220 113	82 774
成　都	24 033	212 176	143 199	38 134
贵　阳	15 715	85 656	68 551	38 972
昆　明	8 936	79 490	56 235	21 654
拉　萨	3 301	23 329	17 575	6 619
西　安	22 276	194 319	134 757	46 677
兰　州	13 044	87 625	67 345	23 575
西　宁	9 110	63 545	54 417	18 838
银　川	9 518	67 240	51 587	19 658
乌鲁木齐	18 205	154 758	109 461	25 851
大　连	23 157	153 434	133 159	42 409
青　岛	15 119	152 418	98 654	25 495
宁　波	7 586	65 832	45 618	12 781
深　圳	28 764	265 175	174 441	43 230
厦　门	9 804	80 559	55 534	17 496

4-29 中心城市轨道交通运营车辆数

中心城市	运营车数（辆）						标准运营车数（标台）	编组列数（列）
	合计	地铁	轻轨	单轨	有轨电车	磁悬浮		
北　京	3 998	3 998	-	-	-	-	9 995	656
天　津	626	450	152	-	24	-	1 527	121
石家庄	-	-	-	-	-	-	-	-
太　原	-	-	-	-	-	-	-	-
呼和浩特	-	-	-	-	-	-	-	-
沈　阳	258	258	-	-	-	-	630	43
长　春	380	-	351	-	29	-	490	106
哈尔滨	66	66	-	-	-	-	165	11
上　海	3 490	3 473	-	-	-	17	8 725	582
南　京	480	480	-	-	-	-	1 200	80
杭　州	288	288	-	-	-	-	480	48
合　肥	-	-	-	-	-	-	-	-
福　州	-	-	-	-	-	-	-	-
南　昌	-	-	-	-	-	-	-	-
济　南	-	-	-	-	-	-	-	-
郑　州	150	150	-	-	-	-	195	25
武　汉	402	402	-	-	-	-	1 005	78
长　沙	-	-	-	-	-	-	-	-
广　州	1 398	1 398	-	-	-	-	3 495	262
南　宁	-	-	-	-	-	-	-	-
海　口	-	-	-	-	-	-	-	-
重　庆	702	270	432	-	-	-	1 410	117
成　都	312	312	-	-	-	-	780	52
贵　阳	-	-	-	-	-	-	-	-
昆　明	72	72	-	-	-	-	18	12
拉　萨	-	-	-	-	-	-	-	-
西　安	282	282	-	-	-	-	705	47
兰　州	-	-	-	-	-	-	-	-
西　宁	-	-	-	-	-	-	-	-
银　川	-	-	-	-	-	-	-	-
乌鲁木齐	-	-	-	-	-	-	-	-
大　连	200	-	128	-	72	-	440	108
青　岛	-	-	-	-	-	-	-	-
宁　波	-	-	-	-	-	-	-	-
深　圳	1 072	1 072	-	-	-	-	2 680	188
厦　门	-	-	-	-	-	-	-	-

4-30 中心城市轨道交通运营线路条数

单位：条

中心城市	运营线路条数					
	合计	地铁	轻轨	单轨	有轨电车	磁悬浮
北　京	17	17	-	-	-	-
天　津	5	3	1	-	1	-
石家庄	-	-	-	-	-	-
太　原	-	-	-	-	-	-
呼和浩特	-	-	-	-	-	-
沈　阳	2	2	-	-	-	-
长　春	3	-	2	-	1	-
哈尔滨	1	1	-	-	-	-
上　海	15	14	-	-	-	1
南　京	2	2	-	-	-	-
杭　州	1	1	-	-	-	-
合　肥	-	-	-	-	-	-
福　州	-	-	-	-	-	-
南　昌	-	-	-	-	-	-
济　南	-	-	-	-	-	-
郑　州	1	1	-	-	-	-
武　汉	3	3	-	-	-	-
长　沙	-	-	-	-	-	-
广　州	9	9	-	-	-	-
南　宁	-	-	-	-	-	-
海　口	-	-	-	-	-	-
重　庆	5	3	2	-	-	-
成　都	2	2	-	-	-	-
贵　阳	-	-	-	-	-	-
昆　明	2	2	-	-	-	-
拉　萨	-	-	-	-	-	-
西　安	2	2	-	-	-	-
兰　州	-	-	-	-	-	-
西　宁	-	-	-	-	-	-
银　川	-	-	-	-	-	-
乌鲁木齐	-	-	-	-	-	-
大　连	4	-	2	-	2	-
青　岛	-	-	-	-	-	-
宁　波	-	-	-	-	-	-
深　圳	5	5	-	-	-	-
厦　门	-	-	-	-	-	-

4-31　中心城市轨道交通运营线路里程

单位：公里

中心城市	运营线路总长度					
	合计	地铁	轻轨	单轨	有轨电车	磁悬浮
北　京	465.0	465.0	-	-	-	-
天　津	142.6	82.4	52.3	-	7.9	-
石家庄	-	-	-	-	-	-
太　原	-	-	-	-	-	-
呼和浩特	-	-	-	-	-	-
沈　阳	54.0	54.0	-	-	-	-
长　春	54.5	-	46.9	-	7.6	-
哈尔滨	17.2	17.2	-	-	-	-
上　海	567.4	538.3	-	-	-	29.1
南　京	81.6	81.6	-	-	-	-
杭　州	48.0	48.0	-	-	-	-
合　肥	-	-	-	-	-	-
福　州	-	-	-	-	-	-
南　昌	-	-	-	-	-	-
济　南	-	-	-	-	-	-
郑　州	26.2	26.2	-	-	-	-
武　汉	72.1	72.1	-	-	-	-
长　沙	-	-	-	-	-	-
广　州	260.0	260.0	-	-	-	-
南　宁	-	-	-	-	-	-
海　口	-	-	-	-	-	-
重　庆	169.9	94.6	75.3	-	-	-
成　都	48.3	48.3	-	-	-	-
贵　阳	-	-	-	-	-	-
昆　明	40.2	40.2	-	-	-	-
拉　萨	-	-	-	-	-	-
西　安	44.7	44.7	-	-	-	-
兰　州	-	-	-	-	-	-
西　宁	-	-	-	-	-	-
银　川	-	-	-	-	-	-
乌鲁木齐	-	-	-	-	-	-
大　连	87.0	-	63.4	-	23.6	-
青　岛	-	-	-	-	-	-
宁　波	-	-	-	-	-	-
深　圳	177.0	177.0	-	-	-	-
厦　门	-	-	-	-	-	-

4-32 中心城市轨道交通运量

中心城市	运营里程（万列公里）	客运量（万人次）
北京	6 920	320 469
天津	1 139	24 437
石家庄	–	–
太原	–	–
呼和浩特	–	–
沈阳	465	22 368
长春	598	7 235
哈尔滨	43	1 397
上海	5 872	250 628
南京	1 114	45 216
杭州	469	9 238
合肥	–	–
福州	–	–
南昌	–	–
济南	–	–
郑州	2	65
武汉	788	27 343
长沙	–	–
广州	4 179	205 396
南宁	–	–
海口	–	–
重庆	1 494	40 049
成都	531	19 359
贵阳	–	–
昆明	120	376
拉萨	–	–
西安	297	12 190
兰州	–	–
西宁	–	–
银川	–	–
乌鲁木齐	–	–
大连	681	9 483
青岛	–	–
宁波	–	–
深圳	2 462	91 715
厦门	–	–

4-33 中心城市客运轮渡船舶及航线数

中心城市	运营船数（艘）	运营航线条数（条）	运营航线总长度（公里）
北　京	–	–	–
天　津	–	–	–
石家庄	–	–	–
太　原	–	–	–
呼和浩特	–	–	–
沈　阳	–	–	–
长　春	–	–	–
哈尔滨	45	12	45.0
上　海	54	17	10.9
南　京	13	7	30.8
杭　州	–	–	–
合　肥	–	–	–
福　州	6	4	11.0
南　昌	–	–	–
济　南	–	–	–
郑　州	–	–	–
武　汉	37	13	118.3
长　沙	–	–	–
广　州	41	12	57.9
南　宁	–	–	–
海　口	–	–	–
重　庆	8	7	12.0
成　都	–	–	–
贵　阳	–	–	–
昆　明	–	–	–
拉　萨	–	–	–
西　安	–	–	–
兰　州	–	–	–
西　宁	–	–	–
银　川	–	–	–
乌鲁木齐	–	–	–
大　连	–	–	–
青　岛	3	1	11.0
宁　波	3	1	0.3
深　圳	–	–	–
厦　门	25	11	67.5

4-34 中心城市客运轮渡运量

中心城市	运量		
	客运量（万人次）	机动车运量（辆）	非机动车运量（辆）
北　京	–	–	–
天　津			
石家庄	–	–	
太　原	–	–	
呼和浩特	–	–	
沈　阳			
长　春	–	–	–
哈尔滨	320	–	103 890
上　海	1 620	790 431	23 794 365
南　京	630	62 050	2 025 750
杭　州	–	–	–
合　肥	–	–	–
福　州	30	6	–
南　昌	–	–	–
济　南	–	–	
郑　州	–	–	–
武　汉	978	–	73 000
长　沙	–		–
广　州	2 072	–	–
南　宁	–		
海　口	–	–	–
重　庆	218	–	–
成　都	–	–	–
贵　阳	–	–	
昆　明	–	–	
拉　萨	–	–	–
西　安	–	–	
兰　州	–	–	
西　宁	–	–	
银　川	–	–	–
乌鲁木齐	–	–	
大　连	–	–	
青　岛	87	112 846	
宁　波	265		
深　圳			
厦　门	2 819		

城市客运主要统计指标解释

经营业户 指截至报告期末持有主管部门核发的有效运营资质证件，从事城市客运交通经营活动的业户。按经营类别分为公共汽电车、出租汽车、轨道交通和城市客运轮渡经营业户。计算单位：户。

从业人员数 指在本单位工作并取得劳动报酬的期末实有人员数。从业人员包括在各单位工作的外方人员和港澳台方人员、兼职人员、再就业的离退休人员、借用的外单位人员和第二职业者，但不包括离开本单位仍保留劳动关系的职工。包括公共汽电车、出租汽车、轨道交通和城市客运轮渡从业人员数。计算单位：人。

公交专用车道 指为了调整公共交通车辆与其他社会车辆的路权使用分配关系，提高公共交通车辆运营速度和道路资源利用率而科学、合理设置的公共交通优先车道、专用车道（路）、路口专用线（道）、专用街道、单向优先专用线（道）等。计算单位：公里。

轨道交通车站数 指轨道交通运营线路上供乘客候车和上下车的场所个数。包括地面、地下、高架车站。如同一个车站被多条线路共用，同站台换乘站计为一站；非同站台换乘站，按累计计算。计算单位：个。

城市客运轮渡在用码头数 指报告期末在用的、供城市客运轮渡停靠和乘客购票、候船和乘降的场所个数。计算单位：个。

公交IC卡累计售卡量 指截至报告期末，累计发售的主要用于乘坐城市公共交通车辆的公交IC卡总量。计算单位：张。

公共汽电车运营车数 指城市（县城）用于公共客运交通运营业务的全部公共汽电车车辆数。新购、新制和调入的运营车辆，自投入之日起开始计算；调出、报废和调作他用的运营车辆，自上级主管机关批准之日起不再计入。可按不同车长、不同燃料类型、不同排放标准和是否配备空调等分别统计。计算单位：辆。

公共汽电车标准运营车数 指不同类型的运营车辆按统一的标准当量折算合成的运营车数。计算单位：标台。计算公式：标准运营车数 = Σ（每类型车辆数 × 相应换算系数）。

各类型车辆换算系数标准表

类别	车长范围	换算系数
1	5米以下（含）	0.5
2	5米~7米（含）	0.7
3	7米~10米（含）	1.0
4	10米~13米（含）	1.3
5	13米~16米（含）	1.7
6	16米~18米（含）	2.0
7	18米以上	2.5
8	双层	1.9

保养场 指主要为公共汽电车提供车辆养护、保修的场所。计算单位：平方米。

停车场 指公交企业所属或租赁的运营车辆停车场地，其中租赁的停车场是指截至报告期末，公交企业仍在正常租用的社会停车场。计算单位：平方米。

公共汽电车运营线路条数 指为运营车辆设置的固定运营线路条数。包括干线、支线、专线和高峰时间行驶的固定线路。不包括临时行驶和联营线路。计算单位：条。

运营线路总长度 指全部运营线路长度之和。单向行驶的环行线路长度等于起点至终点里程与终点下客站至起点里程之和的一半。运营线路长度不包括折返、试车、联络线等非运营线路。计算单位：公里。

公共汽电车运营里程 指报告期内运营车辆为运营而出车行驶的全部里程。包括载客里程和空驶里程。计算单位：公里。

公共汽电车客运量 指报告期内公共汽电车运送乘客的总人次，包括付费乘客和不付费乘客人次，包括在城市道路和公路完成的客运量。计算单位：人次。

载客车次总数 指企业所有出租汽车年载客运行的总次数，数据可通过计价器、车载GPS等车载设备采集获得。计算单位：车次。

出租车客运量 指报告期内出租汽车运送乘客的总人次。计算单位：人次。

轨道交通运营车数 指城市用于轨道交通运营业务的全部车辆数。以企业（单位）固定资产台账中已投入运营的车辆数为准；新购、新制和调入的运营车辆，自投入之日起开始计算；调出、报废和调作他用的运营车辆，自上级主管机关批准之日起不再计入。计算单位：辆。

轨道交通标准运营车数 指不同类型的运营车辆按统一的标准当量折算合成的运营车数。计算单位：标台。计算公式：标准运营车数 = Σ（每类型车辆数 × 相应换算系数）。

各类型车辆换算系数标准表

类别	车长范围	换算系数
1	7米以下（含）	0.7
2	7米~10米（含）	1.0
3	10米~13米（含）	1.3
4	13米~16米（含）	1.7
5	16米~18米（含）	2.0
6	18米以上	2.5

轨道交通编组列数 指某一城市各条轨道交通运营线路列车日均编组的数量合计数。计算单位：列。

轨道交通运营线路条数 指为运营列车设置的固定线路总条数。按规划设计为同一条线路但分期建成的线路，统计时仍按一条线路计算。计算单位：条。

轨道交通客运量 指报告期内轨道交通运送乘客的总人次，包括付费乘客和不付费乘客人次。计算单位：人次。

轨道交通运营里程 指轨道交通车辆在运营中运行的全部里程，包括载客里程和调度空驶里程。计算单位：万列公里。

运营船数 指用于城市客渡运营业务的全部船舶数，不含旅游客轮（长途旅游和市内供游人游览江、河、湖泊的船舶）。计算单位：艘。

运营航线条数 指为运营船舶设置的固定航线的总条数，包括对江航线和顺江航线。计算单位：条。

运营航线总长度 指全部运营航线长度之和。测定运营航线的长度，应按实际航程的曲线长度计算。水位变化大的对江河客渡航线长度，可通过实测计算出一个平均长度，作为常数值使用。计算单位：公里。

轮渡客运量 指报告期内城市客运轮渡运输经营业户运送乘客的总人次。计算单位：人次。

轮渡机动车运量 指报告期内城市客运轮渡运输经营业户运送机动车（如电瓶车、摩托车等）的总量。计算单位：辆。

轮渡非机动车运量 指报告期内城市客运轮渡运输经营业户运送非机动车（如自行车、三轮车等）的总量。计算单位：辆。

五、港口吞吐量

简 要 说 明

一、本篇资料反映我国港口发展的基本情况。主要包括：全国港口码头泊位拥有量、规模以上港口设施和设备拥有量、全国港口吞吐量、规模以上港口吞吐量等。

二、全国港口统计范围是在各地港口行政管理部门注册的全部港口企业和从事港口生产活动的单位。规模以上港口的统计范围为年货物吞吐量在1000万吨以上的沿海港口和200万吨以上的内河港口，其范围由交通运输部划定。2012年规模以上港口的数量为94个，其中沿海港口的数量38个，内河港口的数量56个。

三、全国港口的码头泊位拥有量为年末生产用码头泊位数，全国港口吞吐量为全年累计数，根据各港口企业和生产活动单位的资料整理，由各省（区、市）交通运输厅（局、委）提供。

四、规模以上港口的设施、设备拥有量和港口吞吐量资料由各港口行政管理机构提供。

5-1 全国港口生产用码头泊位拥有量

地区	泊位长度（米）		生产用码头泊位（个）		#万吨级泊位（个）	
	总长	公用	总数	公用	总数	公用
总 计	2 185 434	1 018 488	31 760	11 709	2 001	1 539
沿海合计	744 445	475 976	5 675	2 651	1 607	1 293
天 津	34 408	34 408	149	149	102	102
河 北	41 752	36 899	172	148	139	132
辽 宁	70 622	58 311	376	304	194	168
上 海	74 487	35 496	608	219	156	87
江 苏	18 908	14 726	129	83	57	49
浙 江	112 554	39 101	1 050	189	196	116
福 建	68 698	46 180	477	273	145	118
山 东	92 465	72 184	519	349	239	214
广 东	183 116	107 506	1 827	756	273	223
广 西	30 902	21 849	241	123	66	58
海 南	16 533	9 316	127	58	40	26
内河合计	1 440 989	542 512	26 085	9 058	394	246
山 西	180	–	6	–	–	–
辽 宁	345	345	6	6	–	–
吉 林	1 726	1 238	31	19	–	–
黑龙江	11 725	10 071	135	116	–	–
上 海	88 133	7 955	1 842	170	–	–
江 苏	447 632	125 780	7 398	1 250	387	242
浙 江	186 912	19 826	3 935	572	–	–
安 徽	85 148	53 034	1 348	886	7	4
福 建	4 132	2 538	86	44	–	–
江 西	63 361	10 115	1 721	145	–	–
山 东	19 759	18 299	276	257	–	–
河 南	3 213	360	71	6	–	–
湖 北	155 160	66 352	1 924	657	–	–
湖 南	82 086	61 595	1 840	1 490	–	–
广 东	71 453	16 188	1 103	245	–	–
广 西	28 428	11 554	469	174	–	–
重 庆	73 204	47 361	869	526	–	–
四 川	75 264	69 578	2 020	1 938	–	–
贵 州	20 866	2 946	384	46	–	–
云 南	8 840	4 206	190	86	–	–
陕 西	10 777	10 777	255	255	–	–
甘 肃	2 645	2 394	176	170	–	–

5-2 全国港口吞吐量

地区	旅客吞吐量（万人）	货物吞吐量（万吨）		集装箱吞吐量	
			外贸	箱量（万TEU）	重量（万吨）
总计	**18 470**	**1 176 705**	**335 965**	**19 021**	**218 487**
沿海合计	**7 780**	**756 129**	**305 686**	**16 968**	**194 693**
天津	33	50 063	26 738	1 301	15 216
河北	5	88 984	24 380	135	2 051
辽宁	631	98 354	19 781	1 798	28 381
上海	134	68 273	37 706	3 362	34 243
江苏	12	23 908	11 100	554	5 536
浙江	719	100 591	40 740	1 910	19 659
福建	1 008	45 475	18 564	1 169	14 890
山东	1 298	118 137	65 662	2 076	22 758
广东	2 598	130 831	47 093	4 420	47 947
广西	20	18 674	11 548	100	1 703
海南	1 322	12 839	2 374	142	2 310
内河合计	**10 690**	**420 576**	**30 278**	**2 053**	**23 794**
山西	18	24	–	–	–
辽宁	–	46	–	–	–
吉林	–	61	–	–	–
黑龙江	201	465	79	…	…
上海	–	9 301	–	–	–
江苏	–	190 079	24 060	1 109	12 812
浙江	55	37 459	51	23	195
安徽	79	39 618	332	53	460
福建	321	436	–	–	–
江西	354	26 243	249	29	347
山东	–	7 348	–	–	–
河南	57	202	–	–	–
湖北	298	26 220	1 004	107	1 574
湖南	1 258	23 144	303	29	381
广东	448	25 542	3 461	531	5 762
广西	–	10 662	185	56	943
重庆	1 085	13 676	448	91	1 041
四川	1 656	8 195	48	26	279
贵州	3 270	984	–	–	–
云南	1 000	495	58	–	–
陕西	589	375	–	–	–
甘肃	–	–	–	–	–

5-3　全国港口货物吞吐量

单位：万吨

地区	合计	液体散货	干散货	件杂货	集装箱		滚装汽车	
					（万TEU）	重量	（万辆）	重量
总　计	1 176 705	94 780	691 045	116 689	19 021	218 487	1 584	55 703
沿海合计	756 129	74 826	375 687	59 114	16 968	194 693	1 452	51 809
天　津	50 063	6 065	22 765	3 136	1 301	15 216	92	2 881
河　北	88 984	2 364	80 276	4 293	135	2 051	—	—
辽　宁	98 354	11 374	34 359	12 278	1 798	28 381	179	11 962
上　海	68 273	3 241	23 904	5 413	3 362	34 243	140	1 473
江　苏	23 908	333	16 010	2 028	554	5 536	—	—
浙　江	100 591	15 592	56 144	4 288	1 910	19 659	233	4 907
福　建	45 475	2 717	22 142	5 220	1 169	14 890	44	506
山　东	118 137	13 932	60 202	8 616	2 076	22 758	173	12 629
广　东	130 831	15 162	44 384	10 103	4 420	47 947	403	13 235
广　西	18 674	2 157	12 829	1 890	100	1 703	2	95
海　南	12 839	1 890	2 671	1 849	142	2 310	185	4 119
内河合计	420 576	19 954	315 359	57 576	2 053	23 794	132	3 894
山　西	24	—	13	11	—	—	—	—
辽　宁	46	—	33	13	—	—	—	—
吉　林	61	—	61	—	—	—	—	—
黑龙江	465	9	358	80	…	…	1	18
上　海	9 301	50	7 713	1 538	—	—	—	—
江　苏	190 079	12 741	130 696	33 789	1 109	12 812	4	40
浙　江	37 459	1 036	33 199	3 029	23	195	—	—
安　徽	39 618	590	33 797	4 697	53	460	7	74
福　建	436	—	359	77	—	—	—	—
江　西	26 243	250	24 409	1 237	29	347	—	—
山　东	7 348	—	7 207	141	—	—	—	—
河　南	202	—	172	30	—	—	—	—
湖　北	26 220	739	18 418	3 573	107	1 574	56	1 916
湖　南	23 144	1 077	19 864	1 823	29	381	—	—
广　东	25 542	2 684	14 191	2 904	531	5 762	—	—
广　西	10 662	147	7 801	1 771	56	943	—	—
重　庆	13 676	450	8 840	1 500	91	1 041	63	1 845
四　川	8 195	56	7 151	709	26	279	—	—
贵　州	984	124	332	529	—	—	—	—
云　南	495	—	392	103	—	—	—	—
陕　西	375	—	352	23	—	—	—	—
甘　肃	—	—	—	—	—	—	—	—

5-4 规模以上港口旅客吞吐量

单位：万人

港口	总计	到达量		发送量	
			国际航线		国际航线
总　计	**8 534**	**4 208**	**557**	**4 326**	**626**
沿海合计	**7 016**	**3 460**	**511**	**3 556**	**580**
丹　东	21	10	10	10	10
大　连	606	299	6	307	5
营　口	4	2	2	2	2
锦　州	–	–	–	–	–
秦皇岛	5	2	2	2	2
黄　骅	–	–	–	–	–
唐　山	–	–	–	–	–
#京　唐	–	–	–	–	–
曹妃甸	–	–	–	–	–
天　津	33	16	12	17	12
烟　台	415	208	3	207	3
#龙　口	–	–	–	–	–
威　海	142	68	15	74	15
青　岛	14	7	7	7	7
日　照	2	1	1	1	1
#石　臼	2	1	1	1	1
岚　山	–	–	–	–	–
上　海	134	66	38	68	39
连云港	12	6	6	6	6
嘉　兴	–	–	–	–	–
宁波－舟山	351	178	–	172	–
#宁　波	159	79	–	80	–
舟　山	192	100	–	92	–
台　州	185	93	1	92	1
温　州	184	92	–	92	–
福　州	14	7	7	8	8
#原福州	14	7	7	8	8
宁　德	–	–	–	–	–
莆　田	–	–	–	–	–
泉　州	10	5	5	5	5
厦　门	984	491	65	493	65

5-4（续表一）

单位：万人

港口	总计	到达量		发送量	
			国际航线		国际航线
#原厦门	984	491	65	493	65
漳州	–	–	–	–	–
汕头	–	–	–	–	–
汕尾	–	–	–	–	–
惠州	–	–	–	–	–
深圳	490	222	116	268	166
#蛇口	434	194	88	240	137
赤湾	–	–	–	–	–
妈湾	–	–	–	–	–
东角头	–	–	–	–	–
盐田	–	–	–	–	–
下洞	–	–	–	–	–
虎门	31	9	9	22	22
#太平	31	9	9	22	22
麻涌	–	–	–	–	–
沙田	–	–	–	–	–
广州	77	37	37	40	40
中山	124	63	63	61	61
珠海	640	314	103	326	109
江门	–	–	–	–	–
阳江	–	–	–	–	–
茂名	–	–	–	–	–
湛江	1 235	627	–	609	–
#原湛江	–	–	–	–	–
海安	1 235	627	–	609	–
北部湾港	20	10	…	10	…
#北海	20	10	…	10	…
钦州	–	–	–	–	–
防城	–	–	–	–	–
海口	1 283	626	1	657	1
洋浦	–	–	–	–	–
八所	–	–	–	–	–
内河合计	**1 518**	**747**	**46**	**771**	**45**

5-4 （续表二）

单位：万人

港口	总计	到达量	国际航线	发送量	国际航线
哈尔滨	-	-	-	-	-
佳木斯	-	-	-	-	-
上 海	-	-	-	-	-
南 京	-	-	-	-	-
镇 江	-	-	-	-	-
苏 州	-	-	-	-	-
#常 熟	-	-	-	-	-
太 仓	-	-	-	-	-
张家港	-	-	-	-	-
南 通	-	-	-	-	-
常 州	-	-	-	-	-
江 阴	-	-	-	-	-
扬 州	-	-	-	-	-
泰 州	-	-	-	-	-
徐 州	-	-	-	-	-
连云港	-	-	-	-	-
无 锡	-	-	-	-	-
宿 迁	-	-	-	-	-
淮 安	-	-	-	-	-
扬州内河	-	-	-	-	-
镇江内河	-	-	-	-	-
杭 州	-	-	-	-	-
嘉兴内河	-	-	-	-	-
湖 州	-	-	-	-	-
合 肥	-	-	-	-	-
亳 州	-	-	-	-	-
阜 阳	-	-	-	-	-
淮 南	-	-	-	-	-
滁 州	-	-	-	-	-
马鞍山	-	-	-	-	-
芜 湖	-	-	-	-	-
铜 陵	-	-	-	-	-
池 州	-	-	-	-	-
安 庆	-	-	-	-	-

5-4 （续表三）

单位：万人

港口	总计	到达量	国际航线	发送量	国际航线
南　昌	-	-	-	-	-
九　江	18	8	-	9	-
武　汉	-	-	-	-	-
黄　石	-	-	-	-	-
荆　州	-	-	-	-	-
宜　昌	48	17	-	31	-
长　沙	-	-	-	-	-
湘　潭	-	-	-	-	-
株　洲	-	-	-	-	-
岳　阳	9	5	-	4	-
番　禺	-	-	-	-	-
新　塘	-	-	-	-	-
五和	-	-	-	-	-
中　山	-	-	-	-	-
佛　山	74	37	37	37	37
江　门	17	9	9	8	8
虎　门	-	-	-	-	-
肇　庆	-	-	-	-	-
惠　州	-	-	-	-	-
南　宁	-	-	-	-	-
柳　州	-	-	-	-	-
贵　港	-	-	-	-	-
梧　州	-	-	-	-	-
来　宾	-	-	-	-	-
重　庆	1 085	531	-	554	-
#原重庆	57	23	-	33	-
涪　陵	4	1	-	3	-
万　州	196	96	-	100	-
重庆航管处	75	38	-	37	-
泸　州	-	-	-	-	-
宜　宾	59	30	-	29	-
乐　山	3	2	-	2	-
南　充	39	20	-	19	-
广　安	96	52	-	45	-
达　州	71	37	-	34	-

5-5 规模以上港口货物吞吐量

单位：万吨

港口	总计	外贸	出港	外贸	进港	外贸
总　计	1 064 891	332 392	453 758	85 223	611 133	247 168
沿海合计	728 098	302 431	311 987	76 224	416 111	226 207
丹　东	12 019	903	3 702	243	8 317	660
大　连	40 746	11 767	20 626	4 113	20 120	7 653
营　口	32 013	6 222	14 429	1 170	17 584	5 052
锦　州	8 533	851	6 913	199	1 620	652
秦皇岛	27 260	1 349	25 777	326	1 484	1 023
黄　骅	17 103	1 448	13 514	55	3 590	1 394
唐　山	44 620	21 582	22 478	697	22 142	20 885
#京　唐	20 102	8 284	11 530	532	8 572	7 752
曹妃甸	24 518	13 298	10 948	165	13 570	13 133
天　津	50 063	26 738	23 060	7 994	27 003	18 744
烟　台	22 157	8 707	8 370	1 539	13 787	7 167
#龙　口	7 058	4 177	1 832	511	5 226	3 667
威　海	4 007	2 004	1 943	913	2 064	1 091
青　岛	45 003	30 963	15 365	7 673	29 638	23 290
日　照	30 937	21 908	6 433	485	24 504	21 423
#石　臼	19 979	12 616	5 394	335	14 584	12 281
岚　山	10 958	9 292	1 039	150	9 920	9 142
上　海	68 273	37 706	29 259	16 384	39 014	21 322
连云港	18 898	10 599	6 765	1 829	12 133	8 770
嘉　兴	6 605	860	1 689	195	4 917	664
宁波－舟山	80 978	38 416	35 101	9 937	45 877	28 479
#宁　波	49 592	27 628	18 361	9 514	31 231	18 114
舟　山	31 387	10 788	16 741	423	14 646	10 365
台　州	5 628	977	919	7	4 709	970
温　州	7 379	487	1 294	62	6 086	426
福　州	12 759	5 956	3 294	1 102	9 465	4 854
#原福州	10 505	4 860	2 632	955	7 873	3 905
宁　德	2 254	1 096	662	148	1 592	949
莆　田	2 824	845	314	8	2 510	837
泉　州	10 804	2 389	2 172	60	8 632	2 328
厦　门	19 088	9 375	8 877	4 298	10 211	5 077

5-5 （续表一）

单位：万吨

港 口	总计	外贸	出港	外贸	进港	外贸
#原厦门	17 157	9 245	7 289	4 293	9 868	4 953
漳 州	1 931	130	1 587	5	343	124
汕 头	5 038	1 428	544	250	4 494	1 178
汕 尾	628	139	59	2	568	137
惠 州	4 784	1 851	1 020	77	3 763	1 774
深 圳	23 398	18 174	11 884	9 877	11 514	8 297
#蛇 口	7 234	4 467	3 657	2 414	3 578	2 053
赤 湾	5 985	5 600	3 019	2 750	2 966	2 850
妈 湾	1 802	378	373	–	1 428	378
东角头	86	–	46	–	40	–
盐 田	6 156	6 069	4 167	4 149	1 989	1 921
下 洞	403	235	116	116	287	119
虎 门	10 293	2 133	3 685	96	6 608	2 037
#太 平	955	243	7	4	948	238
麻 涌	4 603	1 123	1 836	4	2 767	1 119
沙 田	4 732	767	1 841	87	2 891	679
广 州	45 517	11 329	18 624	3 746	26 893	7 583
中 山	3 311	490	1 233	285	2 078	205
珠 海	10 023	2 036	3 972	518	6 051	1 518
江 门	3 739	467	1 587	86	2 152	381
阳 江	2 055	1 163	34	–	2 022	1 163
茂 名	2 370	1 274	547	121	1 823	1 153
湛 江	18 006	5 974	6 098	335	11 908	5 638
#原湛江	8 511	5 973	1 553	335	6 958	5 637
海 安	9 306	1	4 507	…	4 799	1
北部湾港	18 674	11 548	5 274	1 287	13 400	10 261
#北 海	2 078	980	893	196	1 185	784
钦 州	6 035	2 588	1 412	113	4 623	2 475
防 城	10 561	7 980	2 969	978	7 592	7 002
海 口	8 293	336	3 298	50	4 995	287
洋 浦	2 978	1 641	1 151	160	1 826	1 481
八 所	1 293	393	683	43	610	351
内河合计	336 793	29 961	141 771	8 999	195 022	20 961

5-5 （续表二）

单位：万吨

港 口	总计	外贸	出港	外贸	进港	外贸
哈尔滨	80	–	4	–	75	–
佳木斯	87	–	11	–	76	–
上 海	9 301	–	1 337	–	7 964	–
南 京	20 201	2 204	7 997	1 067	12 205	1 137
镇 江	14 098	2 653	5 885	480	8 213	2 173
苏 州	45 435	10 949	17 268	2 598	28 167	8 351
#常 熟	7 202	1 190	2 536	296	4 666	894
太 仓	13 003	4 668	5 406	674	7 597	3 994
张家港	25 230	5 091	9 325	1 628	15 905	3 463
南 通	20 494	4 538	8 332	699	12 162	3 838
常 州	3 067	534	1 085	134	1 982	400
江 阴	12 590	1 477	3 958	320	8 632	1 157
扬 州	6 189	404	2 463	115	3 725	289
泰 州	15 425	1 280	6 372	303	9 053	978
徐 州	8 226	–	2 736	–	5 491	–
连云港	1 267	–	269	–	999	–
无 锡	8 291	21	870	15	7 421	6
宿 迁	2 116	–	736	–	1 380	–
淮 安	6 508	–	1 365	–	5 143	–
扬州内河	2 861	–	247	–	2 614	–
镇江内河	736	–	289	–	446	–
杭 州	9 382	–	3 585	–	5 797	–
嘉兴内河	11 107	–	2 970	–	8 137	–
湖 州	15 312	51	12 820	20	2 491	31
合 肥	2 113	4	830	3	1 283	1
亳 州	1 042	–	130	–	912	–
阜 阳	1 020	–	148	–	872	–
淮 南	1 616	–	1 106	–	510	–
滁 州	2 615	–	2 348	–	267	–
马鞍山	7 489	63	2 364	16	5 125	47
芜 湖	9 313	190	5 934	100	3 379	90
铜 陵	5 905	32	4 593	14	1 312	18
池 州	3 914	21	3 342	19	573	2
安 庆	3 006	22	2 142	14	864	8

5-5 （续表三）

单位：万吨

港口	总计	外贸	出港	外贸	进港	外贸
南昌	2 039	62	521	48	1 518	14
九江	6 030	187	3 397	119	2 633	68
武汉	7 701	587	2 291	359	5 410	228
黄石	2 098	324	1 002	10	1 096	314
荆州	722	43	150	30	572	13
宜昌	554	50	390	41	164	8
长沙	3 516	85	67	62	3 449	23
湘潭	1 156	–	313	–	843	–
株洲	591	–	8	–	583	–
岳阳	10 873	218	6 786	117	4 087	102
番禺	531	–	55	–	476	–
新塘	724	39	92	2	632	36
五和	429	94	195	44	234	49
中山	3 565	185	920	125	2 644	61
佛山	5 474	2 247	2 281	1 407	3 194	840
江门	2 998	428	742	235	2 256	193
虎门	894	7	146	1	748	6
肇庆	2 954	272	1 465	104	1 490	168
惠州	3 262	8	2 937	–	324	8
南宁	1 292	–	592	–	700	–
柳州	239	–	230	–	8	–
贵港	4 901	17	2 721	13	2 179	4
梧州	3 015	168	2 608	62	407	106
来宾	1 157	–	1 150	–	7	–
重庆	13 676	448	5 057	272	8 619	176
#原重庆	2 267	356	1 114	238	1 153	118
涪陵	374	12	142	11	232	1
万州	1 414	15	573	14	840	1
重庆航管处	5 849	11	1 949	9	3 900	2
泸州	2 707	48	717	31	1 990	17
宜宾	1 180	–	826	–	354	–
乐山	274	–	270	–	4	–
南充	507	–	70	–	437	–
广安	525	–	32	–	493	–
达州	406	–	203	–	202	–

5-6 规模以上港口分货类吞吐量

单位：万吨

货物种类	总计	外贸	出港	外贸	进港	外贸
总计	1 064 891	332 392	453 758	85 223	611 133	247 168
煤炭及制品	217 299	31 348	101 798	1 291	115 500	30 057
石油、天然气及制品	75 778	36 155	23 697	2 781	52 082	33 374
#原油	40 608	27 243	7 440	509	33 168	26 734
金属矿石	167 013	102 226	35 466	77	131 547	102 149
钢铁	45 241	7 150	26 546	5 354	18 694	1 796
矿建材料	163 142	3 208	66 832	2 690	96 310	518
水泥	28 623	1 345	19 028	1 271	9 595	74
木材	7 155	5 802	1 050	334	6 105	5 467
非金属矿石	23 423	6 274	11 145	1 154	12 278	5 120
化学肥料及农药	3 891	2 154	2 288	1 652	1 603	502
盐	1 621	813	404	41	1 217	771
粮食	22 524	8 091	7 541	98	14 983	7 993
机械、设备、电器	19 557	11 839	10 286	6 906	9 271	4 933
化工原料及制品	21 648	8 842	8 542	2 029	13 106	6 813
有色金属	1 631	1 358	673	500	958	859
轻工、医药产品	11 142	4 782	5 418	2 310	5 724	2 472
农林牧渔业产品	4 153	2 096	1 363	345	2 790	1 751
其他	251 052	98 910	131 681	56 390	119 371	42 520

5-7 沿海规模以上港口分货类吞吐量

单位：万吨

货物种类	总计	外贸	出港	外贸	进港	外贸
总计	728 098	302 431	311 987	76 224	416 111	226 207
煤炭及制品	150 401	29 089	81 341	1 250	69 059	27 840
石油、天然气及制品	64 298	34 987	19 393	2 403	44 905	32 584
#原油	38 074	27 239	6 736	509	31 338	26 730
金属矿石	124 328	94 689	23 526	60	100 802	94 629
钢铁	25 848	5 333	16 071	4 219	9 777	1 113
矿建材料	52 935	2 710	19 948	2 221	32 987	489
水泥	5 513	670	1 571	596	3 941	74
木材	5 111	4 403	642	292	4 469	4 111
非金属矿石	11 697	5 634	4 177	955	7 519	4 679
化学肥料及农药	2 336	1 834	1 561	1 393	776	441
盐	905	688	58	28	847	660
粮食	15 835	6 991	5 387	76	10 448	6 915
机械、设备、电器	18 763	11 444	9 673	6 595	9 090	4 850
化工原料及制品	12 208	5 880	4 744	1 495	7 464	4 385
有色金属	1 328	1 099	502	352	827	747
轻工、医药产品	9 398	4 015	4 577	2 039	4 821	1 976
农林牧渔业产品	3 198	1 833	1 032	316	2 166	1 517
其他	223 997	91 131	117 785	51 933	106 211	39 199

5-8 内河规模以上港口分货类吞吐量

单位：万吨

货物种类	总计	外贸	出港	外贸	进港	外贸
总计	**336 793**	**29 961**	**141 771**	**8 999**	**195 022**	**20 961**
煤炭及制品	66 898	2 259	20 457	42	46 441	2 218
石油、天然气及制品	11 480	1 168	4 304	378	7 177	790
#原油	2 534	4	704	–	1 830	4
金属矿石	42 684	7 537	11 940	18	30 744	7 520
钢铁	19 393	1 817	10 476	1 135	8 918	682
矿建材料	110 206	498	46 884	469	63 323	29
水泥	23 110	675	17 456	675	5 653	…
木材	2 045	1 398	409	42	1 636	1 356
非金属矿石	11 726	640	6 968	198	4 758	442
化学肥料及农药	1 554	319	728	258	827	61
盐	716	124	346	13	370	111
粮食	6 688	1 100	2 154	22	4 535	1 078
机械、设备、电器	794	394	613	311	181	83
化工原料及制品	9 440	2 962	3 797	534	5 642	2 428
有色金属	303	259	172	147	131	112
轻工、医药产品	1 744	767	841	271	903	496
农林牧渔业产品	955.00	263	332	29	623	234
其他	27 055	7 778	13 895	4 457	13 160	3 321

5-9 规模以上港口煤炭及制品吞吐量

单位：千吨

港　口	总计	外贸	出港	外贸	进港	外贸
总　计	2 172 986	313 483	1 017 984	12 912	1 155 002	300 570
沿海合计	1 504 006	290 891	813 412	12 496	690 594	278 395
丹　东	12 628	2 899	4 356	280	8 273	2 619
大　连	15 658	615	5 390	14	10 268	601
营　口	27 405	9 724	3 372	227	24 033	9 496
锦　州	19 443	305	18 718	21	724	284
秦皇岛	238 279	2 459	236 103	309	2 176	2 150
黄　骅	136 926	2 677	132 792	538	4 134	2 139
唐　山	186 465	27 627	158 292	899	28 173	26 728
#京　唐	102 478	20 925	81 834	899	20 644	20 026
曹妃甸	83 987	6 702	76 458	-	7 529	6 702
天　津	89 619	8 948	88 114	7 596	1 505	1 352
烟　台	19 280	5 301	4 292	277	14 988	5 024
#龙　口	11 821	3 103	1 821	9	10 000	3 094
威　海	4 636	717	675	13	3 961	704
青　岛	20 735	9 355	7 635	810	13 100	8 545
日　照	33 445	16 704	13 417	469	20 028	16 235
#石臼	28 497	12 289	13 134	445	15 363	11 844
岚　山	4 947	4 415	283	23	4 665	4 392
上　海	111 234	15 642	28 850	397	82 384	15 244
连云港	21 349	5 589	8 635	543	12 713	5 046
嘉　兴	37 921	10	9 078	-	28 843	10
宁波-舟山	111 387	24 507	24 758	-	86 629	24 507
#宁　波	79 256	13 414	9 415	-	69 841	13 414
舟　山	32 131	11 093	15 343	-	16 787	11 093
台　州	16 032	7 370	173	-	15 859	7 370
温　州	19 869	2 474	100	-	19 769	2 474
福　州	31 367	17 361	1 349	2	30 019	17 360
#原福州	25 491	13 531	1 340	2	24 151	13 530
宁　德	5 876	3 830	9	-	5 867	3 830
莆　田	9 025	3 980	2 308	20	6 717	3 959
泉　州	13 852	6 417	91	-	13 761	6 417
厦　门	23 901	12 493	1 191	-	22 710	12 493

5-9 （续表一）

单位：千吨

港 口	总计	外贸	出港	外贸	进港	外贸
#原厦门	23 368	12 493	1 184	–	22 184	12 493
漳 州	533	–	7	–	526	–
汕 头	15 893	9 956	3	–	15 890	9 956
汕 尾	5 058	1 160	–	–	5 058	1 160
惠 州	6 767	912	–	–	6 767	912
深 圳	3 982	1 017	–	–	3 982	1 017
#蛇 口	–	–	–	–	–	–
赤 湾	–	–	–	–	–	–
妈 湾	3 982	1 017	–	–	3 982	1 017
东角头	–	–	–	–	–	–
盐 田	–	–	–	–	–	–
下 洞	–	–	–	–	–	–
虎 门	54 202	11 883	18 709	–	35 493	11 883
#太 平	8 808	1 988	–	–	8 808	1 988
麻 涌	38 269	8 401	16 326	–	21 943	8 401
沙 田	7 125	1 494	2 384	–	4 741	1 494
广 州	76 029	15 988	24 506	1	51 522	15 987
中 山	352	…	9	–	343	…
珠 海	25 544	3 814	7 541	–	18 004	3 814
江 门	12 468	2 930	96	–	12 371	2 930
阳 江	8 257	1 196	–	–	8 257	1 196
茂 名	1 962	247	6	–	1 956	247
湛 江	17 294	10 333	474	–	16 820	10 333
#原湛江	16 628	10 333	474	–	16 154	10 333
海 安	77	–	–	–	77	–
北部湾港	63 268	41 413	12 192	81	51 077	41 333
#北 海	3 266	792	–	–	3 266	792
钦 州	13 507	6 941	561	–	12 946	6 941
防 城	46 495	33 681	11 630	81	34 865	33 600
海 口	4 623	1 973	181	–	4 442	1 973
洋 浦	2 227	1 411	6	–	2 220	1 411
八 所	5 626	3 485	–	–	5 626	3 485
内河合计	668 980	22 592	204 572	417	464 408	22 175

5-9 （续表二）

单位：千吨

港口	总计	外贸	出港	外贸	进港	外贸
哈尔滨	221	–	–	–	221	–
佳木斯	110	–	110	–	–	–
上海	10 186	–	1 517	–	8 668	–
南京	54 758	2 799	16 598	–	38 161	2 799
镇江	42 748	6 152	9 791	349	32 957	5 803
苏州	104 406	2 464	23 722	36	80 684	2 428
#常熟	21 478	254	4 174	–	17 304	254
太仓	16 348	750	1 708	30	14 640	719
张家港	66 579	1 460	17 840	6	48 740	1 454
南通	52 424	5 633	18 505	–	33 919	5 633
常州	9 450	1 383	1 715	–	7 735	1 383
江阴	54 017	2 201	17 228	–	36 790	2 201
扬州	37 382	212	15 227	–	22 155	212
泰州	71 781	1 723	32 013	10	39 768	1 713
徐州	23 207	–	21 982	–	1 225	–
连云港	507	–	–	–	507	–
无锡	17 377	–	63	–	17 314	–
宿迁	2 746	–	66	–	2 680	–
淮安	8 130	–	–	–	8 130	–
扬州内河	3 002	–	10	–	2 992	–
镇江内河	614	–	–	–	614	–
杭州	9 382	–	260	–	9 122	–
嘉兴内河	11 408	–	3 594	–	7 815	–
湖州	6 370	–	908	–	5 462	–
合肥	1 504	–	9	–	1 495	–
亳州	736	–	734	–	1	–
阜阳	1 126	–	979	–	147	–
淮南	7 872	–	7 817	–	54	–
滁州	501	–	43	–	459	–
马鞍山	7 674	–	46	–	7 629	–
芜湖	17 478	–	6 577	–	10 901	–
铜陵	9 187	–	1 156	–	8 031	–
池州	3 378	–	9	–	3 369	–
安庆	5 116	–	45	–	5 071	–

5-9 （续表三）

单位：千吨

港 口	总计	外贸	出港	外贸	进港	外贸
南 昌	2 403	–	7	–	2 396	–
九 江	10 241	–	105	–	10 136	–
武 汉	4 635	–	2 193	–	2 442	–
黄 石	3 753	–	163	–	3 590	–
荆 州	1 339	–	27	–	1 311	–
宜 昌	1 578	–	1 225	–	353	–
长 沙	321	–	–	–	321	–
湘 潭	1 455	–	–	–	1 455	–
株 洲	81	–	–	–	81	–
岳 阳	8 327	–	551	–	7 776	–
番 禺	650	–	6	–	644	–
新 塘	2 915	–	–	–	2 915	–
五 和	310	–	–	–	310	–
中 山	2 008	–	113	–	1 895	–
佛 山	7 953	1	256	…	7 697	1
江 门	3 778	–	461	–	3 317	–
虎 门	2 909	–	170	–	2 739	–
肇 庆	6 161	–	23	–	6 139	–
惠 州	435	–	–	–	435	–
南 宁	466	–	453	–	13	–
柳 州	12	–	12	–	–	–
贵 港	5 228	–	1 192	–	4 036	–
梧 州	1 094	–	12	–	1 082	–
来 宾	1 886	–	1 886	–	–	–
重 庆	18 654	–	10 768	–	7 885	–
#原重庆	1 735	–	951	–	785	–
涪 陵	358	–	183	–	175	–
万 州	3 390	–	2 225	–	1 165	–
重庆航管处	2 235	–	987	–	1 248	–
泸 州	3 707	22	3 127	22	580	1
宜 宾	787	–	525	–	262	–
乐 山	82	–	72	–	10	–
南 充	15	–	–	–	15	–
广 安	–	–	–	–	–	–
达 州	996	–	500	–	497	–

5-10　规模以上港口石油、天然气及制品吞吐量

单位：千吨

港　口	总计	外贸	出港	外贸	进港	外贸
总　　计	757 782	361 549	236 966	27 810	520 816	333 739
沿海合计	642 977	349 871	193 927	24 034	449 050	325 836
丹　东	…	…	…	…	–	–
大　连	60 357	31 467	27 587	4 243	32 770	27 224
营　口	29 371	9 141	11 630	273	17 740	8 868
锦　州	8 103	2 407	4 234	977	3 869	1 430
秦皇岛	8 798	251	5 941	124	2 857	127
黄　骅	1 833	–	–	–	1 833	–
唐　山	12 556	11 623	155	117	12 401	11 505
#京唐	1 094	161	155	117	939	43
曹妃甸	11 462	11 462	–	–	11 462	11 462
天　津	53 068	17 815	29 593	1 113	23 475	16 701
烟　台	13 209	6 375	2 400	567	10 808	5 808
#龙口	12 409	5 747	2 038	240	10 371	5 507
威　海	244	129	37	–	207	129
青　岛	63 942	47 676	18 853	4 892	45 089	42 784
日　照	34 516	30 341	804	44	33 712	30 297
#石臼	1 960	1 503	233	1	1 727	1 502
岚山	32 556	28 838	571	43	31 985	28 794
上　海	26 036	9 282	9 266	1 240	16 770	8 042
连云港	1 346	139	395	41	950	99
嘉　兴	5 596	1 112	2 422	–	3 174	1 112
宁波－舟山	129 673	84 626	33 180	3 449	96 493	81 177
#宁波	80 895	52 153	19 357	1 657	61 538	50 495
舟山	48 778	32 474	13 822	1 792	34 955	30 682
台　州	1 973	–	224	–	1 749	–
温　州	4 022	159	815	11	3 208	148
福　州	2 249	71	83	–	2 166	71
#原福州	1 961	71	83	–	1 878	71
宁德	288	–	–	–	288	–
莆　田	3 432	3 423	–	–	3 432	3 423
泉　州	13 963	10 118	2 178	–	11 784	10 118
厦　门	4 472	1 295	705	–	3 767	1 295

5-10 （续表一）

单位：千吨

港口	总计	外贸	出港	外贸	进港	外贸
#原厦门	2 099	119	83	–	2 016	119
漳州	2 373	1 176	622	–	1 750	1 176
汕头	1 015	252	104	48	912	204
汕尾	97	–	–	–	97	–
惠州	34 423	16 078	6 079	–	28 344	16 078
深圳	12 678	8 287	1 449	1 156	11 229	7 131
#蛇口	354	–	2	–	352	–
赤湾	–	–	–	–	–	–
妈湾	1 414	69	232	–	1 182	69
东角头	227	–	57	–	170	–
盐田	–	–	–	–	–	–
下洞	4 027	2 345	1 157	1 156	2 869	1 190
虎门	6 083	1 049	2 896	141	3 187	908
#太平	21	…	9	–	12	…
麻涌	903	–	548	–	355	–
沙田	5 132	1 048	2 326	141	2 806	907
广州	18 984	2 212	8 746	494	10 238	1 718
中山	675	1	54	–	621	1
珠海	12 548	5 401	5 558	1 966	6 990	3 435
江门	793	39	431	…	362	38
阳江	513	–	96	–	417	–
茂名	14 233	11 898	2 108	1 009	12 124	10 889
湛江	23 677	16 988	3 794	31	19 883	16 957
#原湛江	23 676	16 988	3 793	31	19 883	16 957
海安	1	–	1	–	–	–
北部湾港	22 480	11 298	5 444	803	17 037	10 495
#北海	3 079	546	2 548	138	531	407
钦州	17 085	8 705	2 639	541	14 446	8 164
防城	2 316	2 047	256	124	2 059	1 923
海口	2 032	76	487	–	1 546	76
洋浦	13 795	8 831	6 155	1 294	7 640	7 537
八所	195	13	24	–	172	13
内河合计	**114 805**	**11 679**	**43 040**	**3 776**	**71 765**	**7 903**

5-10 （续表二）

单位：千吨

港口	总计	外贸	出港	外贸	进港	外贸
哈尔滨	44	–	44	–	–	–
佳木斯	42	–	–	–	42	–
上　海	500	–	210	–	290	–
南　京	34 208	1 589	17 403	1 216	16 804	373
镇　江	5 373	1 141	2 008	153	3 364	988
苏　州	4 867	930	1 772	173	3 095	756
＃常　熟	1 569	51	515	–	1 054	51
太　仓	2 690	573	1 030	173	1 660	400
张家港	608	305	227	–	381	305
南　通	13 768	4 800	4 105	463	9 663	4 337
常　州	–	–	–	–	–	–
江　阴	7 538	2 059	3 167	1 242	4 371	817
扬　州	799	–	508	–	291	–
泰　州	3 943	1 132	1 980	529	1 963	603
徐　州	256	–	143	–	112	–
连云港	–	–	–	–	–	–
无　锡	2 429	–	–	–	2 429	–
宿　迁	1 014	–	486	–	529	–
淮　安	2 030	–	769	–	1 261	–
扬州内河	2 716	–	1 692	–	1 024	–
镇江内河	–	–	–	–	–	–
杭　州	1 841	–	136	–	1 705	–
嘉兴内河	498	–	223	–	275	–
湖　州	924	–	180	–	744	–
合　肥	302	–	1	–	301	–
亳　州	8	–	–	–	8	–
阜　阳	23	–	–	–	23	–
淮　南	–	–	–	–	–	–
滁　州	172	–	–	–	172	–
马鞍山	251	–	7	–	244	–
芜　湖	1 214	5	203	–	1 011	5
铜　陵	227	–	40	–	187	–
池　州	482	20	…	–	482	20
安　庆	2 560	–	1 982	–	578	–

5-10 （续表三）

单位：千吨

港口	总计	外贸	出港	外贸	进港	外贸
南　昌	252	-	-	-	252	-
九　江	1 615	-	635	-	980	-
武　汉	1 879	-	783	-	1 096	-
黄　石	212	1	…	-	212	1
荆　州	248	-	93	-	155	-
宜　昌	…	-	-	-	…	-
长　沙	231	2	-	-	231	2
湘　潭	-	-	-	-	-	-
株　洲	-	-	-	-	-	-
岳　阳	7 767	-	1 717	-	6 050	-
番　禺	935	-	379	-	556	-
新　塘	503	-	186	-	317	-
五　和	-	-	-	-	-	-
中　山	325	…	90	-	235	…
佛　山	5 038	1	1 319	…	3 719	1
江　门	1 585	-	380	-	1 205	-
虎　门	349	-	154	-	194	-
肇　庆	810	-	5	-	806	-
惠　州	-	-	-	-	-	-
南　宁	-	-	-	-	-	-
柳　州	-	-	-	-	-	-
贵　港	6	-	4	-	2	-
梧　州	506	-	-	-	506	-
来　宾	-	-	-	-	-	-
重　庆	4 003	-	225	-	3 779	-
#原重庆	508	-	6	-	502	-
涪　陵	11	-	4	-	7	-
万　州	3	-	-	-	3	-
重庆航管处	3 189	-	186	-	3 003	-
泸　州	514	…	12	-	502	…
宜　宾	-	-	-	-	-	-
乐　山	-	-	-	-	-	-
南　充	-	-	-	-	-	-
广　安	-	-	-	-	-	-
达　州	-	-	-	-	-	-

5-11　规模以上港口原油吞吐量

单位：千吨

港口	总计	外贸	出港	外贸	进港	外贸
总　计	406 081	272 432	74 398	5 090	331 683	267 342
沿海合计	380 743	272 390	67 359	5 090	313 384	267 300
丹　东	–	–	–	–	–	–
大　连	31 336	21 564	5 956	541	25 380	21 023
营　口	10 449	8 696	547	–	9 902	8 696
锦　州	3 792	1 430	–	–	3 792	1 430
秦皇岛	7 295	–	5 194	–	2 101	–
黄　骅	1 828	–	–	–	1 828	–
唐　山	11 061	11 061	–	–	11 061	11 061
#京　唐	–	–	–	–	–	–
曹妃甸	11 061	11 061	–	–	11 061	11 061
天　津	43 145	13 104	26 352	304	16 793	12 801
烟　台	4 879	911	216	36	4 663	875
#龙　口	4 844	875	180	–	4 663	875
威　海	101	–	28	–	72	–
青　岛	56 013	46 308	11 664	3 527	44 348	42 782
日　照	29 671	27 765	–	–	29 671	27 765
#石　臼	–	–	–	–	–	–
岚　山	29 671	27 765	–	–	29 671	27 765
上　海	3 181	–	–	–	3 181	–
连云港	–	–	–	–	–	–
嘉　兴	–	–	–	–	–	–
宁波 – 舟山	90 299	72 875	11 905	646	78 394	72 228
#宁　波	61 229	48 192	7 368	–	53 861	48 192
舟　山	29 071	24 682	4 537	646	24 534	24 036
台　州	–	–	–	–	–	–
温　州	682	–	–	–	682	–
福　州	–	–	–	–	–	–
#原福州	–	–	–	–	–	–
宁　德	–	–	–	–	–	–
莆　田	–	–	–	–	–	–
泉　州	9 987	9 987	–	–	9 987	9 987
厦　门	1 176	1 176	–	–	1 176	1 176

5-11 （续表一）

单位：千吨

港口	总计	外贸	出港	外贸	进港	外贸
#原厦门	-	-	-	-	-	-
漳　州	1 176	1 176	-	-	1 176	1 176
汕　头	-	-	-	-	-	-
汕　尾	-	-	-	-	-	-
惠　州	23 992	14 867	-	-	23 992	14 867
深　圳	-	-	-	-	-	-
#蛇　口	-	-	-	-	-	-
赤　湾	-	-	-	-	-	-
妈　湾	-	-	-	-	-	-
东角头	-	-	-	-	-	-
盐　田	-	-	-	-	-	-
下　洞	-	-	-	-	-	-
虎　门	-	-	-	-	-	-
#太　平	-	-	-	-	-	-
麻　涌	-	-	-	-	-	-
沙　田	-	-	-	-	-	-
广　州	1 990	140	994	-	996	140
中　山	-	-	-	-	-	-
珠　海	75	75	37	37	38	38
江　门	-	-	-	-	-	-
阳　江	-	-	-	-	-	-
茂　名	10 793	10 793	-	-	10 793	10 793
湛　江	20 278	16 853	2 176	-	18 102	16 853
#原湛江	20 278	16 853	2 176	-	18 102	16 853
海　安	-	-	-	-	-	-
北部湾港	11 141	7 468	2 189	-	8 953	7 468
#北　海	2 189	-	2 189	-	-	-
钦　州	8 953	7 468	-	-	8 953	7 468
防　城	-	-	-	-	-	-
海　口	101	-	101	-	-	-
洋　浦	7 396	7 317	-	-	7 396	7 317
八　所	82	-	-	-	82	-
内河合计	25 338	42	7 039	-	18 299	42

5-11 （续表二）

单位：千吨

港口	总计	外贸	出港	外贸	进港	外贸
哈尔滨	-	-	-	-	-	-
佳木斯	-	-	-	-	-	-
上海	-	-	-	-	-	-
南京	11 557	37	3 551	-	8 006	37
镇江	-	-	-	-	-	-
苏州	-	-	-	-	-	-
#常熟	-	-	-	-	-	-
太仓	-	-	-	-	-	-
张家港	-	-	-	-	-	-
南通	121	5	74	-	47	5
常州	-	-	-	-	-	-
江阴	1 100	-	291	-	809	-
扬州	-	-	-	-	-	-
泰州	2 119	-	1 084	-	1 035	-
徐州	-	-	-	-	-	-
连云港	-	-	-	-	-	-
无锡	-	-	-	-	-	-
宿迁	-	-	-	-	-	-
淮安	976	-	296	-	680	-
扬州内河	1 696	-	1 577	-	120	-
镇江内河	-	-	-	-	-	-
杭州	153	-	-	-	153	-
嘉兴内河	-	-	-	-	-	-
湖州	-	-	-	-	-	-
合肥	-	-	-	-	-	-
亳州	-	-	-	-	-	-
阜阳	-	-	-	-	-	-
淮南	-	-	-	-	-	-
滁州	-	-	-	-	-	-
马鞍山	-	-	-	-	-	-
芜湖	-	-	-	-	-	-
铜陵	-	-	-	-	-	-
池州	-	-	-	-	-	-
安庆	402	-	-	-	402	-

5-11 （续表三）

单位：千吨

港口	总计	外贸	出港	外贸	进港	外贸
南 昌	–	–	–	–	–	–
九 江	5	–	–	–	5	–
武 汉	20	–	…	–	20	–
黄 石	–	–	–	–	–	–
荆 州	–	–	–	–	–	–
宜 昌	–	–	–	–	–	–
长 沙	–	–	–	–	–	–
湘 潭	–	–	–	–	–	–
株 洲	–	–	–	–	–	–
岳 阳	4 435	–	–	–	4 435	–
番 禺	–	–	–	–	–	–
新 塘	332	–	167	–	165	–
五 和	–	–	–	–	–	–
中 山	–	–	–	–	–	–
佛 山	1 506	–	–	–	1 506	–
江 门	–	–	–	–	–	–
虎 门	–	–	–	–	–	–
肇 庆	415	–	–	–	415	–
惠 州	–	–	–	–	–	–
南 宁	–	–	–	–	–	–
柳 州	–	–	–	–	–	–
贵 港	–	–	–	–	–	–
梧 州	–	–	–	–	–	–
来 宾	–	–	–	–	–	–
重 庆	–	–	–	–	–	–
#原重庆	–	–	–	–	–	–
涪 陵	–	–	–	–	–	–
万 州	–	–	–	–	–	–
重庆航管处	–	–	–	–	–	–
泸 州	501	–	–	–	501	–
宜 宾	–	–	–	–	–	–
乐 山	–	–	–	–	–	–
南 充	–	–	–	–	–	–
广 安	–	–	–	–	–	–
达 州	–	–	–	–	–	–

5-12　规模以上港口金属矿石吞吐量

单位：千吨

港　口	总计	外贸	出港	外贸	进港	外贸
总　计	1 670 125	1 022 260	354 657	775	1 315 468	1 021 485
沿海合计	1 243 285	946 885	235 260	597	1 008 025	946 288
丹　东	10 999	1 322	4 140	…	6 859	1 321
大　连	22 924	12 662	9 993	-	12 931	12 662
营　口	38 416	29 933	4 177	30	34 239	29 903
锦　州	4 138	3 298	314	-	3 824	3 298
秦皇岛	6 160	5 909	180	-	5 980	5 909
黄　骅	27 203	11 797	-	-	27 203	11 797
唐　山	172 315	167 831	148	40	172 167	167 792
#京　唐	59 101	56 671	56	-	59 045	56 671
曹妃甸	113 214	111 160	92	40	113 122	111 121
天　津	108 171	107 381	391	238	107 780	107 142
烟　台	20 518	12 412	7 553	91	12 965	12 321
#龙　口	2 593	1 708	584	36	2 009	1 672
威　海	177	66	88	-	89	66
青　岛	147 987	123 406	23 159	53	124 827	123 354
日　照	152 973	136 987	15 487	-	137 486	136 987
#石　臼	100 452	87 575	12 463	-	87 989	87 575
岚　山	52 521	49 412	3 024	-	49 497	49 412
上　海	105 015	49 982	39 021	-	65 995	49 982
连云港	86 852	64 221	18 735	12	68 116	64 209
嘉　兴	242	42	41	-	200	42
宁波-舟山	200 435	109 682	90 410	-	110 025	109 682
#宁　波	89 291	53 848	35 298	-	53 993	53 848
舟　山	111 144	55 834	55 112	-	56 032	55 834
台　州	-	-	-	-	-	-
温　州	2 250	974	111	-	2 140	974
福　州	32 485	25 139	6 512	-	25 973	25 139
#原福州	26 886	19 546	6 512	-	20 374	19 546
宁　德	5 599	5 593	-	-	5 599	5 593
莆　田	55	55	-	-	55	55
泉　州	1 481	1 306	33	-	1 448	1 306
厦　门	7 358	6 099	948	-	6 410	6 099

5-12 （续表一）

单位：千吨

港口	总计	外贸	出港	外贸	进港	外贸
#原厦门	7 358	6 099	948	–	6 410	6 099
漳州	–	–	–	–	–	–
汕头	6	4	2	–	4	4
汕尾	–	–	–	–	–	–
惠州	–	–	–	–	–	–
深圳	6 944	5 064	1 880	–	5 064	5 064
#蛇口	5 118	3 454	1 664	–	3 454	3 454
赤湾	–	–	–	–	–	–
妈湾	1 827	1 610	216	–	1 610	1 610
东角头	–	–	–	–	–	–
盐田	–	–	–	–	–	–
下洞	–	–	–	–	–	–
虎门	116	–	59	–	57	–
#太平	–	–	–	–	–	–
麻涌	–	–	–	–	–	–
沙田	116	–	59	–	57	–
广州	7 088	4 362	174	…	6 913	4 362
中山	2	–	1	–	1	–
珠海	4 480	4 086	5	…	4 475	4 086
江门	3	2	…	…	3	2
阳江	10 008	9 397	–	–	10 008	9 397
茂名	3	3	–	–	3	3
湛江	24 507	21 522	2 784	50	21 723	21 472
#原湛江	24 507	21 522	2 784	50	21 723	21 472
海安	–	–	–	–	–	–
北部湾港	36 264	31 790	3 417	62	32 847	31 729
#北海	4 543	4 520	28	19	4 515	4 501
钦州	8 377	7 287	329	1	8 048	7 286
防城	23 344	19 983	3 059	42	20 285	19 941
海口	454	150	250	20	204	130
洋浦	1 120	–	1 110	–	11	–
八所	4 138	–	4 138	–	–	–
内河合计	**426 841**	**75 375**	**119 397**	**178**	**307 443**	**75 197**

5-12 （续表二）

单位：千吨

港口	总计	外贸	出港	外贸	进港	外贸
哈尔滨	-	-	-	-	-	-
佳木斯	-	-	-	-	-	-
上 海	178	-	82	-	96	-
南 京	38 581	3 018	9 651	-	28 929	3 018
镇 江	42 756	7 826	21 179	1	21 577	7 825
苏 州	114 413	35 718	30 924	-	83 489	35 718
＃常 熟	427	-	213	-	213	-
太 仓	49 175	24 266	24 386	-	24 789	24 266
张家港	64 812	11 452	6 325	-	58 487	11 452
南 通	58 737	19 370	29 208	-	29 529	19 370
常 州	16 405	1 792	7 022	16	9 383	1 776
江 阴	21 535	2 821	5 969	…	15 566	2 821
扬 州	3 203	1 086	1 069	-	2 134	1 086
泰 州	10 211	524	3 788	99	6 423	425
徐 州	847	-	1	-	846	-
连云港	4 241	-	-	-	4 241	-
无 锡	148	-	-	-	148	-
宿 迁	167	-	-	-	167	-
淮 安	4 777	-	-	-	4 777	-
扬州内河	1 120	-	70	-	1 050	-
镇江内河	29	-	-	-	29	-
杭 州	1 508	-	71	-	1 436	-
嘉兴内河	386	-	352	-	34	-
湖 州	42	-	7	-	35	-
合 肥	2 129	-	481	-	1 648	-
亳 州	-	-	-	-	-	-
阜 阳	-	-	-	-	-	-
淮 南	-	-	-	-	-	-
滁 州	4	-	4	-	…	-
马鞍山	23 805	6	1 370	-	22 435	6
芜 湖	8 601	-	947	-	7 655	-
铜 陵	3 750	-	1 920	-	1 830	-
池 州	1 034	-	488	-	546	-
安 庆	1 433	-	500	-	933	-

5-12 （续表三）

单位：千吨

港口	总计	外贸	出港	外贸	进港	外贸
南　昌	265	–	1	–	264	–
九　江	10 888	–	346	–	10 542	–
武　汉	23 480	–	183	–	23 297	–
黄　石	7 061	3 086	1 424	1	5 637	3 085
荆　州	25	–	6	–	19	–
宜　昌	29	6	17	…	12	6
长　沙	154	74	81	61	73	14
湘　潭	3 335	–	–	–	3 335	–
株　洲	–	–	–	–	–	–
岳　阳	6 357	–	377	–	5 979	–
番　禺	8	–	–	–	8	–
新　塘	9	–	–	–	9	–
五　和	–	–	–	–	–	–
中　山	–	–	–	–	–	–
佛　山	103	10	36	…	67	10
江　门	…	–	…	–	–	–
虎　门	2	–	…	–	2	–
肇　庆	126	7	61	–	65	7
惠　州	–	–	–	–	–	–
南　宁	56	–	55	–	1	–
柳　州	2	–	2	–	–	–
贵　港	835	…	68	–	767	…
梧　州	82	–	82	–	–	–
来　宾	278	–	278	–	–	–
重　庆	13 193	–	1 007	–	12 186	–
#原重庆	2 027	–	168	–	1 860	–
涪　陵	95	–	43	–	52	–
万　州	2 133	–	–	–	2 133	–
重庆航管处	3 063	–	794	–	2 269	–
泸　州	184	31	14	–	171	31
宜　宾	72	–	–	–	72	–
乐　山	256	–	256	–	–	–
南　充	–	–	–	–	–	–
广　安	–	–	–	–	–	–
达　州	–	–	–	–	–	–

5-13 规模以上港口钢铁吞吐量

单位：千吨

港 口	总计	外贸	出港	外贸	进港	外贸
总　计	452 409	71 502	265 465	53 545	186 944	17 957
沿海合计	258 475	53 328	160 709	42 194	97 766	11 134
丹　东	6 551	820	5 491	593	1 060	228
大　连	13 212	2 310	10 705	1 624	2 507	686
营　口	21 611	5 557	20 754	5 540	857	18
锦　州	4 222	118	4 173	118	49	-
秦皇岛	5 609	638	5 402	462	207	175
黄　骅	226	-	222	-	4	-
唐　山	40 074	3 291	39 926	3 270	148	21
#京 唐	17 360	2 144	17 334	2 127	27	17
曹妃甸	22 714	1 146	22 593	1 142	121	4
天　津	29 955	17 991	27 413	16 572	2 542	1 418
烟　台	1 853	843	622	446	1 230	397
#龙 口	247	17	33	16	214	2
威　海	48	36	11	6	37	29
青　岛	5 248	2 252	4 534	2 012	714	240
日　照	5 925	1 994	5 888	1 966	37	28
#石 臼	2 046	1 630	2 014	1 602	32	28
岚 山	3 879	363	3 874	363	5	-
上　海	42 123	7 772	15 391	5 755	26 732	2 017
连云港	3 817	2 387	3 437	2 376	381	11
嘉　兴	2 080	42	58	-	2 022	42
宁波－舟山	12 310	1 078	1 751	265	10 558	813
#宁 波	10 781	991	1 300	265	9 481	725
舟 山	1 528	88	451	-	1 077	88
台　州	2 975	4	404	-	2 570	4
温　州	1 975	-	77	-	1 898	-
福　州	6 192	237	2 847	1	3 345	235
#原福州	4 693	174	1 663	1	3 030	173
宁 德	1 499	62	1 185	-	315	62
莆　田	607	-	188	-	420	-
泉　州	3 225	5	13	-	3 212	5
厦　门	2 426	351	259	35	2 166	317

5-13 （续表一）

单位：千吨

港口	总计		出港		进港	
		外贸		外贸		外贸
#原厦门	2 422	351	259	35	2 163	317
漳　州	3	–	–	–	3	–
汕　头	663	63	141	56	522	7
汕　尾	–	–	–	–	–	–
惠　州	850	44	33	8	817	36
深　圳	3 267	805	736	8	2 530	797
#蛇　口	699	233	110	8	589	226
赤　湾	126	2	57	…	70	2
妈　湾	2 357	570	538	–	1 819	570
东角头	–	–	–	–	–	–
盐　田	–	–	–	–	–	–
下　洞	–	–	–	–	–	–
虎　门	1 574	649	276	38	1 298	611
#太　平	35	35	–	–	35	35
麻　涌	245	34	25	–	220	34
沙　田	1 293	580	251	38	1 042	542
广　州	28 728	3 047	7 006	826	21 722	2 221
中　山	760	145	142	41	618	105
珠　海	584	16	180	1	404	16
江　门	929	132	189	38	740	94
阳　江	223	60	61	–	162	60
茂　名	76	–	–	–	76	–
湛　江	439	22	53	22	386	–
#原湛江	438	22	53	22	385	–
海　安	1	–	–	–	1	–
北部湾港	3 615	303	1 957	110	1 658	193
#北　海	355	24	291	…	63	24
钦　州	1 119	…	197	–	922	…
防　城	2 141	278	1 469	110	673	169
海　口	4 397	316	368	5	4 029	311
洋　浦	93	…	…	–	93	…
八　所	16	–	–	–	16	–
内河合计	**193 934**	**18 175**	**104 756**	**11 351**	**89 178**	**6 823**

5-13 （续表二）

单位：千吨

港 口	总计	外贸	出港	外贸	进港	外贸
哈尔滨	-	-	-	-	-	-
佳木斯	-	-	-	-	-	-
上 海	9 932	-	3 234	-	6 698	-
南 京	12 400	481	9 082	157	3 319	323
镇 江	859	11	159	4	699	7
苏 州	51 246	12 838	41 706	8 657	9 541	4 181
＃常 熟	4 567	1 693	1 839	1 611	2 728	82
太 仓	1 054	671	116	2	938	669
张家港	45 625	10 474	39 751	7 043	5 874	3 431
南 通	1 261	407	285	175	976	232
常 州	663	217	330	153	333	64
江 阴	15 476	2 133	6 406	1 309	9 070	824
扬 州	1 941	47	607	…	1 334	47
泰 州	4 601	789	2 558	377	2 043	412
徐 州	2 079	-	2 056	-	23	-
连云港	3 175	-	2 689	-	486	-
无 锡	17 842	-	882	-	16 960	-
宿 迁	747	-	447	-	301	-
淮 安	2 749	-	2 249	-	500	-
扬州内河	596	-	150	-	446	-
镇江内河	87	-	2	-	86	-
杭 州	16 820	-	783	-	16 036	-
嘉兴内河	4 230	-	1 707	-	2 523	-
湖 州	2 051	-	619	-	1 432	-
合 肥	984	…	47	-	937	…
亳 州	8	-	8	-	-	-
阜 阳	…	-	…	-	-	-
淮 南	1	-	1	-	1	-
滁 州	8	-	5	-	3	-
马鞍山	4 796	175	4 042	143	754	32
芜 湖	2 447	118	1 789	-	658	118
铜 陵	673	-	644	-	29	-
池 州	253	-	68	-	185	-
安 庆	106	2	41	2	65	…

5-13 （续表三）

单位：千吨

港口	总计	外贸	出港	外贸	进港	外贸
南　昌	2 979	25	1 290	25	1 689	–
九　江	4 090	–	4 017	–	73	–
武　汉	7 043	–	4 457	–	2 586	–
黄　石	1 100	48	814	47	286	…
荆　州	109	–	40	–	69	–
宜　昌	149	8	104	8	45	…
长　沙	384	35	20	20	364	15
湘　潭	2 589	–	2 579	–	10	–
株　洲	–	–	–	–	–	–
岳　阳	894	–	386	–	509	–
番　禺	166	–	19	–	147	–
新　塘	2	2	–	–	2	2
五　和	12	–	–	–	12	–
中　山	198	44	22	4	176	40
佛　山	3 160	771	1 041	262	2 119	509
江　门	2 001	17	696	…	1 305	17
虎　门	57	…	4	–	53	…
肇　庆	141	2	128	1	13	1
惠　州	12	–	–	–	12	–
南　宁	123	–	22	–	100	–
柳　州	1 202	–	1 200	–	3	–
贵　港	261	1	186	1	75	–
梧　州	203	–	193	–	10	–
来　宾	3 844	–	3 844	–	–	–
重　庆	4 869	–	878	–	3 991	–
#原重庆	1 699	–	273	–	1 426	–
涪　陵	80	–	18	–	62	–
万　州	395	–	5	–	390	–
重庆航管处	2 023	–	69	–	1 954	–
泸　州	92	4	7	4	85	…
宜　宾	203	–	203	–	–	–
乐　山	–	–	–	–	–	–
南　充	–	–	–	–	–	–
广　安	…	–	…	–	…	–
达　州	19	–	10	–	9	–

5-14 规模以上港口矿建材料吞吐量

单位：千吨

港口	总计	外贸	出港	外贸	进港	外贸
总　计	1 631 415	32 082	668 318	26 904	963 097	5 177
沿海合计	529 351	27 102	199 483	22 215	329 868	4 887
丹　东	44 436	-	811	-	43 625	-
大　连	4 528	29	2 731	29	1 797	-
营　口	19 148	625	4 088	620	15 060	5
锦　州	132	-	99	-	34	-
秦皇岛	1 722	…	1 722	…	-	-
黄　骅	2 073	-	-	-	2 073	-
唐　山	17 172	2 218	17 068	2 218	104	-
#京　唐	9 262	1 867	9 218	1 867	44	-
曹妃甸	7 910	350	7 850	350	60	-
天　津	42 624	1 712	1 553	986	41 071	725
烟　台	1 575	333	1 017	330	558	2
#龙　口	476	16	288	16	188	-
威　海	607	-	30	-	577	-
青　岛	9 845	17	12	12	9 833	5
日　照	11 696	515	5 205	515	6 491	…
#石　臼	6 735	60	4 414	59	2 321	…
岚　山	4 961	455	790	455	4 171	-
上　海	8 205	75	269	75	7 937	-
连云港	569	-	5	-	564	-
嘉　兴	2 206	-	732	-	1 474	-
宁波-舟山	104 026	-	71 248	-	32 778	-
#宁　波	19 936	-	5 080	-	14 856	-
舟　山	84 089	-	66 168	-	17 921	-
台　州	16 545	-	2 427	-	14 118	-
温　州	20 574	-	3 120	-	17 454	-
福　州	11 279	2 508	7 315	2 508	3 964	-
#原福州	4 645	1 038	2 239	1 038	2 406	-
宁　德	6 634	1 470	5 076	1 470	1 558	-
莆　田	10 548	-	6	-	10 542	-
泉　州	31 180	2 102	1 234	279	29 947	1 823
厦　门	41 932	14 905	29 929	12 913	12 002	1 992

5-14 （续表一）

单位：千吨

港 口	总计	外贸	出港	外贸	进港	外贸
#原厦门	31 127	14 905	19 139	12 913	11 988	1 992
漳 州	10 805	–	10 790	–	15	–
汕 头	15 657	20	74	10	15 582	10
汕 尾	296	–	–	–	296	–
惠 州	673	649	649	649	24	–
深 圳	1 431	–	409	–	1 022	–
#蛇 口	–	–	–	–	–	–
赤 湾	–	–	–	–	–	–
妈 湾	–	–	–	–	–	–
东角头	614	–	404	–	210	–
盐 田	–	–	–	–	–	–
下 洞	–	–	–	–	–	–
虎 门	6 249	61	2 032	54	4 217	7
#太 平	199	–	–	–	199	–
麻 涌	474	–	–	–	474	–
沙 田	5 576	61	2 032	54	3 544	7
广 州	16 031	456	3 687	425	12 344	31
中 山	19 442	5	7 750	4	11 692	1
珠 海	37 517	539	19 153	489	18 364	50
江 门	11 581	6	10 943	5	638	1
阳 江	203	–	148	–	54	–
茂 名	2 133	–	1 602	–	531	–
湛 江	6 597	–	634	–	5 963	–
#原湛江	818	–	346	–	472	–
海 安	4 558	–	–	–	4 558	–
北部湾港	4 896	253	775	45	4 121	208
#北 海	422	…	19	…	402	–
钦 州	1 257	…	158	…	1 099	–
防 城	3 218	253	598	45	2 620	208
海 口	3 686	52	1 006	47	2 679	5
洋 浦	149	23	–	–	149	23
八 所	188	–	–	–	188	–
内河合计	1 102 064	4 980	468 835	4 690	633 229	290

5-14 （续表二）

单位：千吨

港口	总计	外贸	出港	外贸	进港	外贸
哈尔滨	532	-	-	-	532	-
佳木斯	691	-	-	-	691	-
上　海	57 439	-	4 510	-	52 929	-
南　京	12 389	67	1 207	67	11 183	-
镇　江	15 380	-	5 852	-	9 527	-
苏　州	43 614	3	17 806	3	25 808	-
#常　熟	29 508	3	14 550	3	14 958	-
太　仓	91	-	4	-	87	-
张家港	14 015	-	3 253	-	10 762	-
南　通	33 878	-	11 294	-	22 584	-
常　州	420	-	14	-	406	-
江　阴	8 084	36	901	23	7 182	13
扬　州	7 072	-	248	-	6 824	-
泰　州	28 606	40	8 232	2	20 374	38
徐　州	52 571	-	377	-	52 194	-
连云港	4 093	-	-	-	4 093	-
无　锡	26 178	-	774	-	25 403	-
宿　迁	14 722	-	5 683	-	9 039	-
淮　安	36 618	-	4 748	-	31 871	-
扬州内河	16 340	-	81	-	16 259	-
镇江内河	5 954	-	2 390	-	3 564	-
杭　州	52 858	-	30 443	-	22 415	-
嘉兴内河	71 176	-	16 399	-	54 777	-
湖　州	120 600	-	111 668	-	8 932	-
合　肥	6 597	…	485	…	6 112	…
亳　州	8 954	-	2	-	8 951	-
阜　阳	8 264	-	112	-	8 151	-
淮　南	6 065	-	2 965	-	3 100	-
滁　州	20 572	-	18 765	-	1 807	-
马鞍山	27 611	-	13 952	-	13 659	-
芜　湖	15 806	-	5 868	-	9 938	-
铜　陵	9 327	52	8 672	52	655	-
池　州	9 025	-	8 663	-	362	-
安　庆	6 457	11	5 907	6	551	6

5-14 （续表三）

单位：千吨

港口	总计	外贸	出港	外贸	进港	外贸
南 昌	6 177	32	2 882	32	3 295	…
九 江	16 578	–	15 732	–	846	–
武 汉	15 068	–	4 769	–	10 299	–
黄 石	4 778	…	3 923	…	856	…
荆 州	2 844	–	–	–	2 844	–
宜 昌	1 057	38	677	37	380	1
长 沙	32 524	58	40	40	32 483	17
湘 潭	3 543	–	–	–	3 543	–
株 洲	5 424	–	–	–	5 424	–
岳 阳	79 790	–	62 591	–	17 200	–
番 禺	1 193	–	2	–	1 190	–
新 塘	29	–	–	–	29	–
五 和	989	–	–	–	989	–
中 山	25 742	2	6 347	1	19 396	1
佛 山	11 144	4 273	6 126	4 119	5 017	154
江 门	12 860	70	2 867	70	9 993	–
虎 门	274	–	42	–	231	–
肇 庆	5 827	280	3 225	230	2 602	49
惠 州	26 443	–	26 332	–	111	–
南 宁	5 966	–	544	–	5 422	–
柳 州	618	–	609	–	9	–
贵 港	16 672	…	5 339	…	11 333	–
梧 州	19 910	–	19 690	–	220	–
来 宾	1 414	–	1 414	–	–	–
重 庆	41 278	–	10 302	–	30 976	–
#原重庆	2 911	–	1 815	–	1 097	–
涪 陵	1 089	–	571	–	518	–
万 州	2 644	–	486	–	2 158	–
重庆航管处	23 168	–	6 288	–	16 880	–
泸 州	18 353	19	1 319	7	17 034	11
宜 宾	3 816	–	2 285	–	1 531	–
乐 山	1 842	–	1 832	–	10	–
南 充	4 905	–	680	–	4 226	–
广 安	5 234	–	304	–	4 929	–
达 州	1 879	–	942	–	937	–

5-15　规模以上港口水泥吞吐量

单位：千吨

港口	总计	外贸	出港	外贸	进港	外贸
总　计	286 225	13 452	190 277	12 707	95 948	745
沿海合计	55 126	6 700	15 712	5 957	39 413	742
丹　东	612	1	1	1	611	-
大　连	538	15	479	15	60	-
营　口	751	7	70	7	681	-
锦　州	91	-	15	-	75	-
秦皇岛	2 597	-	2 597	-	-	-
黄　骅	-	-	-	-	-	-
唐　山	387	108	289	108	98	-
#京　唐	139	-	87	-	52	-
曹妃甸	247	108	202	108	45	-
天　津	292	26	30	23	263	2
烟　台	3 642	3 100	3 105	3 100	538	-
#龙　口	2 627	2 597	2 597	2 597	30	-
威　海	-	-	-	-	-	-
青　岛	348	235	42	24	306	211
日　照	2 792	312	2 742	312	51	-
#石　臼	2 670	194	2 619	194	51	-
岚　山	122	118	122	118	-	-
上　海	1 556	13	13	13	1 542	-
连云港	442	442	442	442	-	-
嘉　兴	-	-	-	-	-	-
宁波－舟山	9 359	140	1 684	140	7 675	-
#宁　波	8 033	-	1 515	-	6 518	-
舟　山	1 326	140	169	140	1 158	-
台　州	3 229	-	-	-	3 229	-
温　州	3 457	-	1	-	3 457	-
福　州	9 261	15	-	-	9 261	15
#原福州	7 596	15	-	-	7 596	15
宁　德	1 666	-	-	-	1 666	-
莆　田	1 405	-	-	-	1 405	-
泉　州	940	-	-	-	940	-
厦　门	512	-	9	-	503	-

5-15 （续表一）

单位：千吨

港 口	总计	外贸	出港	外贸	进港	外贸
#原厦门	512	–	9	–	503	–
漳 州	–	–	–	–	–	–
汕 头	1 576	–	–	–	1 576	–
汕 尾	–	–	–	–	–	–
惠 州	158	–	–	–	158	–
深 圳	1 377	173	15	–	1 361	173
#蛇 口	–	–	–	–	–	–
赤 湾	–	–	–	–	–	–
妈 湾	1 280	173	15	–	1 264	173
东角头	23	–	–	–	23	–
盐 田	–	–	–	–	–	–
下 洞	–	–	–	–	–	–
虎 门	1 238	404	1 170	404	69	–
#太 平	–	–	–	–	–	–
麻 涌	227	33	227	33	–	–
沙 田	1 011	371	942	371	69	–
广 州	261	9	88	7	173	1
中 山	2 659	1	71	…	2 589	1
珠 海	1 472	38	80	–	1 391	38
江 门	848	…	588	…	260	–
阳 江	21	18	–	–	21	18
茂 名	18	18	–	–	18	18
湛 江	236	–	236	–	–	–
#原湛江	–	–	–	–	–	–
海 安	236	–	236	–	–	–
北部湾港	2 083	1 499	1 881	1 358	201	141
#北 海	63	–	2	–	61	–
钦 州	377	–	377	–	–	–
防 城	1 642	1 499	1 502	1 358	141	141
海 口	712	…	23	–	688	…
洋 浦	207	117	–	–	207	117
八 所	48	7	41	–	7	7
内河合计	231 100	6 752	174 565	6 750	56 535	2

5-15 （续表二）

单位：千吨

港口	总计	外贸	出港	外贸	进港	外贸
哈尔滨	-	-	-	-	-	-
佳木斯	-	-	-	-	-	-
上　海	8 521	-	340	-	8 181	-
南　京	1 013	427	988	427	25	-
镇　江	3 608	352	3 456	352	152	-
苏　州	3 870	2 038	2 374	2 038	1 497	-
#常　熟	-	-	-	-	-	-
太　仓	18	9	9	9	9	-
张家港	3 852	2 029	2 364	2 029	1 488	-
南　通	9 484	3 043	3 043	3 043	6 441	-
常　州	-	-	-	-	-	-
江　阴	3 215	-	615	-	2 600	-
扬　州	2 592	-	2 587	-	5	-
泰　州	633	595	605	595	28	-
徐　州	928	-	928	-	-	-
连云港	659	-	-	-	659	-
无　锡	12 127	-	5 719	-	6 408	-
宿　迁	367	-	40	-	326	-
淮　安	1 022	-	208	-	814	-
扬州内河	2 353	-	-	-	2 353	-
镇江内河	28	-	28	-	-	-
杭　州	3 618	-	996	-	2 622	-
嘉兴内河	11 439	-	5 176	-	6 263	-
湖　州	15 020	-	13 548	-	1 472	-
合　肥	5 006	-	4 715	-	291	-
亳　州	-	-	-	-	-	-
阜　阳	343	-	1	-	342	-
淮　南	1 877	-	7	-	1 870	-
滁　州	9	-	3	-	6	-
马鞍山	3 790	-	3 632	-	158	-
芜　湖	26 694	-	26 519	-	175	-
铜　陵	23 461	-	23 393	-	68	-
池　州	14 190	-	13 984	-	206	-
安　庆	12 822	62	12 388	62	434	-

5-15 （续表三）

单位：千吨

港口	总计	外贸	出港	外贸	进港	外贸
南昌	2 413	–	11	–	2 402	–
九江	10 109	–	9 685	–	424	–
武汉	1 244	–	380	–	865	–
黄石	2 888	–	2 888	–	–	–
荆州	12	–	1	–	10	–
宜昌	5	–	5	–	–	–
长沙	51	2	–	–	51	2
湘潭	–	–	–	–	–	–
株洲	–	–	–	–	–	–
岳阳	344	–	138	–	206	–
番禺	71	–	–	–	71	–
新塘	12	–	–	–	12	–
五和	1 417	233	1 407	233	10	–
中山	2 542	–	34	–	2 508	–
佛山	1 387	1	575	1	812	–
江门	1 005	–	17	–	988	–
虎门	6	–	6	–	…	–
肇庆	8 018	–	8 018	–	…	–
惠州	1 529	–	2	–	1 527	–
南宁	2 226	–	2 210	–	16	–
柳州	15	–	15	–	–	–
贵港	17 542	…	17 331	…	211	–
梧州	831	–	719	–	112	–
来宾	459	–	459	–	–	–
重庆	6 933	–	4 786	–	2 147	–
#原重庆	51	–	46	–	5	–
涪陵	11	–	2	–	9	–
万州	438	–	23	–	415	–
重庆航管处	1 722	–	644	–	1 078	–
泸州	188	–	17	–	171	–
宜宾	30	–	–	–	30	–
乐山	–	–	–	–	–	–
南充	9	–	5	–	4	–
广安	…	–	…	–	…	–
达州	1 121	–	562	–	559	–

5-16　规模以上港口木材吞吐量

单位：千吨

港口	总计	外贸	出港	外贸	进港	外贸
总　计	71 552	58 015	10 503	3 340	61 049	54 675
沿海合计	51 107	44 030	6 416	2 919	44 691	41 111
丹　东	453	453	–	–	453	453
大　连	330	55	261	–	69	55
营　口	7	–	4	–	3	–
锦　州	–	–	–	–	–	–
秦皇岛						
黄　骅	–	–	–	–	–	–
唐　山	171	171	33	33	138	138
#京　唐	171	171	33	33	138	138
曹妃甸	–	–	–	–	–	–
天　津	2 535	2 193	299	277	2 236	1 916
烟　台	3 762	3 679	–	–	3 762	3 679
#龙　口	2 899	2 816	–	–	2 899	2 816
威　海	13	–	–	–	13	–
青　岛	750	732	31	13	719	719
日　照	16 444	16 044	–	–	16 444	16 044
#石　臼	11 356	10 956	–	–	11 356	10 956
岚　山	5 088	5 088	–	–	5 088	5 088
上　海	1 966	1 802	79	6	1 887	1 796
连云港	3 329	3 329	2 192	2 192	1 137	1 137
嘉　兴	6	–	–	–	6	–
宁波-舟山	255	130	6	–	249	130
#宁　波	254	130	6	–	248	130
舟　山	1	–	–	–	1	–
台　州	15	–	–	–	15	–
温　州	37	4	–	–	37	4
福　州	65	…	38	…	27	…
#原福州	57	…	38	…	19	…
宁　德	8				8	
莆　田	467	453	8	–	458	453
泉　州	1 286	1 224	–	–	1 286	1 224
厦　门	2 763	2 711	6	6	2 757	2 705

5-16 （续表一）

单位：千吨

港口	总计	外贸	出港	外贸	进港	外贸
#原厦门	2 763	2 711	6	6	2 757	2 705
漳　州	–	–	–	–	–	–
汕　头	107	48	41	33	66	15
汕　尾	99	–	99	–	–	–
惠　州	27	27	–	–	27	27
深　圳	300	292	8	–	292	292
#蛇　口	–	–	–	–	–	–
赤　湾	–	–	–	–	–	–
妈　湾	300	292	8	–	292	292
东角头	–	–	–	–	–	–
盐　田	–	–	–	–	–	–
下　洞	–	–	–	–	–	–
虎　门	942	306	217	3	725	303
#太　平	3	3	1	1	2	2
麻　涌	11	1	–	–	11	1
沙　田	928	302	216	2	711	300
广　州	2 855	1 218	821	90	2 034	1 128
中　山	190	103	19	7	171	96
珠　海	5	–	…	–	4	–
江　门	21	4	11	1	10	4
阳　江	7	7	–	–	7	7
茂　名	41	1	39	–	1	1
湛　江	1 613	1 452	173	27	1 440	1 425
#原湛江	1 476	1 452	46	27	1 430	1 425
海　安	52	–	41	–	11	–
北部湾港	4 324	2 791	1 551	225	2 772	2 565
#北　海	34	…	21	…	13	–
钦　州	1 435	135	1 162	2	274	133
防　城	2 855	2 656	368	223	2 486	2 432
海　口	773	7	455	6	318	1
洋　浦	5 148	4 793	23	–	5 125	4 793
八　所	–	–	–	–	–	–
内河合计	**20 446**	**13 985**	**4 088**	**421**	**16 358**	**13 564**

5-16 （续表二）

单位：千吨

港 口	总计	外贸	出港	外贸	进港	外贸
哈尔滨	-	-	-	-	-	-
佳木斯	23	-	-	-	23	-
上 海	3	-	1	-	2	-
南 京	-	-	-	-	-	-
镇 江	111	111	-	-	111	111
苏 州	12 458	10 628	1 813	16	10 645	10 612
#常 熟	3 102	2 681	421	-	2 681	2 681
太 仓	5 146	4 996	157	12	4 989	4 984
张家港	4 209	2 951	1 235	4	2 975	2 947
南 通	52	52	1	-	52	52
常 州	-	-	-	-	-	-
江 阴	24	5	12	1	12	4
扬 州	1 352	922	425	-	927	922
泰 州	1 420	965	454	-	966	965
徐 州	-	-	-	-	-	-
连云港	-	-	-	-	-	-
无 锡	-	-	-	-	-	-
宿 迁	3	-	3	-	-	-
淮 安	33	-	11	-	22	-
扬州内河	276	-	-	-	276	-
镇江内河	-	-	-	-	-	-
杭 州	14	-	-	-	14	-
嘉兴内河	126	-	1	-	126	-
湖 州	914	-	11	-	903	-
合 肥	5	-	-	-	5	-
亳 州	-	-	-	-	-	-
阜 阳	3	-	-	-	3	-
淮 南	-	-	-	-	-	-
滁 州	-	-	-	-	-	-
马鞍山	…		…			
芜 湖	4	-	3	-	1	-
铜 陵	-	-	-	-	-	-
池 州	3	-	2	-	1	-
安 庆	9	4	5	3	4	…

5-16 （续表三）

单位：千吨

港 口	总计	外贸	出港	外贸	进港	外贸
南 昌	324	–	74	–	251	–
九 江	1	–	–	–	1	–
武 汉	20	–	…	–	19	–
黄 石	…	–	…	–	…	–
荆 州	19	–	19	–	…	–
宜 昌	11	…	6	…	5	–
长 沙	22	9	9	9	13	…
湘 潭	–	–	–	–	–	–
株 洲	–	–	–	–	–	–
岳 阳	130	–	3	–	127	–
番 禺	–	–	–	–	–	–
新 塘	–	–	–	–	–	–
五 和	–	–	–	–	–	–
中 山	221	21	4	4	217	17
佛 山	988	938	94	88	894	850
江 门	23	7	14	1	9	6
虎 门	131	–	45	–	86	–
肇 庆	72	2	71	2	1	…
惠 州	–	–	–	–	–	–
南 宁	315	–	315	–	–	–
柳 州	16	–	12	–	4	–
贵 港	322	111	261	110	61	…
梧 州	314	185	313	185	1	–
来 宾	68	–	68	–	–	–
重 庆	544	–	24	–	520	–
#原重庆	2	–	–	–	2	–
涪 陵	–	–	–	–	–	–
万 州	–	–	–	–	–	–
重庆航管处	517	–	–	–	517	–
泸 州	55	25	5	2	50	24
宜 宾	–	–	–	–	–	–
乐 山	17	–	8	–	8	–
南 充	–	–	–	–	–	–
广 安	–	–	–	–	–	–
达 州	–	–	–	–	–	–

5-17 规模以上港口非金属矿石吞吐量

单位：千吨

港　口	总计	外贸	出港	外贸	进港	外贸
总　计	234 226	62 739	111 450	11 537	122 776	51 203
沿海合计	116 966	56 339	41 773	9 553	75 194	46 786
丹　东	554	448	476	430	78	17
大　连	596	189	284	160	312	29
营　口	3 725	2 465	3 510	2 353	215	112
锦　州	338	194	239	194	99	-
秦皇岛	362	4	9	4	353	
黄　骅	55	-	-	-	55	-
唐　山	1 444	516		-	1 444	516
#京　唐	162	-			162	-
曹妃甸	1 282	516	-	-	1 282	516
天　津	2 524	2 005	1 587	1 456	937	548
烟　台	52 733	39 451	12 748	144	39 985	39 308
#龙　口	26 703	21 671	4 555	109	22 148	21 562
威　海	3 647	1 830	1 818	-	1 830	1 830
青　岛	640	434	80	15	560	419
日　照	3 951	2 396	1 594	498	2 357	1 898
#石　臼	2 944	2 249	769	493	2 175	1 756
岚　山	1 007	147	825	5	182	142
上　海	4 745	107	452	55	4 293	52
连云港	1 562	1 529	171	162	1 391	1 367
嘉　兴	250	-	-	-	250	-
宁波－舟山	4 665	14	113	14	4 552	-
#宁　波	4 665	14	113	14	4 552	-
舟　山	-	-	-	-	-	-
台　州	211	-	-	-	211	-
温　州	168	12	50	12	118	-
福　州	3 226	136	420	136	2 806	-
#原福州	2 990	130	295	130	2 694	
宁　德	236	6	125	6	112	
莆　田	139	14	28	14	112	-
泉　州	870	54	-	-	870	54
厦　门	5 202	267	4 375	267	827	-

5-17 （续表一）

单位：千吨

港口	总计	外贸	出港	外贸	进港	外贸
#原厦门	537	257	267	257	270	–
漳　州	4 665	10	4 108	10	557	–
汕　头	624	183	278	126	346	57
汕　尾	465	–	465	–	–	–
惠　州	–	–	–	–	–	–
深　圳	69	…	56	–	13	…
#蛇　口	–	–	–	–	–	–
赤　湾	–	–	–	–	–	–
妈　湾	69	…	56	–	13	…
东角头	–	–	–	–	–	–
盐　田	–	–	–	–	–	–
下　洞	–	–	–	–	–	–
虎　门	2 905	50	1 285	9	1 620	41
#太　平	62	–	–	–	62	–
麻　涌	–	–	–	–	–	–
沙　田	2 842	50	1 285	9	1 558	41
广　州	1 913	746	1 144	712	770	34
中　山	280	14	235	1	45	13
珠　海	3 786	–	315	–	3 471	–
江　门	4 090	57	894	17	3 196	40
阳　江	1	–	–	–	1	–
茂　名	28	–	28	–	–	–
湛　江	2 585	840	1 858	748	727	92
#原湛江	2 026	840	1 858	748	168	92
海　安	560	–	–	–	560	–
北部湾港	6 191	2 034	6 073	2 021	118	13
#北　海	3 550	491	3 545	486	5	5
钦　州	1 073	24	976	18	98	5
防　城	1 568	1 519	1 553	1 517	15	3
海　口	1 743	5	1 029	4	715	1
洋　浦	456	345	–	–	456	345
八　所	224	–	162	–	62	–
内河合计	**117 259**	**6 400**	**69 677**	**1 984**	**47 582**	**4 416**

5-17 （续表二）

单位：千吨

港口	总计	外贸	出港	外贸	进港	外贸
哈尔滨	-	-	-	-	-	-
佳木斯	-	-	-	-	-	-
上 海	19	-	-	-	19	-
南 京	3 621	27	1 139	27	2 483	-
镇 江	10 681	2 667	7 014	1 172	3 668	1 495
苏 州	1 366	279	319	120	1 047	159
#常 熟	649	151	22	-	627	151
太 仓	665	100	268	93	397	8
张家港	51	28	28	28	23	-
南 通	6 655	3 020	3 365	309	3 290	2 712
常 州	323	-	156	-	167	-
江 阴	191	-	-	-	191	-
扬 州	89	-	44	-	45	-
泰 州	418	11	3	1	414	11
徐 州	2 095	-	1 803	-	292	-
连云港	-	-	-	-	-	-
无 锡	-	-	-	-	-	-
宿 迁	80	-	-	-	80	-
淮 安	2 982	-	-	-	2 982	-
扬州内河	-	-	-	-	-	-
镇江内河	470	-	451	-	20	-
杭 州	4 509	-	2 403	-	2 106	-
嘉兴内河	2 418	-	110	-	2 307	-
湖 州	1 901	-	551	-	1 350	-
合 肥	1 541	-	749	-	792	-
亳 州	-	-	-	-	-	-
阜 阳	16	-	2	-	14	-
淮 南	26	-	26	-	-	-
滁 州	4 401	-	4 396	-	5	-
马鞍山	4 970	-	178	-	4 792	-
芜 湖	16 975	-	14 610	-	2 365	-
铜 陵	6 437	14	4 989	14	1 449	-
池 州	9 990	192	9 679	192	311	-
安 庆	495	2	69	…	426	2

5-17 （续表三）

单位：千吨

港口	总计	外贸	出港	外贸	进港	外贸
南昌	2 155	17	171	17	1 983	–
九江	1 842	–	1 290	–	552	–
武汉	4 888	–	105	–	4 783	–
黄石	319	2	59	…	260	2
荆州	265	–	178	–	87	–
宜昌	1 054	26	794	18	260	8
长沙	145	39	34	34	112	5
湘潭	607	–	554	–	54	–
株洲	–	–	–	–	–	–
岳阳	379	–	152	–	227	–
番禺	1	–	–	–	1	–
新塘	843	–	–	–	843	–
五和	2	–	2	–	–	–
中山	176	…	–	–	176	…
佛山	110	93	73	71	37	22
江门	722	–	84	–	638	–
虎门	87	–	22	–	65	–
肇庆	1 579	1	1 308	–	271	1
惠州	1 566	–	1 556	–	10	–
南宁	508	–	508	–	…	–
柳州	438	–	438	–	–	–
贵港	3 882	…	1 274	…	2 608	–
梧州	1 174	10	1 149	10	26	–
来宾	2 180	–	2 180	–	–	–
重庆	6 150	–	2 610	–	3 540	–
#原重庆	1 741	–	1 563	–	179	–
涪陵	1 244	–	94	–	1 151	–
万州	–	–	–	–	–	–
重庆航管处	1 863	–	953	–	911	–
泸州	305	…	121	…	184	…
宜宾	3 209	–	2 960	–	250	–
乐山	2	–	2	–	–	–
南充	–	–	–	–	–	–
广安	–	–	–	–	–	–
达州	–	–	–	–	–	–

5-18 规模以上港口化学肥料及农药吞吐量

单位：千吨

港口	总计	外贸	出港	外贸	进港	外贸
总　计	38 906	21 536	22 881	16 517	16 026	5 020
沿海合计	23 364	18 343	15 605	13 933	7 759	4 410
丹　东	-	-	-	-	-	-
大　连	823	70	162	70	661	-
营　口	1 842	1 127	937	937	905	190
锦　州	318	318	318	318	-	-
秦皇岛	883	878	711	706	172	172
黄　骅	-	-	-	-	-	-
唐　山	-	-	-	-	-	-
#京　唐	-	-	-	-	-	-
曹妃甸	-	-	-	-	-	-
天　津	150	135	93	87	57	48
烟　台	4 893	4 799	4 472	4 470	421	329
#龙　口	269	269	269	269	-	-
威　海	180	180	180	180	-	-
青　岛	1 478	1 459	888	885	590	574
日　照	70	70	70	70	-	-
#石臼	70	70	70	70	-	-
岚　山	-	-	-	-	-	-
上　海	23	-	1	-	22	-
连云港	799	649	426	357	374	292
嘉　兴	-	-	-	-	-	-
宁波－舟山	194	106	107	52	87	54
#宁波	86	52	53	52	33	-
舟　山	108	54	54	-	54	54
台　州	35	-	-	-	35	-
温　州	14	-	-	-	14	-
福　州	16	-	-	-	16	-
#原福州	10	-	-	-	10	-
宁　德	6	-	-	-	6	-
莆　田	-	-	-	-	-	-
泉　州	8	-	-	-	8	-
厦　门	330	290	173	171	157	119

5-18 （续表一）

单位：千吨

港　口	总计	外贸	出港	外贸	进港	外贸
#原厦门	330	290	173	171	157	119
漳　州	-	-	-	-	-	-
汕　头	2	-	2	-	-	-
汕　尾	-	-	-	-	-	-
惠　州	5	-	-	-	5	-
深　圳	866	688	275	97	592	592
#蛇　口	-	-	-	-	-	-
赤　湾	866	688	275	97	592	592
妈　湾	-	-	-	-	-	-
东角头	-	-	-	-	-	-
盐　田	-	-	-	-	-	-
下　洞	-	-	-	-	-	-
虎　门	883	666	197	22	686	644
#太　平	-	-	-	-	-	-
麻　涌	769	644	120	-	649	644
沙　田	114	22	78	22	37	-
广　州	151	73	51	38	100	35
中　山	10	…	…	…	9	…
珠　海	3	-	…	-	3	-
江　门	9	-	-	-	9	-
阳　江	-	-	-	-	-	-
茂　名	32	-	-	-	32	-
湛　江	2 071	1 946	1 081	1 033	990	913
#原湛江	2 069	1 946	1 081	1 033	988	913
海　安	2	-	-	-	2	-
北部湾港	5 045	4 479	4 106	4 048	939	431
#北　海	1 064	1 052	1 049	1 047	15	5
钦　州	747	326	350	326	397	…
防　城	3 234	3 101	2 707	2 674	527	426
海　口	1 128	19	271	…	857	19
洋　浦	-	-	-	-	-	-
八　所	1 105	390	1 085	390	20	-
内河合计	15 542	3 193	7 276	2 584	8 267	609

5-18 （续表二）

单位：千吨

港 口	总计	外贸	出港	外贸	进港	外贸
哈尔滨	-	-	-	-	-	-
佳木斯	-	-	-	-	-	-
上 海	24	-	7	-	17	-
南 京	3 037	880	1 545	532	1 493	348
镇 江	2 112	1 071	1 035	941	1 077	130
苏 州	955	453	502	453	453	-
#常 熟	-	-	-	-	-	-
太 仓	60	33	36	33	24	-
张家港	896	420	466	420	430	-
南 通	1 509	645	737	593	772	52
常 州	106	-	49	-	57	-
江 阴	70	6	42	3	28	2
扬 州	9	-	…	-	9	-
泰 州	121	62	34	11	87	51
徐 州	6	-	-	-	6	-
连云港	-	-	-	-	-	-
无 锡	2 186	-	260	-	1 926	-
宿 迁	23	-	5	-	18	-
淮 安	88	-	2	-	86	-
扬州内河	-	-	-	-	-	-
镇江内河	57	-	-	-	57	-
杭 州	2	-	-	-	2	-
嘉兴内河	46	-	24	-	22	-
湖 州	67	-	11	-	56	-
合 肥	50	-	2	-	48	-
亳 州	58	-	40	-	18	-
阜 阳	18	-	12	-	6	-
淮 南	6	-	-	-	6	-
滁 州	14	-	2	-	12	-
马鞍山	23	-	3	-	21	-
芜 湖	12	-	-	-	12	-
铜 陵	65	-	38	-	27	-
池 州	29	-	11	-	17	-
安 庆	182	-	167	-	15	-

5-18 （续表三）

单位：千吨

港 口	总计	外贸	出港	外贸	进港	外贸
南　昌	50	–	–	–	50	–
九　江	39	–	–	–	39	–
武　汉	196	–	97	–	99	–
黄　石	62	…	61	…	…	–
荆　州	171	–	161	–	10	–
宜　昌	181	27	179	27	2	–
长　沙	2	–	–	–	2	–
湘　潭	–	–	–	–	–	–
株　洲	–	–	–	–	–	–
岳　阳	399	–	303	–	96	–
番　禺	–	–	–	–	–	–
新　塘	26	–	–	–	26	–
五　和	10	–	10	–	–	–
中　山	17	–	1	–	16	–
佛　山	…	…	…	…	–	–
江　门	39	32	21	21	18	11
虎　门	52	–	11	–	41	–
肇　庆	61	…	52	…	9	…
惠　州	–	–	–	–	–	–
南　宁	58	–	–	–	58	–
柳　州	…	–	–	–	–	–
贵　港	89	15	41	1	48	14
梧　州	…	–	–	–	…	–
来　宾	–	–	–	–	–	–
重　庆	2 389	–	1 330	–	1 060	–
#原重庆	95	–	58	–	36	–
涪　陵	28	–	10	–	18	–
万　州	415	–	249	–	165	–
重庆航管处	1 089	–	1 011	–	78	–
泸　州	455	2	443	1	12	1
宜　宾	336	–	28	–	307	–
乐　山	2	–	2	–	–	–
南　充	21	–	1	–	19	–
广　安	4	–	3	–	1	–
达　州	11	–	6	–	6	–

5-19　规模以上港口盐吞吐量

单位：千吨

港　口	总计	外贸	出港	外贸	进港	外贸
总　计	16 212	8 127	4 040	412	12 172	7 715
沿海合计	9 055	6 884	580	280	8 474	6 604
丹　东	5	-	-	-	5	-
大　连	904	613	5	-	899	613
营　口	398	85	1	-	398	85
锦　州	933	868	-	-	933	868
秦皇岛	-	-	-	-	-	-
黄　骅	9	-	1	-	8	-
唐　山	1 601	1 515	-	-	1 601	1 515
#京　唐	2	-	-	-	2	-
曹妃甸	1 599	1 515	-	-	1 599	1 515
天　津	636	597	157	137	478	460
烟　台	392	361	105	105	288	257
#龙　口	106	106	88	88	18	18
威　海	-	-	-	-	-	-
青　岛	421	421	-	-	421	421
日　照	-	-	-	-	-	-
#石　臼	-	-	-	-	-	-
岚　山	-	-	-	-	-	-
上　海	1 005	840	…	…	1 005	840
连云港	514	247	217	36	298	211
嘉　兴	338	80	-	-	338	80
宁波－舟山	1 157	762	33	-	1 124	762
#宁　波	1 140	762	16	-	1 124	762
舟　山	17	-	17	-	-	-
台　州	48	-	-	-	48	-
温　州	4	-	-	-	4	-
福　州	89	74	-	-	89	74
#原福州	83	74	-	-	83	74
宁　德	6	-	-	-	6	-
莆　田	-	-	-	-	-	-
泉　州	171	165	4	-	168	165
厦　门	28	28	-	-	28	28

5-19 (续表一)

单位：千吨

港口	总计	外贸	出港	外贸	进港	外贸
#原厦门	28	28	–	–	28	28
漳州	–	–	–	–	–	–
汕头	4	–	–	–	4	–
汕尾	–	–	–	–	–	–
惠州	–	–	–	–	–	–
深圳	–	–	–	–	–	–
#蛇口	–	–	–	–	–	–
赤湾	–	–	–	–	–	–
妈湾	–	–	–	–	–	–
东角头	–	–	–	–	–	–
盐田	–	–	–	–	–	–
下洞	–	–	–	–	–	–
虎门	82	38	31	–	52	38
#太平	–	–	–	–	–	–
麻涌	58	38	20	–	38	38
沙田	24	–	11	–	14	–
广州	53	2	3	2	50	…
中山	9	…	–	–	9	…
珠海	2	–	…	–	2	–
江门	3	–	–	–	3	–
阳江	–	–	–	–	–	–
茂名	–	–	–	–	–	–
湛江	–	–	–	–	–	–
#原湛江	–	–	–	–	–	–
海安	–	–	–	–	–	–
北部湾港	159	143	1	…	157	143
#北海	–	–	–	–	–	–
钦州	11	…	1	…	10	–
防城	148	143	–	–	148	143
海口	44	–	23	–	21	–
洋浦	44	44	–	–	44	44
八所	1	–	1	–	–	–
内河合计	**7 157**	**1 243**	**3 460**	**132**	**3 698**	**1 111**

5-19 （续表二）

单位：千吨

港口	总计	外贸	出港	外贸	进港	外贸
哈尔滨	-	-	-	-	-	-
佳木斯	-	-	-	-	-	-
上　海	47	-	2	-	44	-
南　京	766	-	61	-	705	-
镇　江	742	-	702	-	40	-
苏　州	354	146	112	5	242	141
#常　熟	139	46	-	-	139	46
太　仓	24	-	17	-	7	-
张家港	192	101	95	5	97	96
南　通	178	-	12	-	166	-
常　州	-	-	-	-	-	-
江　阴	76	17	17	17	59	-
扬　州	-	-	-	-	-	-
泰　州	1 562	1 079	400	110	1 162	969
徐　州	-	-	-	-	-	-
连云港	-	-	-	-	-	-
无　锡	30	-	-	-	30	-
宿　迁	-	-	-	-	-	-
淮　安	1 450	-	1 300	-	150	-
扬州内河	64	-	-	-	64	-
镇江内河	6	-	-	-	6	-
杭　州	32	-	-	-	32	-
嘉兴内河	392	-	2	-	390	-
湖　州	29	-	1	-	28	-
合　肥	25	-	6	-	20	-
亳　州	-	-	-	-	-	-
阜　阳	-	-	-	-	-	-
淮　南	2	-	-	-	2	-
滁　州	2	-	-	-	2	-
马鞍山	-	-	-	-	-	-
芜　湖	13	-	…	-	13	-
铜　陵	1	-	1	-	-	-
池　州	-	-	-	-	-	-
安　庆	-	-	-	-	-	-

5-19 （续表三）

单位：千吨

港口	总计	外贸	出港	外贸	进港	外贸
南 昌	6	–	6	–	…	–
九 江	4	–	–	–	4	–
武 汉	98	–	62	–	36	–
黄 石	–	–	–	–	–	–
荆 州	–	–	–	–	–	–
宜 昌	–	–	–	–	–	–
长 沙	8	–	–	–	8	–
湘 潭	–	–	–	–	–	–
株 洲	24	–	–	–	24	–
岳 阳	39	–	–	–	39	–
番 禺	–	–	–	–	–	–
新 塘	–	–	–	–	–	–
五 和	–	–	–	–	–	–
中 山	–	–	–	–	–	–
佛 山	–	–	–	–	–	–
江 门	6	–	–	–	6	–
虎 门	16	–	13	–	3	–
肇 庆	4	…	–	–	4	…
惠 州	–	–	–	–	–	–
南 宁	–	–	–	–	–	–
柳 州	–	–	–	–	–	–
贵 港	…	–	–	–	…	–
梧 州	2	–	–	–	2	–
来 宾	–	–	–	–	–	–
重 庆	756	–	356	–	400	–
#原重庆	2	–	–	–	2	–
涪 陵	26	–	9	–	17	–
万 州	21	–	19	–	2	–
重庆航管处	687	–	327	–	359	–
泸 州	4	1	3	1	1	…
宜 宾	301	–	301	–	–	–
乐 山	102	–	102	–	–	–
南 充	12	–	–	–	12	–
广 安	–	–	–	–	–	–
达 州	3	–	1	–	1	–

5-20 规模以上港口粮食吞吐量

单位：千吨

港口	总计	外贸	出港	外贸	进港	外贸
总　计	225 237	80 911	75 409	981	149 828	79 930
沿海合计	158 354	69 914	53 874	761	104 480	69 153
丹　东	4 939	1 324	3 633	20	1 307	1 304
大　连	16 952	5 439	11 252	436	5 700	5 004
营　口	8 554	301	8 158	23	396	278
锦　州	8 069	51	8 041	23	28	28
秦皇岛	1 911	1 140	585	-	1 326	1 140
黄　骅	192	-	192	-	-	-
唐　山	446	313	133	-	313	313
#京唐	446	313	133	-	313	313
曹妃甸	-	-	-	-	-	-
天　津	8 459	7 297	824	77	7 635	7 220
烟　台	1 935	1 788	23	8	1 912	1 780
#龙口	1 098	1 049	23	8	1 075	1 041
威　海	-	-	-	-	-	-
青　岛	5 744	5 440	362	69	5 382	5 372
日　照	9 607	9 485	117	3	9 490	9 483
#石臼	6 350	6 233	117	3	6 233	6 230
岚山	3 257	3 252	-	-	3 257	3 252
上　海	2 964	1 985	752	-	2 211	1 985
连云港	3 902	3 870	38	6	3 864	3 864
嘉　兴	318	-	6	-	312	-
宁波-舟山	8 054	4 517	3 225	-	4 830	4 517
#宁波	1 768	1 346	191	-	1 577	1 346
舟山	6 286	3 171	3 034	-	3 253	3 171
台　州	2	-	-	-	2	-
温　州	77	-	12	-	65	-
福　州	1 745	1 400	-	-	1 745	1 400
#原福州	1 745	1 400	-	-	1 745	1 400
宁德	-	-	-	-	-	-
莆　田	1 078	427	31	-	1 047	427
泉　州	931	778	-	-	931	778
厦　门	4 980	1 906	57	-	4 923	1 906

5-20 （续表一）

单位：千吨

港口	总计	外贸	出港	外贸	进港	外贸
#原厦门	4 978	1 903	57	–	4 921	1 903
漳州	2	2	–	–	2	2
汕头	2 091	248	–	–	2 091	248
汕尾	14	–	14	–	–	–
惠州	7	–	7	–	–	–
深圳	20 400	2 102	8 460	–	11 941	2 102
#蛇口	8 978	185	3 995	–	4 983	185
赤湾	4 764	1 917	1 833	–	2 931	1 917
妈湾	6 658	–	2 632	–	4 026	–
东角头	–	–	–	–	–	–
盐田	–	–	–	–	–	–
下洞	–	–	–	–	–	–
虎门	6 392	1 677	1 476	–	4 916	1 677
#太平	64	64	–	–	64	64
麻涌	4 207	1 612	731	–	3 476	1 612
沙田	2 121	1	745	–	1 376	1
广州	16 592	7 301	5 048	44	11 543	7 257
中山	136	5	3	2	132	3
珠海	162	11	21	–	140	11
江门	1 080	109	95	…	985	108
阳江	1 204	879	–	–	1 204	879
茂名	1 308	–	2	–	1 307	–
湛江	2 867	1 783	16	–	2 850	1 783
#原湛江	2 867	1 783	16	–	2 850	1 783
海安	–	–	–	–	–	–
北部湾港	12 105	8 322	893	51	11 212	8 272
#北海	1 319	1 126	1	–	1 318	1 126
钦州	4 742	1 770	364	1	4 377	1 769
防城	6 044	5 426	527	50	5 517	5 376
海口	3 100	3	395	–	2 706	3
洋浦	38	12	3	–	35	12
八所	–	–	–	–	–	–
内河合计	**66 883**	**10 997**	**21 535**	**220**	**45 348**	**10 777**

5-20 （续表二）

单位：千吨

港 口	总计	外贸	出港	外贸	进港	外贸
哈尔滨	-	-	-	-	-	-
佳木斯	-	-	-	-	-	-
上 海	1 051	-	375	-	676	-
南 京	2 105	859	818	17	1 287	842
镇 江	5 176	2 506	2 201	-	2 975	2 506
苏 州	3 816	2 458	359	11	3 458	2 447
#常 熟	-	-	-	-	-	-
太 仓	419	277	135	-	284	277
张家港	3 397	2 181	223	11	3 174	2 170
南 通	6 317	2 526	2 027	-	4 290	2 526
常 州	-	-	-	-	-	-
江 阴	592	51	246	4	346	47
扬 州	15	-	15	-	-	-
泰 州	22 558	2 380	9 716	99	12 842	2 281
徐 州	200	-	1	-	199	-
连云港	-	-	-	-	-	-
无 锡	2 133	-	795	-	1 338	-
宿 迁	233	-	204	-	28	-
淮 安	1 414	-	1 147	-	267	-
扬州内河	1 511	-	297	-	1 214	-
镇江内河	18	-	2	-	16	-
杭 州	263	-	24	-	239	-
嘉兴内河	1 862	-	480	-	1 382	-
湖 州	569	-	83	-	486	-
合 肥	1 245	-	891	-	354	-
亳 州	385	-	385	-	-	-
阜 阳	276	-	273	-	3	-
淮 南	186	-	185	-	2	-
滁 州	307	-	221	-	86	-
马鞍山	106	-	75	-	31	-
芜 湖	54	-	10	-	43	-
铜 陵	…	-	…	-	-	-
池 州	7	-	7	-	1	-
安 庆	34	8	8	-	26	8

5-20 （续表三）

单位：千吨

港口	总计	外贸	出港	外贸	进港	外贸
南　昌	791	9	6	-	785	9
九　江	18	-	11	-	8	-
武　汉	161	-	76	-	85	-
黄　石	6	-	-	-	6	-
荆　州	72	-	1	-	71	-
宜　昌	18	2	2	…	16	2
长　沙	67	7	-	-	67	7
湘　潭	-	-	-	-	-	-
株　洲	18	-	-	-	18	-
岳　阳	1 332	-	81	-	1 252	-
番　禺	2 031	-	-	-	2 031	-
新　塘	-	-	-	-	-	-
五　和	35	-	-	-	35	-
中　山	38	12	…	-	38	12
佛　山	915	125	122	58	793	66
江　门	1 483	18	50	12	1 433	6
虎　门	1 434	-	8	-	1 426	-
肇　庆	1 280	38	72	20	1 208	18
惠　州	178	-	-	-	178	-
南　宁	1 015	-	19	-	996	-
柳　州	69	-	-	-	69	-
贵　港	1 963	-	170	-	1 793	-
梧　州	204	-	6	-	198	-
来　宾	1	-	1	-	-	-
重　庆	1 124	-	6	-	1 118	-
#原重庆	4	-	2	-	2	-
涪　陵	9	-	…	-	8	-
万　州	5	-	-	-	5	-
重庆航管处	965	-	1	-	964	-
泸　州	60	-	34	-	26	-
宜　宾	15	-	-	-	15	-
乐　山	-	-	-	-	-	-
南　充	101	-	12	-	90	-
广　安	9	-	9	-	…	-
达　州	13	-	7	-	6	-

5-21 规模以上港口机械、设备、电器吞吐量

单位：千吨

港 口	总计	外贸	出港	外贸	进港	外贸
总 计	195 574	118 387	102 863	69 058	92 712	49 329
沿海合计	187 630	114 442	96 729	65 946	90 900	48 496
丹 东	603	54	54	54	549	-
大 连	4 052	2 647	3 842	2 479	210	168
营 口	10 542	429	2 814	400	7 728	28
锦 州	8	…	8	-	…	…
秦皇岛	16	12	12	12	4	-
黄 骅	37	9	9	9	28	-
唐 山	250	161	231	154	19	7
#京 唐	225	150	222	150	4	-
曹妃甸	25	10	9	4	16	7
天 津	43 253	27 978	24 120	16 931	19 134	11 047
烟 台	242	133	117	112	125	21
#龙 口	25	25	25	25	-	-
威 海	4	3	4	3	1	-
青 岛	6 970	1 060	1 007	988	5 963	72
日 照	12	5	6	5	6	-
#石 臼	10	5	5	5	5	-
岚 山	2	-	…	-	1	-
上 海	69 960	59 358	37 075	31 786	32 886	27 571
连云港	2 487	2 193	2 040	2 040	446	153
嘉 兴	7	-	-	-	7	-
宁波-舟山	265	47	86	27	179	20
#宁 波	51	33	27	17	24	16
舟 山	214	14	59	10	154	5
台 州	1 681	1 679	-	-	1 681	1 679
温 州	…	-	-	-	…	-
福 州	8	5	4	3	4	2
#原福州	8	5	4	3	3	2
宁 德	…	-	-	-	…	…
莆 田	10	-	…	-	10	-
泉 州	46	15	4	2	42	13
厦 门	1 446	1 437	950	946	496	491

5-21 （续表一）

单位：千吨

港口	总计	外贸	出港	外贸	进港	外贸
#原厦门	1 444	1 436	950	946	494	490
漳　州	2	1	–	–	2	1
汕　头	2 626	1 247	1 349	644	1 277	603
汕　尾	4	–	–	–	4	–
惠　州	6	3	1	…	4	3
深　圳	74	39	58	26	16	14
#蛇　口	…	…	–	–	…	…
赤　湾	29	28	26	26	3	3
妈　湾	44	11	31	–	12	11
东角头	–	–	–	–	–	–
盐　田	–	–	–	–	–	–
下　洞	–	–	–	–	–	–
虎　门	800	183	457	53	343	130
#太　平	91	91	6	6	84	84
麻　涌	241	8	239	6	2	2
沙　田	468	84	211	41	257	44
广　州	31 851	12 639	16 148	6 551	15 703	6 088
中　山	1 015	942	866	808	150	133
珠　海	330	185	191	89	140	96
江　门	38	32	28	23	10	9
阳　江	–	–	–	–	–	–
茂　名	1	–	1	–	…	–
湛　江	24	4	4	3	20	…
#原湛江	24	4	4	3	20	…
海　安	–	–	–	–	–	–
北部湾港	1 882	1 804	1 734	1 725	148	79
#北　海	25	15	10	10	15	6
钦　州	111	60	56	50	55	10
防　城	1 747	1 729	1 668	1 666	78	63
海　口	7 071	141	3 511	73	3 560	69
洋　浦	7	1	…	–	7	1
八　所	1	–	–	–	1	–
内河合计	**7 945**	**3 945**	**6 133**	**3 113**	**1 811**	**832**

5-21 （续表二）

单位：千吨

港口	总计	外贸	出港	外贸	进港	外贸
哈尔滨	-	-	-	-	-	-
佳木斯	-	-	-	-	-	-
上海	16	-	13	-	3	-
南京	1 209	41	1 169	40	40	2
镇江	2	1	1	1	…	…
苏州	1 068	713	967	674	101	39
#常熟	12	7	6	6	6	1
太仓	891	648	839	617	52	31
张家港	166	58	122	51	43	7
南通	170	91	106	74	64	16
常州	23	21	5	3	18	18
江阴	454	129	320	103	134	26
扬州	63	59	60	56	3	3
泰州	12	11	10	9	2	1
徐州	1	-	-	-	1	-
连云港	-	-	-	-	-	-
无锡	-	-	-	-	-	-
宿迁	-	-	-	-	-	-
淮安	21	-	8	-	14	-
扬州内河	-	-	-	-	-	-
镇江内河	-	-	-	-	-	-
杭州	85	-	64	-	21	-
嘉兴内河	…	-	…	-	-	-
湖州	2	-	…	-	2	-
合肥	182	17	170	16	12	1
亳州	-	-	-	-	-	-
阜阳	-	-	-	-	-	-
淮南	-	-	-	-	-	-
滁州	-	-	-	-	-	-
马鞍山	17	17	17	17	-	-
芜湖	2	-	1	-	1	-
铜陵	3	-	-	-	3	-
池州	-	-	-	-	-	-
安庆	14	11	4	4	10	7

5-21 （续表三）

单位：千吨

港口	总计	外贸	出港	外贸	进港	外贸
南昌	58	47	41	38	17	10
九江	10	–	9	–	1	–
武汉	165	–	136	–	28	–
黄石	14	11	10	7	4	4
荆州	4	–	2	–	2	–
宜昌	49	9	14	7	35	2
长沙	153	107	84	84	69	23
湘潭	–	–	–	–	–	–
株洲	19	–	19	–	–	–
岳阳	1	–	1	–	…	–
番禺	5	–	…	–	4	–
新塘	28	28	–	–	28	28
五和	37	37	–	–	37	37
中山	979	401	823	366	156	35
佛山	1 671	1 424	1 267	1 089	403	335
江门	629	547	432	374	198	173
虎门	45	6	22	1	23	5
肇庆	73	62	44	41	29	21
惠州	–	–	–	–	–	–
南宁	2	–	1	–	…	–
柳州	–	–	–	–	–	–
贵港	7	2	1	…	6	2
梧州	–	–	–	–	–	–
来宾	–	–	–	–	–	–
重庆	218	–	53	–	165	–
#原重庆	119	–	18	–	101	–
涪陵	17	–	…	–	17	–
万州	–	–	–	–	–	–
重庆航管处	56	–	34	–	22	–
泸州	238	153	120	108	118	45
宜宾	150	–	96	–	53	–
乐山	44	–	41	–	3	–
南充	5	–	–	–	5	–
广安	–	–	–	–	–	–
达州	–	–	–	–	–	–

5-22 规模以上港口化工原料及制品吞吐量

单位：千吨

港 口	总计	外贸	出港	外贸	进港	外贸
总 计	216 476	88 419	85 415	20 290	131 060	68 129
沿海合计	122 079	58 800	47 441	14 952	74 638	43 848
丹 东	-	-	-	-	-	-
大 连	11 057	2 422	6 917	40	4 140	2 382
营 口	794	41	633	5	161	36
锦 州	872	237	657	195	215	42
秦皇岛	307	100	156	15	150	85
黄 骅	-	-	-	-	-	-
唐 山	653	125	556	69	97	55
#京 唐	497	118	405	63	92	55
曹妃甸	156	6	151	6	5	-
天 津	27 481	19 096	13 873	9 050	13 608	10 046
烟 台	1 363	1 092	639	468	724	624
#龙 口	1 267	1 064	617	464	651	600
威 海	-	-	-	-	-	-
青 岛	1 958	1 505	927	536	1 031	969
日 照	894	506	590	207	304	299
#石 臼	-	-	-	-	-	-
岚 山	894	506	590	207	304	299
上 海	10 067	2 320	4 828	536	5 239	1 784
连云港	1 799	1 077	773	405	1 025	672
嘉 兴	5 280	2 654	319	219	4 961	2 436
宁波-舟山	14 443	8 575	2 485	95	11 958	8 480
#宁 波	13 392	8 472	1 720	95	11 671	8 377
舟 山	1 052	103	765	-	287	103
台 州	151	-	8	-	142	-
温 州	544	89	-	-	544	89
福 州	728	78	-	-	728	78
#原福州	705	78	-	-	705	78
宁 德	23	-	-	-	23	-
莆 田	260	-	-	-	260	-
泉 州	3 090	642	1 151	10	1 939	632
厦 门	4 269	2 160	1 655	768	2 615	1 392

5-22 （续表一）

单位：千吨

港口	总计	外贸	出港	外贸	进港	外贸
#原厦门	3 439	2 144	1 357	768	2 082	1 375
漳　州	830	17	298	–	532	17
汕　头	2 570	158	229	52	2 341	106
汕　尾	–	–	–	–	–	–
惠　州	2 738	358	1 959	73	779	285
深　圳	47	33	–	–	47	33
#蛇　口	…	…	–	–	…	…
赤　湾	7	–	–	–	7	–
妈　湾	40	33	–	–	40	33
东角头	–	–	–	–	–	–
盐　田	–	–	–	–	–	–
下　洞	–	–	–	–	–	–
虎　门	7 601	2 835	1 637	65	5 964	2 770
#太　平	99	91	7	7	92	85
麻　涌	129	87	35	…	94	87
沙　田	7 372	2 657	1 595	58	5 777	2 599
广　州	5 532	3 861	1 329	881	4 203	2 979
中　山	777	553	188	166	589	387
珠　海	3 634	1 902	1 066	2	2 567	1 901
江　门	461	157	139	12	322	145
阳　江	17	17	–	–	17	17
茂　名	930	55	282	55	649	…
湛　江	1 600	1 274	178	15	1 422	1 259
#原湛江	1 597	1 274	178	15	1 420	1 259
海　安	2	–	–	–	2	–
北部湾港	5 755	4 517	1 524	967	4 231	3 550
#北　海	581	571	77	67	504	504
钦　州	941	119	394	51	547	69
防　城	4 233	3 827	1 053	849	3 180	2 977
海　口	1 796	61	819	10	977	51
洋　浦	1 290	265	603	–	687	265
八　所	1 321	33	1 321	33	–	–
内河合计	**94 396**	**29 619**	**37 974**	**5 339**	**56 422**	**24 280**

5-22 （续表二）

单位：千吨

港 口	总计	外贸	出港	外贸	进港	外贸
哈尔滨	-	-	-	-	-	-
佳木斯	-	-	-	-	-	-
上 海	185	-	32	-	153	-
南 京	12 428	1 868	5 972	686	6 456	1 182
镇 江	3 065	1 069	879	106	2 186	963
苏 州	21 203	13 752	6 265	1 622	14 938	12 130
#常 熟	2 013	995	737	322	1 276	673
太 仓	6 903	3 985	2 744	897	4 159	3 088
张家港	12 287	8 772	2 783	402	9 503	8 370
南 通	3 307	1 742	1 218	117	2 089	1 625
常 州	1 175	549	155	19	1 020	530
江 阴	10 225	4 919	2 565	353	7 660	4 565
扬 州	774	316	347	27	428	289
泰 州	5 447	2 233	2 208	732	3 240	1 502
徐 州	-	-	-	-	-	-
连云港	-	-	-	-	-	-
无 锡	1 478	-	-	-	1 478	-
宿 迁	604	-	400	-	204	-
淮 安	3 212	-	3 046	-	165	-
扬州内河	176	-	175	-	1	-
镇江内河	87	-	22	-	65	-
杭 州	1 073	-	38	-	1 035	-
嘉兴内河	3 332	-	847	-	2 486	-
湖 州	1 012	-	53	-	959	-
合 肥	456	4	281	1	175	4
亳 州	89	-	89	-	-	-
阜 阳	94	-	94	-	-	-
淮 南	23	-	20	-	3	-
滁 州	130	-	29	-	102	-
马鞍山	158	1	44	1	114	-
芜 湖	1 082	-	980	-	102	-
铜 陵	2 284	-	1 904	-	380	-
池 州	356	-	267	-	88	-
安 庆	486	13	140	11	346	3

5-22 （续表三）

单位：千吨

港口	总计	外贸	出港	外贸	进港	外贸
南　昌	443	–	190	–	252	–
九　江	347	–	77	–	269	–
武　汉	811	–	437	–	374	–
黄　石	479	7	478	7	1	…
荆　州	528	–	22	–	506	–
宜　昌	625	115	366	106	258	9
长　沙	221	125	102	102	119	23
湘　潭	–	–	–	–	–	–
株　洲	314	–	66	–	248	–
岳　阳	79	–	12	–	67	–
番　禺	–	–	–	–	–	–
新　塘	1 784	–	148	–	1 636	–
五　和	–	–	–	–	–	–
中　山	414	94	64	3	350	91
佛　山	1 945	1 910	1 210	1 193	735	717
江　门	1 930	465	281	136	1 649	330
虎　门	271	27	43	…	228	27
肇　庆	315	284	31	23	283	261
惠　州	–	–	–	–	–	–
南　宁	474	–	471	–	4	–
柳　州	2	–	2	–	–	–
贵　港	367	…	309	…	58	…
梧　州	489	–	367	–	122	–
来　宾	179	–	179	–	–	–
重　庆	5 287	–	2 788	–	2 499	–
#原重庆	253	–	128	–	125	–
涪　陵	163	–	67	–	96	–
万　州	1 459	–	1 459	–	–	–
重庆航管处	2 923	–	820	–	2 104	–
泸　州	705	125	617	97	88	29
宜　宾	2 123	–	1 328	–	795	–
乐　山	325	–	317	–	8	–
南　充	–	–	–	–	–	–
广　安	–	–	–	–	–	–
达　州	–	–	–	–	–	–

5-23 规模以上港口有色金属吞吐量

单位：千吨

港口	总计	外贸	出港	外贸	进港	外贸
总　计	16 312	13 581	6 733	4 996	9 579	8 586
沿海合计	13 281	10 992	5 016	3 523	8 265	7 469
丹　东	7	7	…	…	6	6
大　连	2	2	2	1	…	…
营　口	5	4	…	-	4	4
锦　州	-	-	-	-	-	-
秦皇岛	-	-	-	-	-	-
黄　骅	-	-	-	-	-	-
唐　山	-	-	-	-	-	-
#京　唐	-	-	-	-	-	-
曹妃甸	-	-	-	-	-	-
天　津	7 309	6 981	3 185	3 047	4 125	3 933
烟　台	157	157	16	16	141	141
#龙　口	144	144	13	13	130	130
威　海	-	-	-	-	-	-
青　岛	144	142	87	85	57	57
日　照	488	479	10	-	479	479
#石臼	488	479	10	-	479	479
岚山	-	-	-	-	-	-
上　海	286	170	11	3	276	167
连云港	3 166	2 556	774	172	2 392	2 384
嘉　兴	-	-	-	-	-	-
宁波-舟山	20	-	4	-	15	-
#宁　波	20	-	4	-	15	-
舟　山	-	-	-	-	-	-
台　州	-	-	-	-	-	-
温　州	-	-	-	-	-	-
福　州	215	-	-	-	215	-
#原福州	215	-	-	-	215	-
宁德	-	-	-	-	-	-
莆　田	-	-	-	-	-	-
泉　州	-	-	-	-	-	-
厦　门	11	11	-	-	11	11

5-23 （续表一）

单位：千吨

港　口	总计		出港		进港	
		外贸		外贸		外贸
#原厦门	11	11	–	–	11	11
漳　州	–	–	–	–	–	–
汕　头	–	–	–	–	–	–
汕　尾	–	–	–	–	–	–
惠　州	–	–	–	–	–	–
深　圳	14	14	–	–	14	14
#蛇　口	14	14	–	–	14	14
赤　湾	–	–	–	–	–	–
妈　湾	–	–	–	–	–	–
东角头	–	–	–	–	–	–
盐　田	–	–	–	–	–	–
下　洞	–	–	–	–	–	–
虎　门	276	20	117	4	159	15
#太　平	3	3	1	1	2	2
麻　涌	1	1	…	…	1	1
沙　田	272	16	116	3	156	12
广　州	439	324	123	105	316	219
中　山	19	18	11	11	8	7
珠　海	–	–	–	–	–	–
江　门	9	8	3	2	7	6
阳　江		–	–	–	–	–
茂　名	–	–	–	–	–	–
湛　江	45	45	45	45	–	–
#原湛江	45	45	45	45	–	–
海　安	–	–	–	–	–	–
北部湾港	655	55	623	30	32	25
#北　海	1	1	1	1	–	–
钦　州	603	11	590	2	13	9
防　城	51	43	32	28	19	15
海　口	14	–	5	–	8	–
洋　浦	–	–	–	–	–	–
八　所	–	–	–	–	–	–
内河合计	**3 031**	**2 589**	**1 716**	**1 472**	**1 314**	**1 117**

5-23 （续表二）

单位：千吨

港 口	总计	外贸	出港	外贸	进港	外贸
哈尔滨	-	-	-	-	-	-
佳木斯	-	-	-	-	-	-
上 海	23	-	-	-	23	-
南 京	-	-	-	-	-	-
镇 江	2	-	2	-	-	-
苏 州	3	-	-	-	3	-
#常 熟	3	-	-	-	3	-
太 仓	-	-	-	-	-	-
张家港	-	-	-	-	-	-
南 通	-	-	-	-	-	-
常 州	4	-	-	-	4	-
江 阴	42	8	17	7	25	1
扬 州	…	-	-	-	…	-
泰 州	134	104	8	3	125	100
徐 州	-	-	-	-	-	-
连云港	-	-	-	-	-	-
无 锡	-	-	-	-	-	-
宿 迁	-	-	-	-	-	-
淮 安	-	-	-	-	-	-
扬州内河	-	-	-	-	-	-
镇江内河	5	-	-	-	5	-
杭 州	…	-	-	-	…	-
嘉兴内河	7	-	6	-	1	-
湖 州	3	-	…	-	2	-
合 肥	-	-	-	-	-	-
亳 州	-	-	-	-	-	-
阜 阳	-	-	-	-	-	-
淮 南	-	-	-	-	-	-
滁 州	-	-	-	-	-	-
马鞍山	-	-	-	-	-	-
芜 湖	-	-	-	-	-	-
铜 陵	14	-	14	-	-	-
池 州	39	-	36	-	4	-
安 庆	2	2	-	-	2	2

5-23 （续表三）

单位：千吨

港口	总计	外贸	出港	外贸	进港	外贸
南 昌	-		-		-	
九 江	2	-	-	-	2	-
武 汉	1	-	-	-	1	-
黄 石	180	47	149	15	32	32
荆 州	-		-		-	
宜 昌	38	-	16	-	23	-
长 沙	81	42	28	28	53	14
湘 潭	-		-		-	
株 洲	-		-		-	
岳 阳	-		-		-	
番 禺	-		-		-	
新 塘	-		-		-	
五 和	-		-		-	
中 山	2	2	1	…	1	1
佛 山	2 143	2 136	1 417	1 411	726	726
江 门	40	4	10	1	30	3
虎 门	6	4	2	2	3	2
肇 庆	242	239	5	5	237	234
惠 州	-		-		-	
南 宁	-		-		-	
柳 州	-		-		-	
贵 港	12	…	…	-	12	…
梧 州	-		-		-	
来 宾	-		-		-	
重 庆	7	-	7	-	-	-
#原重庆	7	-	7	-	-	-
涪 陵	-		-		-	
万 州	-		-		-	
重庆航管处	-		-		-	
泸 州	…	…	…	…	…	…
宜 宾	-		-		-	
乐 山	-		-		-	
南 充	-		-		-	
广 安	-		-		-	
达 州	-		-		-	

5-24　规模以上港口轻工、医药产品吞吐量

单位：千吨

港　口	总计	外贸	出港	外贸	进港	外贸
总　计	111 423	47 817	54 180	23 097	57 243	24 720
沿海合计	93 981	40 146	45 767	20 388	48 214	19 758
丹　东	541	541	234	234	307	307
大　连	109	77	10	-	100	77
营　口	487	386	-	-	487	386
锦　州	455	455	1	-	455	455
秦皇岛	-	-	-	-	-	-
黄　骅	-	-	-	-	-	-
唐　山	-	-	-	-	-	-
#京　唐	-	-	-	-	-	-
曹妃甸	-	-	-	-	-	-
天　津	43 030	22 239	23 454	15 311	19 577	6 928
烟　台	101	97	-	-	101	97
#龙　口	4	-	-	-	4	-
威　海	-	-	-	-	-	-
青　岛	2 562	2 384	77	6	2 484	2 378
日　照	1 785	1 773	-	-	1 785	1 773
#石　臼	1 785	1 773	-	-	1 785	1 773
岚　山	-	-	-	-	-	-
上　海	1 953	788	564	...	1 389	788
连云港	270	270	-	-	270	270
嘉　兴	9 369	3 816	3 022	1 474	6 347	2 343
宁波－舟山	613	145	72	-	540	145
#宁　波	545	145	41	-	503	145
舟　山	68	-	31	-	37	-
台　州	52	-	-	-	52	-
温　州	48	-	...	-	48	-
福　州	118	-	-	-	118	-
#原福州	118	-	-	-	118	-
宁　德	-	-	-	-	-	-
莆　田	28	-	-	-	28	-
泉　州	178	24	-	-	178	24
厦　门	1 532	1 483	717	717	815	766

5-24 （续表一）

单位：千吨

港口	总计	外贸	出港	外贸	进港	外贸
#原厦门	1 532	1 483	717	717	815	766
漳州	–	–	–	–	–	–
汕头	2 749	368	1 929	290	820	78
汕尾	–	–	–	–	–	–
惠州	–	–	–	–	–	–
深圳	61	31	30	–	31	31
#蛇口	–	–	–	–	–	–
赤湾	61	31	30	–	31	31
妈湾	–	–	–	–	–	–
东角头	–	–	–	–	–	–
盐田	–	–	–	–	–	–
下洞	–	–	–	–	–	–
虎门	8 686	280	4 319	58	4 367	222
#太平	80	80	6	6	74	74
麻涌	36	6	–	–	36	6
沙田	8 569	194	4 313	52	4 256	142
广州	6 232	2 566	2 777	1 130	3 455	1 436
中山	1 311	1 147	903	789	407	358
珠海	276	146	77	25	199	121
江门	572	297	328	212	243	85
阳江	–	–	–	–	–	–
茂名	–	–	–	–	–	–
湛江	969	320	651	15	318	306
#原湛江	900	320	582	15	318	306
海安	69	–	69	–	–	–
北部湾港	4 564	447	3 549	78	1 015	369
#北海	140	18	116	2	24	16
钦州	3 660	128	2 980	19	680	109
防城	764	301	453	57	311	243
海口	3 443	56	1 445	50	1 998	6
洋浦	1 887	11	1 605	–	282	11
八所	1	–	1	–	–	–
内河合计	**17 442**	**7 671**	**8 413**	**2 710**	**9 029**	**4 962**

5-24 （续表二）

单位：千吨

港　口	总计	外贸	出港	外贸	进港	外贸
哈尔滨	-	-	-	-	-	-
佳木斯	-	-	-	-	-	-
上　海	3	-	1	-	3	-
南　京	24	-	-	-	24	-
镇　江	1 259	682	93	-	1 166	682
苏　州	4 085	2 566	1 414	3	2 671	2 563
#常　熟	4 048	2 566	1 391	3	2 657	2 563
太　仓	37	-	23	-	14	-
张家港	-	-	-	-	-	-
南　通	170	107	47	-	124	107
常　州	7	-	2	-	4	-
江　阴	1 132	47	435	21	697	26
扬　州	1	-	-	-	1	-
泰　州	686	359	514	304	172	56
徐　州	1	-	-	-	1	-
连云港	-	-	-	-	-	-
无　锡	-	-	-	-	-	-
宿　迁	89	-	-	-	89	-
淮　安	182	-	…	-	182	-
扬州内河	-	-	-	-	-	-
镇江内河	-	-	-	-	-	-
杭　州	233	-	44	-	188	-
嘉兴内河	228	-	84	-	145	-
湖　州	50	-	9	-	42	-
合　肥	320	…	5	…	315	-
亳　州	-	-	-	-	-	-
阜　阳	-	-	-	-	-	-
淮　南	-	-	-	-	-	-
滁　州	-	-	-	-	-	-
马鞍山	7	-	7	-	-	-
芜　湖	2	-	1	-	1	-
铜　陵	-	-	-	-	-	-
池　州	7	-	…	-	6	-
安　庆	83	48	64	45	20	3

5-24 （续表三）

单位：千吨

港口	总计	外贸	出港	外贸	进港	外贸
南 昌	176	50	94	4	81	46
九 江	284	–	20	–	264	–
武 汉	389	–	261	–	128	–
黄 石	30	15	23	11	7	4
荆 州	113	–	105	–	9	–
宜 昌	258	154	178	149	80	5
长 沙	222	129	102	102	121	28
湘 潭	–	–	–	–	–	–
株 洲	–	–	–	–	–	–
岳 阳	189	–	102	–	87	–
番 禺	71	–	–	–	71	–
新 塘	155	66	25	25	130	41
五 和	89	83	83	83	6	–
中 山	1 251	551	1 048	502	203	49
佛 山	893	697	448	323	444	374
江 门	1 957	1 726	1 152	987	805	739
虎 门	458	17	302	…	156	17
肇 庆	373	238	166	64	206	174
惠 州	48	47	–	–	48	47
南 宁	901	–	897	–	3	–
柳 州	13	–	13	–	–	–
贵 港	400	2	373	1	27	1
梧 州	79	72	79	72	…	–
来 宾	145	–	145	–	–	–
重 庆	322	–	54	–	267	–
#原重庆	189	–	20	–	168	–
涪 陵	58	–	34	–	24	–
万 州	–	–	–	–	–	–
重庆航管处	44	–	–	–	44	–
泸 州	59	16	25	13	33	3
宜 宾	1	–	–	–	1	–
乐 山	–	–	–	–	–	–
南 充	–	–	–	–	–	–
广 安	–	–	–	–	–	–
达 州	–	–	–	–	–	–

5-25 规模以上港口农、林、牧、渔业产品吞吐量

单位：千吨

港 口	总计	外贸	出港	外贸	进港	外贸
总 计	41 527	20 959	13 631	3 452	27 896	17 507
沿海合计	31 979	18 329	10 316	3 162	21 664	15 167
丹 东	403	6	6	6	397	-
大 连	930	535	87	6	843	529
营 口	686	449	112	-	575	449
锦 州	9	9	9	9	-	-
秦皇岛	330	247	169	155	161	91
黄 骅	-	-	-	-	-	-
唐 山	-	-	-	-	-	-
#京 唐	-	-	-	-	-	-
曹妃甸	-	-	-	-	-	-
天 津	9 050	5 757	4 066	2 114	4 984	3 643
烟 台	222	168	50	…	172	167
#龙 口	19	…	19	…	-	-
威 海	…	…	…	…	…	…
青 岛	436	436	5	5	430	430
日 照	457	444	11	-	447	444
#石 臼	408	405	4	-	405	405
岚 山	49	40	7	-	42	40
上 海	1 355	630	205	-	1 150	630
连云港	464	430	12	9	453	421
嘉 兴	192	192	-	-	192	192
宁波-舟山	683	393	173	2	509	391
#宁 波	136	65	29	2	107	63
舟 山	546	328	144	-	402	328
台 州	-	-	-	-	-	-
温 州	1	-	-	-	1	-
福 州	620	501	104	…	517	501
#原福州	620	500	103	-	516	500
宁 德	1	1	…	…	…	…
莆 田	555	-	263	-	292	-
泉 州	166	89	48	-	118	89
厦 门	758	599	167	27	591	572

5-25 （续表一）

单位：千吨

港口	总计	外贸	出港	外贸	进港	外贸
#原厦门	728	572	138	1	590	571
漳　州	30	27	29	26	1	1
汕　头	71	34	24	13	47	21
汕　尾	139	122	–	–	139	122
惠　州	–	–	–	–	–	–
深　圳	1 425	760	595	–	830	760
#蛇　口	17	11	–	–	17	11
赤　湾	1 409	749	595	–	814	749
妈　湾	–	–	–	–	–	–
东角头	–	–	–	–	–	–
盐　田	–	–	–	–	–	–
下　洞	–	–	–	–	–	–
虎　门	207	27	84	–	122	27
#太　平	–	–	–	–	–	–
麻　涌	–	–	–	–	–	–
沙　田	207	27	84	–	122	27
广　州	2 863	2 407	298	34	2 564	2 373
中　山	30	16	9	7	21	9
珠　海	106	6	88	2	17	4
江　门	19	10	3	1	15	9
阳　江	78	59	12	–	66	59
茂　名	–	–	–	–	–	–
湛　江	648	605	36	–	613	605
#原湛江	648	605	36	–	613	605
海　安	–	–	–	–	–	–
北部湾港	5 689	3 075	2 472	590	3 217	2 484
#北　海	412	307	149	49	263	258
钦　州	1 216	252	455	48	761	204
防　城	4 061	2 516	1 868	494	2 193	2 022
海　口	3 368	323	1 197	180	2 171	143
洋　浦	9	–	1	–	8	–
八　所	11	1	9	–	1	1
内河合计	**9 547**	**2 629**	**3 315**	**290**	**6 232**	**2 340**

5-25 (续表二)

单位：千吨

港口	总计	外贸	出港	外贸	进港	外贸
哈尔滨	-	-	-	-	-	-
佳木斯	-	-	-	-	-	-
上 海	12	-	3	-	9	-
南 京	88	-	76	-	12	-
镇 江	1 007	365	509	-	498	365
苏 州	1 564	960	488	-	1 076	960
#常 熟	-	-	-	-	-	-
太 仓	-	-	-	-	-	-
张家港	1 564	960	488	-	1 076	960
南 通	1 313	445	696	27	618	418
常 州	-	-	-	-	-	-
江 阴	479	28	300	10	179	18
扬 州	-	-	-	-	-	-
泰 州	580	397	153	-	427	397
徐 州	-	-	-	-	-	-
连云港	-	-	-	-	-	-
无 锡	-	-	-	-	-	-
宿 迁	-	-	-	-	-	-
淮 安	77	-	2	-	75	-
扬州内河	-	-	-	-	-	-
镇江内河	-	-	-	-	-	-
杭 州	-	-	-	-	-	-
嘉兴内河	104	-	42	-	62	-
湖 州	136	-	58	-	77	-
合 肥	3	-	-	-	3	-
亳 州	-	-	-	-	-	-
阜 阳	26	-	1	-	25	-
淮 南	-	-	-	-	-	-
滁 州	1	-	1	-	1	-
马鞍山	1	-	1	-	-	-
芜 湖	3	-	1	-	2	-
铜 陵	-	-	-	-	-	-
池 州	-	-	-	-	-	-
安 庆	36	30	9	3	27	27

5-25 （续表三）

单位：千吨

港口	总计	外贸	出港	外贸	进港	外贸
南　昌	1 220	4	5	–	1 215	4
九　江	190	–	30	–	160	–
武　汉	542	–	4	–	538	–
黄　石	1	1	1	1	1	…
荆　州	192	–	1	–	191	–
宜　昌	28	…	3	…	25	…
长　沙	178	46	36	36	142	10
湘　潭	–	–	–	–	–	–
株　洲	–	–	–	–	–	–
岳　阳	97	–	36	–	61	–
番　禺	–	–	–	–	–	–
新　塘	17	–	2	–	16	–
五　和	19	19	–	–	19	19
中　山	51	12	32	…	18	12
佛　山	306	234	193	147	113	87
江　门	72	27	15	13	57	14
虎　门	142	–	140	–	2	–
肇　庆	79	50	54	43	25	7
惠　州	2	–	–	–	2	–
南　宁	186	–	117	–	69	–
柳　州	–	–	–	–	–	–
贵　港	54	1	20	…	34	1
梧　州	45	–	45	–	–	–
来　宾	1	–	1	–	–	–
重　庆	502	–	122	–	381	–
#原重庆	256	–	7	–	248	–
涪　陵	3	–	3	–	–	–
万　州	–	–	–	–	–	–
重庆航管处	199	–	101	–	98	–
泸　州	148	11	89	10	59	1
宜　宾	29	–	21	–	8	–
乐　山	1	–	1	–	–	–
南　充	–	–	–	–	–	–
广　安	1	–	…	–	1	–
达　州	14	–	7	–	7	–

5-26　规模以上港口其他吞吐量

单位：千吨

港口	总计	外贸	出港	外贸	进港	外贸
总　计	2 510 518	989 097	1 316 806	563 899	1 193 712	425 199
沿海合计	2 239 965	911 315	1 177 852	519 330	1 062 114	391 985
丹　东	37 461	1 160	17 820	813	19 641	347
大　连	254 490	58 521	126 554	32 016	127 936	26 506
营　口	156 389	1 942	84 028	1 280	72 361	662
锦　州	38 198	253	32 307	133	5 891	121
秦皇岛	5 630	1 856	4 179	1 473	1 451	383
黄　骅	2 481	–	1 923	–	559	–
唐　山	12 668	326	7 950	67	4 718	260
#京　唐	10 081	322	5 823	63	4 258	260
曹妃甸	2 587	4	2 127	4	460	–
天　津	32 472	19 230	11 853	4 924	20 618	14 306
烟　台	95 696	6 978	46 541	5 260	49 155	1 719
#龙　口	7 876	1 442	5 354	1 217	2 522	224
威　海	30 516	17 082	16 588	8 932	13 928	8 150
青　岛	180 820	112 677	95 950	66 329	84 870	46 348
日　照	34 317	1 025	18 393	760	15 924	265
#石　臼	34 016	741	18 092	476	15 924	265
岚　山	301	284	301	284	–	–
上　海	294 242	226 289	155 819	123 973	138 422	102 316
连云港	56 309	17 065	29 352	9 495	26 957	7 569
嘉　兴	2 247	646	1 206	261	1 040	386
宁波-舟山	212 246	149 435	121 675	95 327	90 570	54 108
#宁　波	185 669	144 857	109 440	93 040	76 229	51 817
舟　山	26 577	4 578	12 235	2 287	14 342	2 291
台　州	13 332	718	5 958	72	7 374	646
温　州	20 752	1 162	8 651	595	12 101	567
福　州	27 927	12 036	14 268	8 372	13 659	3 664
#原福州	27 229	12 036	14 041	8 372	13 188	3 664
宁　德	698	–	227	–	471	–
莆　田	634	97	310	47	324	49
泉　州	36 652	946	16 965	312	19 688	635
厦　门	88 961	47 715	47 625	27 130	41 336	20 586

5-26 （续表一）

单位：千吨

港　口	总计	外贸	出港	外贸	进港	外贸
#原厦门	88 898	47 653	47 608	27 113	41 290	20 539
漳　州	63	63	17	17	46	46
汕　头	4 726	1 702	1 262	1 233	3 464	469
汕　尾	107	107	17	17	90	90
惠　州	2 185	440	1 476	42	708	399
深　圳	181 044	162 440	104 868	97 485	76 176	64 954
#蛇　口	57 165	40 769	30 798	24 129	26 367	16 639
赤　湾	52 583	52 583	27 374	27 374	25 209	25 209
妈　湾	48	4	4	–	44	4
东角头	–	–	–	–	–	–
盐　田	61 564	60 693	41 674	41 487	19 889	19 206
下　洞	–	–	–	–	–	–
虎　门	4 692	1 200	1 889	107	2 803	1 092
#太　平	84	70	36	22	48	48
麻　涌	454	369	89	4	365	365
沙　田	4 155	761	1 765	81	2 390	679
广　州	239 565	56 083	114 289	26 118	125 276	29 965
中　山	5 444	1 952	2 065	1 013	3 379	939
珠　海	9 782	4 216	5 441	2 607	4 341	1 610
江　门	4 469	888	2 124	544	2 345	343
阳　江	20	1	19	–	1	1
茂　名	2 932	518	1 402	143	1 530	375
湛　江	94 890	2 603	48 960	1 363	45 930	1 239
#原湛江	7 388	2 593	4 234	1 362	3 154	1 231
海　安	87 502	10	44 726	1	42 776	9
北部湾港	7 761	1 259	4 545	673	3 216	586
#北　海	1 926	342	1 072	141	854	201
钦　州	4 090	121	2 532	71	1 558	50
防　城	1 745	796	942	461	804	335
海　口	44 547	183	21 518	102	23 029	82
洋　浦	3 308	560	2 008	309	1 300	251
八　所	55	4	53	4	3	–
内河合计	**270 553**	**77 783**	**138 955**	**44 569**	**131 599**	**33 214**

5-26 （续表二）

单位：千吨

港口	总计	外贸	出港	外贸	进港	外贸
哈尔滨	–	–	–	–	–	–
佳木斯	3	–	1	–	2	–
上　海	4 874	–	3 045	–	1 829	–
南　京	25 384	9 990	14 258	7 505	11 126	2 485
镇　江	6 104	2 575	3 971	1 717	2 133	858
苏　州	85 064	23 541	42 138	12 169	42 927	11 372
#常　熟	4 506	3 449	1 493	1 013	3 013	2 435
太　仓	46 509	10 371	22 592	4 873	23 917	5 498
张家港	34 050	9 721	18 053	6 283	15 997	3 438
南　通	15 722	3 496	8 676	2 191	7 046	1 305
常　州	2 096	1 379	1 403	1 150	693	229
江　阴	2 751	311	1 340	103	1 411	208
扬　州	6 593	1 394	3 499	1 064	3 094	330
泰　州	1 534	401	1 045	148	489	253
徐　州	73	–	67	–	6	–
连云港	–	–	–	–	–	–
无　锡	978	215	204	153	774	62
宿　迁	365	–	25	–	340	–
淮　安	290	–	157	–	133	–
扬州内河	460	–	–	–	460	–
镇江内河	…	–	–	–	…	–
杭　州	1 579	–	586	–	993	–
嘉兴内河	3 418	–	650	–	2 768	–
湖　州	3 430	511	495	202	2 934	309
合　肥	776	16	459	8	317	8
亳　州	182	–	40	–	142	–
阜　阳	6	–	–	–	6	–
淮　南	100	–	37	–	63	–
滁　州	29	–	14	–	16	–
马鞍山	1 682	435	266	–	1 416	435
芜　湖	2 743	1 776	1 832	997	911	779
铜　陵	3 621	252	3 158	75	463	176
池　州	350	–	201	–	149	–
安　庆	229	22	90	3	139	19

5-26 （续表三）

单位：千吨

港口	总计	外贸	出港	外贸	进港	外贸
南 昌	678	435	432	362	246	72
九 江	4 041	1 870	2 010	1 192	2 031	678
武 汉	16 390	5 874	8 969	3 589	7 422	2 285
黄 石	98	26	26	12	72	14
荆 州	1 276	428	838	297	438	131
宜 昌	457	112	314	60	143	52
长 沙	397	173	133	106	263	67
湘 潭	30	—	—	—	30	—
株 洲	31	—	—	—	31	—
岳 阳	2 606	2 185	1 410	1 166	1 197	1 019
番 禺	178	—	142	—	36	—
新 塘	915	290	560	—	355	290
五 和	1 365	565	446	129	919	436
中 山	1 683	714	624	367	1 058	347
佛 山	16 992	9 855	8 632	5 310	8 360	4 545
江 门	1 849	1 362	937	732	912	631
虎 门	2 705	18	478	8	2 227	9
肇 庆	4 378	1 521	1 381	610	2 997	910
惠 州	2 404	36	1 481	—	924	36
南 宁	622	—	309	—	313	—
柳 州	…		…			
贵 港	1 366	41	644	20	721	22
梧 州	5 214	1 414	3 428	354	1 787	1 060
来 宾	1 112	—	1 041	—	70	—
重 庆	30 530	4 480	15 258	2 724	15 271	1 756
#原重庆	11 069	3 555	6 074	2 375	4 995	1 180
涪 陵	552	122	380	112	172	9
万 州	3 236	154	1 268	141	1 968	12
重庆航管处	14 743	114	7 274	95	7 469	20
泸 州	2 000	71	1 219	45	781	26
宜 宾	726	—	515	—	212	—
乐 山	68	—	68	—	—	—
南 充	—					
广 安	6	—	2	—	3	—
达 州	—					

5-27 规模以上港口集装箱吞吐量

港 口	总计 (TEU)	出港 (TEU)	40英尺	20英尺	进港 (TEU)	40英尺	20英尺	重量 (万吨)	货重
总 计	189 419 515	95 781 443	29 249 352	35 996 876	93 638 072	28 769 023	34 890 985	217 401	178 230
沿海合计	169 015 371	85 852 419	26 522 704	31 572 574	83 162 952	25 704 949	30 582 244	193 802	158 791
丹 东	1 508 366	750 745	115 341	520 063	757 621	114 801	528 019	2 925	2 578
大 连	10 014 877	5 009 452	1 419 632	2 165 146	5 005 425	1 438 545	2 123 090	10 843	8 538
营 口	5 301 289	2 648 203	414 674	1 818 855	2 653 086	416 042	1 821 002	12 228	10 931
锦 州	959 373	523 917	56 281	411 355	435 456	47 134	341 188	1 925	1 632
秦皇岛	387 810	193 125	50 255	92 615	194 685	43 140	108 405	549	472
黄 骅	230 422	114 657	32 105	50 447	115 765	32 253	51 253	248	199
唐 山	727 556	354 223	42 926	268 371	373 333	47 957	277 419	1 253	1 092
#京 唐	575 777	279 578	39 289	201 000	296 199	44 291	207 617	1 000	873
曹妃甸	151 779	74 645	3 637	67 371	77 134	3 666	69 802	253	218
天 津	13 012 213	6 635 113	1 662 689	3 286 240	6 377 100	1 692 914	2 967 521	15 216	12 420
烟 台	2 150 322	1 067 122	214 172	637 781	1 083 200	215 167	652 022	1 693	1 229
#龙 口	515 132	260 119	79 862	100 395	255 013	77 265	100 483	652	543
威 海	650 283	332 621	118 508	95 605	317 662	109 795	98 072	580	441
青 岛	15 521 856	7 867 180	2 582 605	2 640 588	7 654 676	2 545 328	2 502 032	16 801	13 580
日 照	2 026 603	1 010 234	259 542	491 143	1 016 370	261 283	493 790	3 339	2 915
#石臼	2 026 603	1 010 234	259 542	491 143	1 016 370	261 283	493 790	3 339	2 915
岚 山	—	—	—	—	—	—	—	—	—
上 海	33 616 812	17 094 923	5 768 716	5 314 241	16 521 890	5 564 282	5 153 647	34 243	27 731
连云港	5 487 698	2 736 795	920 707	894 931	2 750 903	925 084	899 826	5 452	4 367
嘉 兴	1 010 419	522 374	176 199	169 976	488 045	160 101	167 841	1 156	939
宁波-舟山	17 350 741	8 768 249	3 163 774	2 273 992	8 582 491	3 103 676	2 205 667	17 532	13 937
#宁 波	16 773 709	8 475 072	3 046 912	2 214 746	8 298 637	2 991 746	2 145 920	17 050	13 573
舟 山	577 032	293 177	116 862	59 246	283 855	111 930	59 747	482	364
台 州	166 571	83 056	9 771	63 514	83 515	9 768	63 979	198	162
温 州	572 691	287 103	65 013	157 072	285 588	64 424	156 729	773	658
福 州	1 977 862	980 818	229 063	506 501	997 044	229 221	523 966	2 686	2 272
#原福州	1 977 862	980 818	229 063	506 501	997 044	229 221	523 966	2 686	2 272
宁 德	—	—	—	—	—	—	—	—	—
莆 田	7 415	3 609	1 789	30	3 806	1 584	638	10	8
泉 州	1 700 628	844 029	113 832	616 311	856 599	119 346	617 389	3 332	2 921
厦 门	8 007 981	4 107 150	1 277 932	1 447 059	3 900 831	1 192 311	1 413 294	8 862	7 244

5-27 （续表一）

港 口	总计 （TEU）	出港 （TEU）	40英尺	20英尺	进港 （TEU）	40英尺	20英尺	重量 （万吨）	货重
#原厦门	7 990 017	4 098 298	1 277 932	1 438 207	3 891 719	1 192 311	1 404 182	8 853	7 239
漳　州	17 964	8 852	–	8 852	9 112	–	9 112	10	6
汕　头	1 287 973	656 248	234 610	184 843	631 725	222 368	185 074	1 261	1 003
汕　尾	17 298	8 714	3 377	–	8 584	3 310	–	11	7
惠　州	104 977	52 666	22 378	5 273	52 311	22 556	4 742	112	93
深　圳	23 278 528	12 082 969	4 650 129	2 260 647	11 195 559	4 304 419	2 098 084	18 098	13 409
#蛇　口	6 040 127	3 046 547	1 101 989	829 546	2 993 580	1 084 440	785 756	5 715	4 506
赤　湾	5 346 130	2 618 958	954 032	662 204	2 727 172	1 003 103	652 298	5 258	4 189
妈　湾	–	–	–	–	–	–	–	–	–
东角头	–	–	–	–	–	–	–	–	–
盐　田	10 796 113	5 880 873	2 391 873	654 206	4 915 241	2 008 743	540 693	6 156	3 966
下　洞	–	–	–	–	–	–	–	–	–
虎　门	1 592 039	769 755	139 581	488 293	822 285	159 565	499 719	2 878	2 559
#太　平	41 808	17 850	4 568	8 669	23 958	7 086	9 730	42	33
麻　涌	3 479	1 825	682	461	1 654	631	392	2	2
沙　田	1 546 752	750 080	134 331	479 163	796 673	151 848	489 597	2 834	2 524
广　州	15 311 121	7 803 436	2 136 247	3 495 113	7 507 685	2 030 312	3 413 631	22 865	19 785
中　山	803 575	402 983	154 622	77 708	400 592	153 327	77 704	534	374
珠　海	881 122	437 787	140 459	155 706	443 335	142 290	157 603	970	778
江　门	367 732	226 795	48 686	102 103	140 937	29 157	82 117	395	322
阳　江	36	–	–	–	36	–	36	…	…
茂　名	103 375	48 810	10 612	27 586	54 565	12 781	29 003	162	141
湛　江	451 767	223 282	58 801	104 685	228 486	60 035	107 473	658	562
#原湛江	450 713	222 956	58 638	104 685	227 758	59 671	107 473	657	562
海　安	1 054	326	163	–	728	364	–	1	1
北部湾港	1 003 250	497 396	90 200	316 996	505 854	91 170	323 514	1 703	1 486
#北　海	92 138	47 504	13 114	21 276	44 634	11 987	20 660	115	96
钦　州	601 296	294 308	50 420	193 468	306 988	52 925	201 138	1 132	997
防　城	309 816	155 584	26 666	102 252	154 232	26 258	101 716	456	393
海　口	1 168 168	578 847	100 277	378 151	589 321	102 189	384 799	1 997	1 744
洋　浦	254 625	128 037	37 199	53 634	126 589	37 314	51 956	313	259
八　所	–	–	–	–	–	–	–	–	–
内河合计	20 404 144	9 929 024	2 726 648	4 424 302	10 475 120	3 064 074	4 308 741	23 599	19 439

5-27 （续表二）

港 口	总计（TEU）	出港（TEU）	40英尺	20英尺	进港（TEU）	40英尺	20英尺	重量（万吨）	货重
哈尔滨	–	–	–	–	–	–	–	–	–
佳木斯	–	–	–	–	–	–	–	–	–
上 海	–	–	–	–	–	–	–	–	–
南 京	2 669 214	957 025	305 067	343 601	1 712 190	683 667	341 350	2 468	1 932
镇 江	380 363	192 384	20 656	151 065	187 980	22 322	141 812	573	497
苏 州	5 305 245	2 660 885	749 937	1 154 793	2 644 360	761 623	1 116 031	6 979	5 882
#常 熟	365 708	184 368	64 075	56 036	181 339	63 569	54 001	412	337
太 仓	3 267 133	1 626 738	466 598	689 590	1 640 394	481 095	675 448	4 628	3 941
张家港	1 672 405	849 779	219 264	409 167	822 626	216 959	386 582	1 939	1 604
南 通	600 559	372 212	93 308	178 306	228 347	57 426	113 304	702	583
常 州	148 928	81 240	18 049	45 142	67 688	13 837	40 014	210	180
江 阴	1 203 618	601 800	160 162	281 476	601 818	155 910	289 998	940	699
扬 州	504 880	303 143	76 916	149 311	201 737	50 004	101 729	531	423
泰 州	176 225	88 347	23 530	41 287	87 878	23 380	41 118	223	188
徐 州	5 123	2 466	–	2 466	2 657	–	2 657	7	6
连云港	–	–	–	–	–	–	–	–	–
无 锡	25 121	12 584	4 467	3 650	12 537	4 341	3 855	29	24
宿 迁	–	–	–	–	–	–	–	–	–
淮 安	68 396	32 755	2 080	28 019	35 641	2 951	29 206	149	134
扬州内河	–	–	–	–	–	–	–	–	–
镇江内河	–	–	–	–	–	–	–	–	–
杭 州	2 182	989	57	875	1 193	65	1 063	3	3
嘉兴内河	142 512	69 451	27 320	14 811	73 061	29 117	14 827	140	112
湖 州	86 524	42 062	19 750	2 562	44 462	20 918	2 626	52	34
合 肥	100 513	51 317	15 963	19 391	49 196	15 458	18 280	131	111
亳 州	–	–	–	–	–	–	–	–	–
阜 阳	–	–	–	–	–	–	–	–	–
淮 南	–	–	–	–	–	–	–	–	–
滁 州	–	–	–	–	–	–	–	–	–
马鞍山	70 707	34 040	15 657	2 726	36 667	17 178	2 311	56	43
芜 湖	287 701	142 107	55 957	30 193	145 594	55 108	35 378	181	123
铜 陵	21 775	10 254	759	8 736	11 521	708	10 105	30	25
池 州	10 932	5 469	400	4 669	5 463	422	4 619	16	14
安 庆	35 027	17 365	3 437	10 491	17 662	3 499	10 664	45	38

5-27 (续表三)

港口	总计 (TEU)	出港 (TEU)	40英尺	20英尺	进港 (TEU)	40英尺	20英尺	重量 (万吨)	货重
南昌	90 872	44 400	10 301	23 798	46 472	10 904	24 664	107	89
九江	194 647	95 588	23 322	48 944	99 059	24 466	50 127	240	201
武汉	852 918	428 319	96 015	231 604	424 600	93 806	232 265	1 248	1 077
黄石	23 180	11 299	1 393	8 513	11 881	1 321	9 239	36	30
荆州	93 621	46 468	5 119	36 230	47 153	5 478	36 197	128	109
宜昌	103 028	50 741	6 993	36 755	52 287	7 421	37 445	163	140
长沙	92 168	47 160	13 289	20 546	45 008	12 344	20 284	117	97
湘潭	–	–	–	–	–	–	–	–	–
株洲	–	–	–	–	–	–	–	–	–
岳阳	200 060	101 457	29 501	42 455	98 603	26 990	44 623	261	220
番禺	42 973	42 973	16 781	9 411	–	–	–	9	–
新塘	38 856	3 869	1 784	301	34 987	17 213	554	42	34
五和	111 505	51 762	12 861	26 040	59 743	12 447	34 849	137	111
中山	517 846	258 652	107 187	41 731	259 194	107 361	41 844	356	252
佛山	2 749 956	1 345 087	363 969	608 032	1 404 869	374 729	646 316	3 024	2 472
江门	565 905	289 166	91 642	96 493	276 740	90 380	93 853	554	441
虎门	394 236	188 784	85 875	17 034	205 452	94 172	17 108	379	300
肇庆	700 900	351 699	53 957	235 626	349 202	54 128	232 240	974	828
惠州	59 305	29 724	3 710	22 304	29 581	3 335	22 911	95	85
南宁	9 088	4 356	143	4 070	4 732	126	4 480	17	15
柳州	245	245	–	245	–	–	–	1	…
贵港	112 402	55 559	8 417	38 723	56 843	8 660	39 523	193	169
梧州	391 998	190 193	25 317	139 559	201 805	26 796	148 213	676	590
来宾	45 311	21 638	228	21 182	23 673	210	23 253	56	46
重庆	905 844	452 486	125 546	201 374	453 357	128 424	196 507	1 041	853
#原重庆	660 427	330 877	100 526	129 805	329 549	101 945	125 657	797	659
涪陵	31 006	15 177	–	15 177	15 829	–	15 829	55	48
万州	105 865	52 420	1 407	49 606	53 445	1 987	49 471	95	74
重庆航管处	11 667	5 834	560	4 714	5 833	1 101	3 631	19	17
泸州	201 312	103 502	36 590	30 230	97 810	36 998	23 742	207	166
宜宾	60 423	36 004	13 236	9 532	24 419	8 431	7 557	73	63
乐山	–	–	–	–	–	–	–	–	–
南充	–	–	–	–	–	–	–	–	–
广安	–	–	–	–	–	–	–	–	–
达州	–	–	–	–	–	–	–	–	–

5-28 规模以上港口集装箱吞吐量（重箱）

港口	总计（TEU）	出港（TEU）	出港 40英尺	出港 20英尺	进港（TEU）	进港 40英尺	进港 20英尺
总计	**125 659 885**	**74 953 137**	**23 018 636**	**27 852 649**	**50 706 748**	**14 121 539**	**22 269 593**
沿海合计	**113 411 441**	**68 201 371**	**21 325 200**	**24 501 569**	**45 210 070**	**12 658 298**	**19 721 038**
丹东	1 031 057	535 197	66 066	403 065	495 860	60 276	375 308
大连	5 603 991	2 946 602	832 743	1 277 367	2 657 390	754 482	1 145 800
营口	4 673 543	2 470 029	367 117	1 735 795	2 203 514	391 987	1 419 540
锦州	602 792	427 415	44 018	339 379	175 377	18 846	137 685
秦皇岛	200 981	158 792	41 817	75 158	42 189	10 657	20 875
黄骅	88 500	75 129	14 732	45 665	13 371	2 182	9 001
唐山	451 180	288 152	27 864	232 424	163 028	20 850	121 328
#京唐	367 382	215 431	24 573	166 285	151 951	19 396	113 159
曹妃甸	83 798	72 721	3 291	66 139	11 077	1 454	8 169
天津	7 940 793	4 566 803	1 125 447	2 302 020	3 373 989	1 018 116	1 319 908
烟台	877 396	514 251	145 132	223 283	363 145	108 091	146 236
#龙口	236 179	157 740	32 728	92 284	78 439	17 560	43 319
威海	357 261	219 601	77 903	63 795	137 660	47 654	42 352
青岛	9 937 710	6 111 820	1 948 685	2 177 791	3 825 890	1 251 060	1 312 234
日照	1 500 301	783 571	193 324	396 923	716 730	164 101	388 514
#石臼	1 500 301	783 571	193 324	396 923	716 730	164 101	388 514
岚山	–	–	–	–	–	–	–
上海	25 373 346	15 378 171	5 304 108	4 561 445	9 995 175	3 219 341	3 510 842
连云港	2 144 684	1 124 513	166 422	791 268	1 020 171	116 281	787 051
嘉兴	606 116	227 276	74 475	78 326	378 840	124 811	129 218
宁波－舟山	10 604 831	7 453 488	2 829 135	1 639 903	3 151 343	998 808	1 140 742
#宁波	10 266 981	7 276 311	2 754 382	1 612 268	2 990 669	932 223	1 113 270
舟山	337 851	177 177	74 753	27 635	160 674	66 585	27 472
台州	79 816	16 673	6 700	3 273	63 143	4 038	55 067
温州	336 377	129 989	42 000	45 987	206 387	30 948	144 480
福州	1 396 926	801 994	203 010	380 165	594 932	127 494	337 370
#原福州	1 396 926	801 994	203 010	380 165	594 932	127 494	337 370
宁德	–	–	–	–	–	–	–
莆田	5 728	3 450	1 711	27	2 278	820	638
泉州	1 383 616	683 920	82 317	519 277	699 696	93 002	513 174
厦门	5 462 046	3 440 833	1 061 470	1 227 780	2 021 214	494 336	1 018 463

5-28 （续表一）

港口	总计（TEU）	出港（TEU）	40英尺	20英尺	进港（TEU）	40英尺	20英尺
#原厦门	5 452 264	3 438 801	1 061 470	1 225 748	2 013 464	494 336	1 010 713
漳州	9 782	2 032	–	2 032	7 750	–	7 750
汕头	814 632	465 911	196 701	70 826	348 721	95 175	158 335
汕尾	8 586	2	1	–	8 584	3 310	–
惠州	53 074	30 433	13 822	2 784	22 642	8 377	3 435
深圳	15 592 925	11 220 438	4 393 983	1 940 278	4 372 488	1 511 434	1 307 761
#蛇口	4 281 223	2 796 569	1 042 823	701 931	1 484 655	449 029	583 910
赤湾	3 874 178	2 241 191	835 468	530 090	1 632 986	570 656	476 695
妈湾	–	–	–	–	–	–	–
东角头	–	–	–	–	–	–	–
盐田	6 711 971	5 736 584	2 338 651	630 457	975 388	393 182	167 587
下洞	–	–	–	–	–	–	–
虎门	1 293 088	550 063	82 518	384 980	743 025	138 196	463 278
#太平	25 809	1 896	516	864	23 913	7 064	9 729
麻涌	1 676	42	18	6	1 634	621	392
沙田	1 265 603	548 125	81 984	384 110	717 478	130 511	453 157
广州	11 577 671	5 606 493	1 468 081	2 655 953	5 971 179	1 563 398	2 833 986
中山	511 052	380 101	147 417	70 635	130 951	42 464	44 178
珠海	581 821	370 444	121 214	127 100	211 377	50 206	110 648
江门	169 851	75 894	20 283	34 993	93 957	14 163	65 584
阳江	36	–	–	–	36	–	36
茂名	75 776	33 214	5 681	21 852	42 562	10 237	22 088
湛江	318 809	184 451	50 363	83 723	134 358	27 413	78 589
#原湛江	318 051	184 421	50 348	83 723	133 630	27 049	78 589
海安	758	30	15	–	728	364	–
北部湾港	663 726	421 683	76 103	269 477	242 043	38 328	165 387
#北海	58 984	32 874	9 985	12 904	26 110	5 667	14 776
钦州	413 116	251 705	43 831	164 043	161 411	26 050	109 311
防城	191 626	137 104	22 287	92 530	54 522	6 611	41 300
海口	928 846	390 253	59 208	271 785	538 594	87 379	363 750
洋浦	162 561	114 325	33 629	47 067	48 236	10 037	28 157
八所	–	–	–	–	–	–	–
内河合计	12 248 443	6 751 766	1 693 436	3 351 080	5 496 678	1 463 241	2 548 555

5-28 （续表二）

港口	总计（TEU）	出港（TEU）	40英尺	20英尺	进港（TEU）	40英尺	20英尺
哈尔滨	-	-	-	-	-	-	-
佳木斯	-	-	-	-	-	-	-
上海	-	-	-	-	-	-	-
南京	1 028 962	686 867	193 659	296 554	342 095	61 534	218 633
镇江	249 042	174 046	15 284	143 473	74 996	12 897	49 200
苏州	3 894 532	1 919 295	490 444	936 997	1 975 237	573 797	824 654
#常熟	211 923	70 200	8 579	53 042	141 723	61 321	18 881
太仓	2 589 317	1 265 345	351 181	562 703	1 323 971	375 414	570 600
张家港	1 093 292	583 750	130 684	321 252	509 542	137 062	235 173
南通	349 773	200 379	49 417	101 419	149 394	34 856	79 551
常州	90 537	64 303	13 774	36 755	26 234	3 258	19 718
江阴	314 325	147 861	22 389	103 083	166 464	26 491	113 482
扬州	261 801	179 561	43 913	91 735	82 240	16 014	50 212
泰州	120 848	76 309	22 572	31 165	44 539	5 944	32 651
徐州	2 446	2 446	-	2 446	-	-	-
连云港	-	-	-	-	-	-	-
无锡	15 911	11 744	4 097	3 550	4 167	1 159	1 849
宿迁	-	-	-	-	-	-	-
淮安	48 142	32 082	1 963	27 593	16 060	1 132	13 614
扬州内河	-	-	-	-	-	-	-
镇江内河	-	-	-	-	-	-	-
杭州	1 155	126	38	50	1 029	27	975
嘉兴内河	79 358	7 756	2 219	3 318	71 602	29 048	13 506
湖州	53 194	35 743	17 622	499	17 451	7 645	2 161
合肥	63 912	47 995	15 265	17 465	15 917	658	14 601
亳州	-	-	-	-	-	-	-
阜阳	-	-	-	-	-	-	-
淮南	-	-	-	-	-	-	-
滁州	-	-	-	-	-	-	-
马鞍山	37 082	2 697	-	2 697	34 385	17 178	29
芜湖	209 834	127 180	50 681	25 818	82 654	30 434	21 786
铜陵	12 704	3 934	50	3 834	8 770	692	7 386
池州	5 825	3 961	349	3 263	1 864	79	1 706
安庆	21 740	15 299	2 720	9 859	6 441	1 595	3 251

5-28 （续表三）

港 口	总计（TEU）	出港（TEU）	40英尺	20英尺	进港（TEU）	40英尺	20英尺
南　昌	61 594	42 865	9 972	22 921	18 729	4 304	10 121
九　江	119 170	70 426	14 757	40 912	48 744	11 911	24 922
武　汉	674 574	386 944	87 956	206 890	287 629	62 172	163 166
黄　石	14 879	6 671	1 084	4 503	8 208	696	6 816
荆　州	64 380	43 597	3 921	35 755	20 783	3 071	14 641
宜　昌	65 975	44 532	4 091	36 350	21 443	2 611	16 221
长　沙	67 035	38 271	11 590	15 055	28 764	5 971	16 822
湘　潭	-	-	-	-	-	-	-
株　洲	-	-	-	-	-	-	-
岳　阳	148 356	81 351	22 331	36 689	67 005	16 712	33 581
番　禺	-	-	-	-	-	-	-
新　塘	36 300	2 589	1 219	151	33 711	16 594	516
五　和	64 669	22 640	5 823	10 994	42 029	8 050	25 929
中　山	289 939	252 456	105 656	38 703	37 483	9 901	17 532
佛　山	1 624 505	1 021 257	237 087	546 617	603 249	196 533	201 421
江　门	352 273	234 013	79 291	73 978	118 260	32 626	52 806
虎　门	232 942	35 643	13 353	8 937	197 299	91 630	14 039
肇　庆	398 667	109 574	9 814	89 863	289 093	47 657	185 073
惠　州	46 987	22 165	2 173	17 819	24 822	1 997	20 828
南　宁	5 689	4 298	143	4 012	1 391	85	1 221
柳　州	161	161	-	161	-	-	-
贵　港	77 642	38 732	8 038	22 656	38 910	3 113	32 684
梧　州	236 257	157 203	13 490	130 223	79 054	17 289	44 476
来　宾	22 362	21 638	228	21 182	724	46	632
重　庆	635 735	292 508	90 844	110 818	343 227	86 662	169 903
#原重庆	492 899	255 207	85 708	83 789	237 692	61 746	114 200
涪　陵	20 905	15 177	-	15 177	5 728	-	5 728
万　州	56 939	10 298	1 164	7 970	46 641	584	45 473
重庆航管处	8 230	2 810	16	2 778	5 420	1 101	3 218
泸　州	107 876	53 286	13 065	27 064	54 590	16 054	22 482
宜　宾	39 356	29 362	11 054	7 254	9 994	3 118	3 758
乐　山	-	-	-	-	-	-	-
南　充	-	-	-	-	-	-	-
广　安	-	-	-	-	-	-	-
达　州	-	-	-	-	-	-	-

主要统计指标解释

码头泊位长度 指报告期末用于停系靠船舶,进行货物装卸和上下旅客地段的实际长度。包括固定的、浮动的各种型式码头的泊位长度。计算单位:米。

泊位个数 指报告期末泊位的实际数量。计算单位:个。

旅客吞吐量 指报告期内经由水路乘船进、出港区范围的旅客数量。不包括免票儿童、船员人数、轮渡和港内短途客运的旅客人数。计算单位:人次。

货物吞吐量 指报告期内经由水路进、出港区范围并经过装卸的货物数量。包括邮件、办理托运手续的行李、包裹以及补给的船舶的燃料、物料和淡水。计算单位:吨。

集装箱吞吐量 指报告期内由水路进、出港区范围并经装卸的集装箱数量。计算单位:箱、TEU、吨。

六、交通固定资产投资

简 要 说 明

一、本篇资料反映我国交通固定资产投资完成的基本情况。

二、公路和水运建设投资的统计范围为全社会固定资产投资，由各省（区、市）交通运输厅（局、委）提供，其他投资的统计范围为交通部门投资，交通运输部所属单位、主要港口和有关运输企业的数据由各单位直接报送。

6-1 交通固定资产投资额（按地区和使用方向分）

单位：万元

地区	总计	公路建设	沿海建设	内河建设	其他建设
总计	155 332 199	136 922 006	9 824 916	5 459 704	3 125 573
东部地区	56 155 091	42 856 279	9 334 647	2 048 781	1 915 383
中部地区	38 371 607	35 992 675	–	1 994 313	384 619
西部地区	60 805 501	58 073 051	490 269	1 416 610	825 571
北京	1 122 319	924 987	–	–	197 332
天津	2 428 656	989 553	1 435 114	–	3 989
河北	8 820 800	6 904 658	1 829 217	–	86 925
山西	3 792 367	3 763 717	–	–	28 650
内蒙古	6 567 867	6 560 867	–	552	6 448
辽宁	2 285 790	1 696 903	565 572	805	22 510
吉林	1 368 749	1 367 601	–	348	800
黑龙江	1 203 381	1 160 437	–	19 235	23 709
上海	2 065 158	1 457 858	164 703	87 082	355 515
江苏	5 962 613	3 810 967	497 986	1 602 887	50 773
浙江	9 060 482	6 758 206	1 201 285	236 710	864 281
安徽	7 047 549	6 509 393	–	510 367	27 789
福建	8 181 254	7 049 719	1 092 266	3 000	36 269
江西	3 565 434	3 506 484	–	51 837	7 113
山东	5 464 769	4 202 113	1 075 147	87 325	100 184
河南	4 764 621	4 596 272	–	122 249	46 100
湖北	9 401 926	8 193 200	–	988 408	220 319
湖南	7 227 582	6 895 573	–	301 870	30 139
广东	9 695 990	8 479 928	1 086 173	30 972	98 917
广西	6 996 806	6 026 706	490 269	444 288	35 543
海南	1 067 259	581 387	387 184	–	98 688
重庆	4 618 707	4 211 154	–	316 139	91 414
四川	11 666 778	10 730 331	–	488 826	447 621
贵州	8 590 085	8 459 294	–	123 320	7 471
云南	6 271 660	6 241 426	–	24 299	5 935
西藏	1 211 838	1 211 538	–	–	300
陕西	3 261 134	3 239 646	–	2 313	19 175
甘肃	4 643 282	4 529 732	–	10 578	102 972
青海	1 956 560	1 858 373	–	4 395	93 792
宁夏	914 680	909 880	–	1 900	2 900
新疆	4 106 104	4 094 104	–	–	12 000
#兵团	581 445	581 445	–	–	–

6-2 公路建设投资完成额

单位：万元

地 区	总 计	重点项目	其他公路	农村公路
总 计	136 922 006	64 749 830	47 403 682	24 768 493
东部地区	42 856 279	21 143 981	13 926 774	7 785 524
中部地区	35 992 675	15 845 347	14 347 759	5 799 570
西部地区	58 073 051	27 760 502	19 129 150	11 183 400
北 京	924 987	295 765	399 857	229 365
天 津	989 553	793 290	187 403	8 860
河 北	6 904 658	4 951 816	1 154 381	798 461
山 西	3 763 717	1 766 002	1 584 101	413 614
内蒙古	6 560 867	3 122 767	2 466 114	971 986
辽 宁	1 696 903	1 049 802	513 034	134 067
吉 林	1 367 601	640 162	500 509	226 930
黑龙江	1 160 437	193 212	718 562	248 663
上 海	1 457 858	310 942	486 373	660 543
江 苏	3 810 967	1 135 894	2 052 920	622 153
浙 江	6 758 206	1 539 728	3 098 605	2 119 873
安 徽	6 509 393	1 512 477	4 277 937	718 979
福 建	7 049 719	3 964 881	2 261 129	823 709
江 西	3 506 484	1 402 193	1 374 205	730 085
山 东	4 202 113	788 675	1 945 880	1 467 558

6-2 （续表一）

单位：万元

地　区	总　计	重点项目	其他公路	农村公路
河　南	4 596 272	1 866 279	2 002 726	727 267
湖　北	8 193 200	4 252 451	2 029 600	1 911 149
湖　南	6 895 573	4 212 570	1 860 119	822 884
广　东	8 479 928	6 064 086	1 627 492	788 351
广　西	6 026 706	2 264 369	3 254 860	507 477
海　南	581 387	249 102	199 700	132 585
重　庆	4 211 154	2 241 279	1 061 213	908 662
四　川	10 730 331	4 275 981	3 780 008	2 674 343
贵　州	8 459 294	5 194 467	2 243 673	1 021 154
云　南	6 241 426	2 795 836	1 924 392	1 521 198
西　藏	1 211 538	204 068	358 734	648 736
陕　西	3 239 646	1 649 468	1 003 406	586 772
甘　肃	4 529 732	2 058 182	1 395 580	1 075 970
青　海	1 858 373	1 163 638	440 132	254 603
宁　夏	909 880	116 250	485 820	307 810
新　疆	4 094 104	2 674 197	715 218	704 689
#兵团	581 445	266 633	14 621	300 191

6-3 公路建设投资

地区	总计	国道	国家高速公路	省道	县道	乡道
总计	136 922 006	41 583 507	26 835 460	62 684 133	10 171 396	4 825 631
东部地区	42 856 279	12 277 103	7 736 284	18 518 938	5 027 438	755 073
中部地区	35 992 675	6 553 368	3 939 186	22 011 234	2 692 926	1 104 259
西部地区	58 073 051	22 753 036	15 159 990	22 153 961	2 451 033	2 966 298
北京	924 987	554 215	479 013	119 292	80 682	133 314
天津	989 553	337 160	–	612 476	898	7 962
河北	6 904 658	3 556 479	1 976 219	2 479 360	306 883	64 575
山西	3 763 717	405 201	215 053	2 912 779	215 104	120 413
内蒙古	6 560 867	3 257 479	2 251 489	2 000 802	151 288	46 238
辽宁	1 696 903	306 163	257 550	1 109 770	6 029	65 215
吉林	1 367 601	714 168	570 662	392 134	49 660	3 039
黑龙江	1 160 437	242 240	–	605 721	8 901	63 114
上海	1 457 858	–	–	479 123	540 441	16 132
江苏	3 810 967	555 739	2 972	2 133 941	527 252	844
浙江	6 758 206	1 041 276	281 449	2 866 668	1 595 595	122 174
安徽	6 509 393	799 136	56 831	4 525 200	323 232	218 158
福建	7 049 719	1 987 299	2 316 471	3 864 677	766 247	3 014
江西	3 506 484	527 643	303 699	1 973 921	183 898	46 071
山东	4 202 113	916 682	555 350	1 134 433	523 535	180 959
河南	4 596 272	1 035 392	659 380	2 685 549	234 801	292 636
湖北	8 193 200	660 039	399 011	5 240 867	1 495 832	194 265
湖南	6 895 573	2 169 549	1 734 550	3 675 063	181 498	166 564
广东	8 479 928	2 903 705	1 867 260	3 453 067	541 486	160 884
广西	6 026 706	2 411 964	1 902 358	2 993 969	74 133	24 724
海南	581 387	118 385	–	266 131	138 391	–
重庆	4 211 154	288 119	30 601	2 774 666	16 680	6 977
四川	10 730 331	3 410 014	2 287 774	4 344 512	677 074	576 948
贵州	8 459 294	2 914 537	2 538 873	4 476 277	114 953	72 209
云南	6 241 426	3 547 764	2 153 976	998 009	453 071	842 492
西藏	1 211 538	441 595	–	62 655	19 865	–
陕西	3 239 646	1 004 850	671 996	1 573 869	162 826	163 132
甘肃	4 529 732	1 915 892	1 208 205	1 425 114	25 865	971 805
青海	1 858 373	1 235 069	418 861	333 878	24 816	17 153
宁夏	909 880	291 250	134 600	123 100	105 650	61 630
新疆	4 094 104	2 034 503	1 561 257	1 047 110	624 812	182 990
#兵团	581 445	–	–	2 300	483 184	5 180

完成额（按设施分）

单位：万元

村 道	专用公路	农村公路渡口改造、渡改桥	独立桥梁	独立隧道	客运站	货运站	停车场
8 634 728	1 207 758	217 690	3 853 396	171 602	1 722 997	1 838 134	11 034
1 656 512	579 985	73 231	2 077 531	34 573	699 897	1 144 965	11 034
1 479 474	64 616	38 829	1 096 936	2 923	492 684	455 427	-
5 498 742	563 158	105 630	678 929	134 106	530 417	237 742	-
1 700	11 782	-	10 192	999	2 478	10 333	-
-	6 196	-	24 861	-	-	-	-
395 237	11 669	-	29 446	6 700	32 089	22 220	-
62 281	1 903	225	26 181	902	16 366	2 362	-
767 885	220 096	-	56 816	-	54 263	6 000	-
30 000	9 040	-	122 530	-	42 656	5 500	-
158 599	-	-	25 093	2 021	22 887	-	-
154 965	1 365	-	28 400	-	12 614	43 117	-
103 970	-	-	318 192	-	-	-	-
72 427	70 424	10 726	158 687	-	101 887	179 040	-
190 644	23 699	21 307	244 580	19 002	257 921	367 121	8 219
55 148	-	1 471	467 789	-	69 063	50 196	-
-	100 423	29 273	188 586	-	62 500	47 700	-
445 287	57 393	3 761	171 535	-	55 975	41 000	-
674 012	1 182	-	95 850	-	164 564	508 081	2 815
74 843	3 334	-	178 900	-	90 818	-	-
184 975	-	320	50 468	-	108 006	258 427	-
343 376	621	33 052	148 570	-	116 955	60 325	-
187 576	312 860	11 925	859 802	7 872	35 782	4 970	-
356 005	1 213	5 825	107 692	-	40 367	10 814	-
946	32 709	-	24 805	-	20	-	-
833 331	91 618	23 805	110 733	4 205	29 583	31 438	-
1 228 510	5 700	43 361	122 285	114 982	144 277	62 669	-
792 287	18 180	6 431	28 522	-	35 878	20	-
203 482	20 421	5 508	67 744	-	54 384	48 551	-
626 325	314	-	45 865	14 919	-	-	-
225 903	4 370	20 100	19 726	-	47 620	17 250	-
8 625	33 735	-	38 090	-	80 106	30 500	-
198 534	29 823	-	9 700	-	9 400	-	-
128 010	122 770	-	40 770	-	6 200	30 500	-
129 846	14 918	600	30 986	-	28 339	-	-
64 571	-	600	13 719	-	11 891	-	-

主要统计指标解释

交通固定资产投资额 是以货币形式表现的在一定时期内建造和购置固定资产活动的工作量以及与此有关的费用的总称。它是反映交通固定资产投资规模、结构、使用方向和发展速度的综合性指标，又是观察工程进展和考核投资效果的重要依据。交通固定资产投资一般按以下分组标志进行分类：

按照建设性质，分为新建、扩建、改建、迁建和恢复。

按照构成，分为建筑、安装工程，设备、器具购置，其他。

重点项目 仅指交通运输部年度计划中的重点公路项目。

农村公路 包括县、乡、村公路建设项目以及农村客运站点、渡改桥项目。

其他公路 是指公路建设中非重点项目和非农村项目，包括"路网改造"、"枢纽场站"等。

七、交通运输科技

简 要 说 明

一、本篇资料反映交通运输系统科技机构、人员、基础条件建设、科技项目、科技成果基本情况。

二、交通运输科技活动人员、科技建设投资、实验室及工程技术中心统计范围是纳入统计的交通运输科技机构所拥有的科技活动人员、为科技投入的资金、所拥有的实验室及工程技术中心。

三、交通运输科技项目包括列入各级交通运输部门科技计划的科技项目、列入其他行业管理部门科技计划但纳入交通运输部门管理的科技项目、列入重点交通运输企事业单位科技计划的交通运输科技项目。

四、本篇资料由交通运输部科技司提供。

7-1 交通运输科技机构数量（按地区分）

计量单位：个

省　区	合计	交通运输部直属科技机构	省、自治区、直辖市属科技机构	市属科技机构	直属及联系紧密高等院校	事业、企业单位属科技机构
合　计	127	7	33	5	17	65
东部地区	68	7	12	1	8	40
北　京	27	5	3	-	1	18
天　津	6	1	1	-	-	4
河　北	1	-	1	-	-	-
辽　宁	3	-	1	-	2	-
上　海	12	1	1	-	1	9
江　苏	6	-	2	-	2	2
浙　江	3	-	1	-	-	2
福　建	1	-	1	-	-	-
山　东	4	-	1	-	2	1
广　东	5	-	-	1	-	4
海　南	-	-	-	-	-	-
中部地区	22	-	9	2	3	8
山　西	1	-	1	-	-	-
吉　林	2	-	1	-	-	1
黑龙江	2	-	1	-	1	-
安　徽	2	-	2	-	-	-
江　西	1	-	1	-	-	-
河　南	1	-	1	-	-	-
湖　北	10	-	1	2	1	6
湖　南	3	-	1	-	1	1
西部地区	37	-	12	2	6	17
内蒙古	2	-	1	1	-	-
广　西	9	-	1	-	1	7
重　庆	4	-	-	-	1	3
四　川	3	-	-	-	1	2
贵　州	2	-	1	-	-	1
云　南	3	-	2	-	-	1
西　藏	1	-	1	-	-	-
陕　西	5	-	-	1	2	2
甘　肃	2	-	1	-	-	1
青　海	1	-	1	-	-	-
宁　夏	1	-	1	-	-	-
新　疆	4	-	3	-	1	-

7-2 交通运输科技活动人员数量（按机构性质分）

计量单位：人

		总计	交通运输部直属科技机构	省、自治区、直辖市属科技机构	市属科技机构	直属及联系紧密高等院校	事业、企业单位属科技机构
合 计		**40 492**	**3 774**	**4 162**	**434**	**8 131**	**23 991**
按编制分类	事业编制	12 318	1 677	1 203	60	8 072	1 306
	企业编制	28 174	2 097	2 959	374	59	22 685
按性别分类	女性	10 921	1 226	1 125	117	2 996	5 457
	男性	29 571	2 548	3 037	317	5 135	18 534
按学位分类	博士	3 443	316	125	11	2 422	569
	硕士	12 737	1 320	1 199	148	3 258	6 812
	其他	24 312	2 138	2 838	275	2 451	16 610
按学历分类	研究生	15 815	1 523	1 287	137	5 273	7 595
	大学本科	18 101	1 424	2 077	196	2 276	12 128
	大专及其他	6 576	827	798	101	582	4 268
按职称分类	高级	11 941	1 170	1 340	66	3 598	5 767
	中级	15 207	1 066	1 317	136	3 363	9 325
	初级及其他	13 344	1 538	1 505	232	1 170	8 899

7-3 交通运输科研实验室及研究中心数量（按地区分）

计量单位：个

省 区	实验室和研究中心数量总计	机构内设交通科研实验室数量					机构内设交通工程技术（研究）中心数量				
		合计	其中：省部级以上				合计	其中：省部级以上			
			小计	国家级	行业级	省级		小计	国家级	行业级	省级
合 计	**280**	**180**	**135**	**10**	**49**	**76**	**100**	**86**	**11**	**11**	**64**
交通运输部直属科技机构	**29**	**25**	**11**	**1**	**10**	**–**	**4**	**3**	**2**	**1**	**–**
省、自治区、直辖市属科技机构	**56**	**32**	**25**	**1**	**8**	**16**	**24**	**23**	**1**	**2**	**20**
市属科技机构	**8**	**6**	**1**	**–**	**–**	**1**	**2**	**–**	**–**	**–**	**–**
直属及联系紧密高等院校	**115**	**81**	**75**	**3**	**17**	**55**	**34**	**32**	**2**	**3**	**27**
事业、企业单位属科技机构	**72**	**36**	**23**	**5**	**14**	**4**	**36**	**28**	**6**	**5**	**17**
东部地区	**142**	**87**	**61**	**4**	**27**	**30**	**55**	**51**	**8**	**5**	**38**
北 京	39	26	10	–	7	3	13	11	3	2	6
天 津	8	8	6	1	4	1	–	–	–	–	–
河 北	1	–	–	–	–	–	1	1	–	–	1
辽 宁	34	23	23	–	3	20	11	9	1	1	7
上 海	22	6	6	1	5	–	16	16	3	–	13
江 苏	27	16	11	2	5	4	11	11	1	1	9
浙 江	–	–	–	–	–	–	–	–	–	–	–
福 建	2	1	1	–	–	1	1	1	–	–	1
山 东	6	6	3	–	2	1	–	–	–	–	–
广 东	3	1	1	–	1	–	2	2	–	1	1
海 南	–	–	–	–	–	–	–	–	–	–	–
中部地区	**52**	**36**	**34**	**1**	**9**	**24**	**16**	**10**	**–**	**3**	**7**
山 西	5	4	4	–	1	3	1	1	–	–	1
吉 林	2	2	2	–	1	1	–	–	–	–	–
黑龙江	10	10	10	–	3	7	–	–	–	–	–
安 徽	–	–	–	–	–	–	–	–	–	–	–
江 西	1	1	1	–	–	1	–	–	–	–	–
河 南	3	–	–	–	–	–	3	3	–	1	2
湖 北	15	6	4	–	3	1	9	3	–	1	2
湖 南	16	13	13	1	1	11	3	3	–	1	2
西部地区	**86**	**57**	**40**	**5**	**13**	**22**	**29**	**25**	**3**	**3**	**19**
内蒙古	–	–	–	–	–	–	–	–	–	–	–
广 西	13	10	6	–	–	6	3	3	–	–	3
重 庆	33	23	19	4	5	10	10	9	2	–	7
四 川	–	–	–	–	–	–	–	–	–	–	–
贵 州	1	–	–	–	–	–	1	1	–	1	–
云 南	7	1	1	1	–	–	6	6	–	–	6
西 藏	–	–	–	–	–	–	–	–	–	–	–
陕 西	24	18	10	–	6	4	6	4	–	2	2
甘 肃	1	–	–	–	–	–	1	1	–	–	1
青 海	3	2	2	–	1	1	1	1	1	–	–
宁 夏	3	2	1	–	–	1	1	–	–	–	–
新 疆	1	1	1	–	1	–	–	–	–	–	–

7-4 交通运输科技成果、效益及影响情况

指　　　标	计算单位	数量	指　　　标	计算单位	数量
形成研究报告数	篇	2 024	出版著作数	篇	75
发表科技论文数	篇	3 862		万字	2 015
其中：核心期刊	篇	1 734	形成新产品、新材料、新工艺、新装置数	项	218
向国外发表	篇	474	其中：国家级重点新产品	项	2
SCI、EI、ISTP 收录	篇	724	省级重点新产品	项	33
科技成果鉴定数	项	443	政府科技奖获奖数	项	66
其中：国际领先	项	24	其中：国家级	项	2
国际先进	项	130	省部级	项	23
国内领先	项	160	社会科技奖获奖数	项	384
国内独有	项	-	其中：公路学会奖	项	181
国内先进	项	95	航海学会奖	项	64
行业领先	项	29	港口协会奖	项	68
科技成果登记数	项	319	水运建设协会奖	项	44
软件产品登记数	项	52			
软件著作权登记数	项	172			
专利申请受理数	项	850	专利授权数	项	501
其中：发明专利	项	437	其中：发明专利	项	197
实用新型	项	403	实用新型	项	292
外观设计	项	10	外观设计	项	12
其中：国外申请受理数	项	4	其中：国外授权数	项	-
建立试验基地数	个	30	建立数据库数	个	61
形成示范点数	个	172	建设网站数	个	33
制定标准数	个	242	出台规章制度数	项	89
其中：国家标准	个	26	出台政策建议数	项	367
行业标准	个	69	培养人才数	人	2 154
地方标准	个	56	其中：博士	人	465
企业标准	个	90	硕士	人	1 304
成果转让合同数	项	10	成果转让合同金额	万元	3 129
推广应用科技成果数量	个	565			

八、救助打捞

简 要 说 明

一、本篇资料反映交通运输救助打捞系统执行救助和抢险打捞任务,完成生产,以及救助打捞系统装备的基本情况。

二、填报范围：交通运输部各救助局、各打捞局、各救助飞行队。

三、本篇资料由交通运输部救助打捞局提供。

8-1　救助任务执行情况

项　　目	计算单位	总　　计
一、船舶值班待命艘天	艘天	21 281
二、应急救助任务	次	1 568
三、救捞力量出动	次	2 093
救捞船舶	艘次	333
救助艇	艘次	291
救助飞机	架次	575
应急救助队	队次	890
四、飞机救助飞行时间	小时	1 430
五、获救遇险人员	人	3 910
中国籍	人	2 606
外国籍	人	1 304
六、获救遇险船舶	艘	195
中国籍	艘	161
外国籍	艘	34
七、获救财产价值	万元	946 228
八、抢险打捞任务	次	323
其中：打捞沉船	艘	5
中国籍	艘	5
外国籍	艘	-
打捞沉物	件／吨	5/15278
打捞遇难人员	人	301
其他抢险打捞任务	次	33
九、应急清污任务	次	3

8-2 救捞系统船舶情况

项　目		计算单位	总　计
救捞船舶合计	艘数	艘	172
	总吨位	吨	465 307
	功率	千瓦	737 585
	起重能力	吨	14 350
	载重能力	吨	1 450
海洋救助船	艘数	艘	33
	总吨位	吨	91 310
	功率	千瓦	244 274
近海快速救助船	艘数	艘	9
	总吨位	吨	4 132
	功率	千瓦	44 460
沿海救生艇	艘数	艘	23
	总吨位	吨	1 492
	功率	千瓦	16 751
救捞拖轮	艘数	艘	73
	总吨位	吨	127 867
	功率	千瓦	388 584
救捞工程船	艘数	艘	24
	总吨位	吨	105 714
	功率	千瓦	43 516
起重船	艘数	艘	9
	总吨位	吨	133 607
	起重量	吨	14 350
货船	艘数	艘	1
	总吨位	吨	1 185
	载重量	吨	1 450

8-3　救助飞机飞行情况

项　　目	计算单位	总　　计
飞机飞行次数	架次	6 068
救助（任务）飞行次数	架次	430
训练飞行次数	架次	5 638
飞机飞行时间	小时	4943:51:00
其中：海上飞行时间	小时	2706:42:00
夜间飞行时间	小时	290:30:00
救助（任务）飞行时间	小时	1430:10:00
训练飞行时间	小时	3513:41:00

8-4　捞、拖完成情况

项　　目	计算单位	总　　计
打捞业务	次	41
其中：抢险打捞	次	32
内：（一）打捞沉船	艘	3
（二）救助遇险船舶	艘	27
（三）打捞货物	吨	11 378
拖航运输	次	203
海洋工程船舶服务	艘天	20 364
拖轮	艘天	18 080
工程船	艘天	2 284
大件吊装	次	-
其他综合业务	次	256

主要统计指标解释

救捞力量　指交通运输部各救助局、打捞局、救助飞行队的救捞船舶、救助艇、救助飞机、应急救助队等。

防污应急清污任务　指各救助局、打捞局、飞行队执行海上应急清污、油污监测及航拍等任务的次数合计。

海洋救助船　指交通运输部各救助局拥有航速在30节以下的专业海洋救助船。

近海快速救助船　指各救助局拥有航速在30节以上的专业近海救助船。

沿海救生艇　指各救助局拥有的船长小于16米的专业小型沿海救生艇。

救捞拖轮　指各打捞局拥有的拖轮,包括救助拖轮、三用拖轮、平台供应船、港作拖轮等。

救捞工程船　指各打捞局拥有的起重能力在300吨以下的各类用于海洋工程、抢险打捞等工作的船舶(含起重驳船)。

起重船　指各打捞局拥有的起重能力在300吨以上的起重船舶。

货船　指各打捞局拥有的用于货物运输的船舶,包括货船、集装箱船、滚装船、甲板驳、半潜(驳)船、油船等。

小型直升机　指各救助飞行队自有、租用的最大起飞重量在4吨及以下的直升飞机。

中型直升机　指各救助飞行队自有、租用的最大起飞重量在4吨(不含)至9吨(含)的直升飞机。

大型直升机　指各救助飞行队自有、租用的最大起飞重量在9吨(不含)以上的直升飞机。

固定翼飞机　指各救助飞行队自有、租用的CESSNA208机型或相当于该机型的飞机。

附录　交通运输历年主要指标数据

简 要 说 明

本篇资料列示了 1978 年以来的交通运输主要指标的历史数据。

主要包括：公路总里程、公路密度及通达情况、内河航道里程、公路水路客货运输量、沿海内河规模以上港口及吞吐量、交通固定资产投资。

附录1-1 全国公路总里程（按行政等级分）

单位：公里

年份	总计	国道	省道	县道	乡道	专用公路	村道
1978	890 236	237 646		586 130		66 460	-
1979	875 794	249 167		311 150	276 183	39 294	-
1980	888 250	249 863		315 097	281 000	42 290	-
1981	897 462	250 966		319 140	285 333	42 023	-
1982	906 963	252 048		321 913	290 622	42 380	-
1983	915 079	254 227		322 556	295 485	42 811	-
1984	926 746	255 173		325 987	302 485	43 101	-
1985	942 395	254 386		331 199	313 620	43 190	-
1986	962 769	255 287		341 347	322 552	43 583	-
1987	982 243	106 078	161 537	329 442	343 348	41 838	-
1988	999 553	106 290	162 662	334 238	353 216	43 147	-
1989	1 014 342	106 799	163 562	338 368	362 444	43 169	-
1990	1 028 348	107 511	166 082	340 801	370 153	43 801	-
1991	1 041 136	107 238	169 352	340 915	379 549	44 082	-
1992	1 056 707	107 542	173 353	344 227	386 858	44 727	-
1993	1 083 476	108 235	174 979	352 308	402 199	45 755	-
1994	1 117 821	108 664	173 601	364 654	425 380	45 522	-
1995	1 157 009	110 539	175 126	366 358	454 379	50 607	-
1996	1 185 789	110 375	178 129	378 212	469 693	49 380	-
1997	1 226 405	112 002	182 559	379 816	500 266	51 762	-
1998	1 278 474	114 786	189 961	383 747	536 813	53 167	-
1999	1 351 691	117 135	192 517	398 045	589 886	54 108	-
2000	1 679 848	118 983	212 450	461 872	800 681	85 861	-
2001	1 698 012	121 587	213 044	463 665	813 699	86 017	-
2002	1 765 222	125 003	216 249	471 239	865 635	87 096	-
2003	1 809 828	127 899	223 425	472 935	898 300	87 269	-
2004	1 870 661	129 815	227 871	479 372	945 180	88 424	-
2005	1 930 543	132 674	233 783	494 276	981 430	88 380	-
2006	3 456 999	133 355	239 580	506 483	987 608	57 986	1 531 987
2007	3 583 715	137 067	255 210	514 432	998 422	57 068	1 621 516
2008	3 730 164	155 294	263 227	512 314	1 011 133	67 213	1 720 981
2009	3 860 823	158 520	266 049	519 492	1 019 550	67 174	1 830 037
2010	4 008 229	164 048	269 834	554 047	1 054 826	67 736	1 897 738
2011	4 106 387*	169 389	304 049	533 576	1 065 996	68 965	1 964 411
2012	4 237 508	173 353	312 077	539 519	1 076 651	73 692	2 062 217
2013	4 356 218	176 814	317 850	546 818	1 090 522	76 793	2 147 421

注：自2006年起，村道纳入公路里程统计。

附录1-2 全国公路总里程（按技术等级分）

单位：公里

年份	总计	等级公路 合计	高速	一级	二级	三级	四级	等外公路
1978	890 236	–	–	–	–	–	–	–
1979	875 794	506 444	–	188	11 579	106 167	388 510	369 350
1980	888 250	521 134	–	196	12 587	108 291	400 060	367 116
1981	897 462	536 670	–	203	14 434	111 602	410 431	360 792
1982	906 963	550 294	–	231	15 665	115 249	419 149	356 669
1983	915 079	562 815	–	255	17 167	119 203	426 190	352 264
1984	926 746	580 381	–	328	18 693	124 031	437 329	346 365
1985	942 395	606 443	–	422	21 194	128 541	456 286	335 952
1986	962 769	637 710	–	748	23 762	136 790	476 410	325 059
1987	982 243	668 390	–	1 341	27 999	147 838	491 212	313 853
1988	999 553	697 271	147	1 673	32 949	159 376	503 126	302 282
1989	1 014 342	715 923	271	2 101	38 101	164 345	511 105	298 419
1990	1 028 348	741 104	522	2 617	43 376	169 756	524 833	287 244
1991	1 041 136	764 668	574	2 897	47 729	178 024	535 444	276 468
1992	1 056 707	786 935	652	3 575	54 776	184 990	542 942	269 772
1993	1 083 476	822 133	1 145	4 633	63 316	193 567	559 472	261 343
1994	1 117 821	861 400	1 603	6 334	72 389	200 738	580 336	256 421
1995	1 157 009	910 754	2 141	9 580	84 910	207 282	606 841	246 255
1996	1 185 789	946 418	3 422	11 779	96 990	216 619	617 608	239 371
1997	1 226 405	997 496	4 771	14 637	111 564	230 787	635 737	228 909
1998	1 278 474	1 069 243	8 733	15 277	125 245	257 947	662 041	209 231
1999	1 351 691	1 156 736	11 605	17 716	139 957	269 078	718 380	194 955
2000	1 679 848	1 315 931	16 285	25 219	177 787	305 435	791 206	363 916
2001	1 698 012	1 336 044	19 437	25 214	182 102	308 626	800 665	361 968
2002	1 765 222	1 382 926	25 130	27 468	197 143	315 141	818 044	382 296
2003	1 809 828	1 438 738	29 745	29 903	211 929	324 788	842 373	371 090
2004	1 870 661	1 515 826	34 288	33 522	231 715	335 347	880 954	354 835
2005	1 930 543	1 591 791	41 005	38 381	246 442	344 671	921 293	338 752
2006	3 456 999	2 282 872	45 339	45 289	262 678	354 734	1 574 833	1 174 128
2007	3 583 715	2 535 383	53 913	50 093	276 413	363 922	1 791 042	1 048 332
2008	3 730 164	2 778 521	60 302	54 216	285 226	374 215	2 004 563	951 642
2009	3 860 823	3 056 265	65 055	59 462	300 686	379 023	2 252 038	804 558
2010	4 008 229	3 304 709	74 113	64 430	308 743	387 967	2 469 456	703 520
2011	4 106 387	3 453 590	84 946	68 119	320 536	393 613	2 586 377	652 796
2012	4 237 508	3 609 600	96 200	74 271	331 455	401 865	2 705 809	627 908
2013	4 356 218	3 755 567	104 438	79 491	340 466	407 033	2 824 138	600 652

附录 1-3 全国公路密度及通达情况

年份	公路密度		不通公路乡（镇）		不通公路村（队）	
	以国土面积计算（公里/百平方公里）	以人口总数计算（公里/万人）	数量（个）	比重（％）	数量（个）	比重（％）
1978	9.27	9.25	5 018	9.50	213 138	34.17
1979	9.12	8.98	5 730	10.74	227 721	32.60
1980	9.25	9.00	5 138	9.37	—	—
1981	9.35	8.97	5 474	9.96	—	—
1982	9.45	8.92	5 155	9.35	—	—
1983	9.53	8.88	4 710	8.54	—	—
1984	9.65	8.88	5 485	9.16	265 078	36.72
1985	9.82	8.90	4 945	8.27	228 286	31.72
1986	10.03	8.96	4 039	6.79	218 410	30.17
1987	10.23	8.99	3 214	5.64	234 206	32.43
1988	10.41	9.00	6 500	9.70	197 518	28.92
1989	10.57	9.00	3 180	5.56	181 825	25.01
1990	10.71	8.99	2 299	4.02	190 462	25.96
1991	10.85	8.99	2 116	3.72	181 489	24.57
1992	11.01	9.02	1 632	3.27	169 175	22.93
1993	11.29	9.14	1 548	3.10	159 111	21.70
1994	11.64	9.33	1 455	3.00	150 253	20.50
1995	12.05	9.55	1 395	2.90	130 196	20.00
1996	12.35	9.69	1 335	2.70	120 048	19.00
1997	12.78	9.92	709	1.50	105 802	14.20
1998	13.32	10.24	591	1.30	92 017	12.30
1999	14.08	10.83	808	1.80	80 750	11.00
2000	17.50	13.00	341	0.80	67 786	9.20
2001	17.70	13.10	287	0.70	59 954	8.20
2002	18.40	13.60	184	0.50	54 425	7.70
2003	18.85	13.97	173	0.40	56 693	8.10
2004	19.49	14.44	167	0.40	49 339	7.10
2005	20.11	14.90	75	0.20	38 426	5.70
2006	36.01	26.44	672	1.70	89 975	13.60
2007	37.33	27.41	404	1.04	77 334	11.76
2008	38.86	28.53	292	0.80	46 178	7.10
2009	40.22	29.22	155	0.40	27 186	4.20
2010	41.75	30.03	13	0.03	5 075	0.79
2011	42.77	30.62	11	0.03	3 986	0.62
2012	44.14	31.45	12	0.03	2 869	0.45
2013	45.38	32.17	10	0.03	1 892	0.30

附录1-4 全国内河航道里程及构筑物数量

年份	内河航道里程（公里）		通航河流上永久性构筑物（座）		
		等级航道	水利闸坝	船闸	升船机
1978	135 952	57 408	4 163	706	35
1979	107 801	57 472	2 796	756	40
1980	108 508	53 899	2 674	760	41
1981	108 665	54 922	2 672	758	41
1982	108 634	55 595	2 699	768	40
1983	108 904	56 177	2 690	769	41
1984	109 273	56 732	3 310	770	44
1985	109 075	57 456	3 323	758	44
1986	109 404	57 491	2 590	744	44
1987	109 829	58 165	3 134	784	44
1988	109 364	57 971	3 136	782	55
1989	109 040	58 131	3 187	825	46
1990	109 192	59 575	3 208	824	45
1991	109 703	60 336	3 193	830	45
1992	109 743	61 430	3 184	798	43
1993	110 174	63 395	3 063	790	44
1994	110 238	63 894	3 177	817	51
1995	110 562	64 323	3 157	816	48
1996	110 844	64 915	3 154	823	50
1997	109 827	64 328	3 045	823	48
1998	110 263	66 682	3 278	872	56
1999	116 504	60 156	1 193	918	59
2000	119 325	61 367	1 192	921	59
2001	121 535	63 692	1 713	906	60
2002	121 557	63 597	1 711	907	60
2003	123 964	60 865	1 813	821	43
2004	123 337	60 842	1 810	821	43
2005	123 263	61 013	1 801	826	42
2006	123 388	61 035	1 803	833	42
2007	123 495	61 197	1 804	835	42
2008	122 763	61 093	1 799	836	42
2009	123 683	61 546	1 809	847	42
2010	124 242	62 290	1 825	860	43
2011	124 612	62 648	1 827	865	44
2012	124 995	63 719	1 826	864	44
2013	125 853	64 900	1 835	864	45

注：等级航道里程数，1973年至1998年为水深一米以上航道里程数；自2004年始，内河航道里程为内河航道通航里程数。

附录 1-5　公路客、货运输量

年　份	客运量 （万人）	旅客周转量 （亿人公里）	货运量 （万吨）	货物周转量 （亿吨公里）
1978	149 229	521.30	151 602	350.27
1979	178 618	603.29	147 935	350.99
1980	222 799	729.50	142 195	342.87
1981	261 559	839.00	134 499	357.76
1982	300 610	963.86	138 634	411.54
1983	336 965	1 105.61	144 051	462.68
1984	390 336	1 336.94	151 835	527.38
1985	476 486	1 724.88	538 062	1 903.00
1986	544 259	1 981.74	620 113	2 117.99
1987	593 682	2 190.43	711 424	2 660.39
1988	650 473	2 528.24	732 315	3 220.39
1989	644 508	2 662.11	733 781	3 374.80
1990	648 085	2 620.32	724 040	3 358.10
1991	682 681	2 871.74	733 907	3 428.00
1992	731 774	3 192.64	780 941	3 755.39
1993	860 719	3 700.70	840 256	4 070.50
1994	953 940	4 220.30	894 914	4 486.30
1995	1 040 810	4 603.10	939 787	4 694.90
1996	1 122 110	4 908.79	983 860	5 011.20
1997	1 204 583	5 541.40	976 536	5 271.50
1998	1 257 332	5 942.81	976 004	5 483.38
1999	1 269 004	6 199.24	990 444	5 724.31
2000	1 347 392	6 657.42	1 038 813	6 129.39
2001	1 402 798	7 207.08	1 056 312	6 330.44
2002	1 475 257	7 805.77	1 116 324	6 782.46
2003	1 464 335	7 695.60	1 159 957	7 099.48
2004	1 624 526	8 748.38	1 244 990	7 840.86
2005	1 697 381	9 292.08	1 341 778	8 693.19
2006	1 860 487	10 130.85	1 466 347	9 754.25
2007	2 050 680	11 506.77	1 639 432	11 354.69
2008	2 682 114	12 476.11	1 916 759	32 868.19
2009	2 779 081	13 511.44	2 127 834	37 188.82
2010	3 052 738	15 020.81	2 448 052	43 389.67
2011	3 286 220	16 760.25	2 820 100	51 374.74
2012	3 557 010	18 467.55	3 188 475	59 534.86
2013	1 853 463	11 250.94	3 076 648	55 738.08

附录1-6 水路客、货运输量

年 份	客运量 （万人）	旅客周转量 （亿人公里）	货运量 （万吨）	货物周转量 （亿吨公里）
1978	23 042	100.63	47 357	3 801.76
1979	24 360	114.01	47 080	4 586.72
1980	26 439	129.12	46 833	5 076.49
1981	27 584	137.81	45 532	5 176.33
1982	27 987	144.54	48 632	5 505.25
1983	27 214	153.93	49 489	5 820.03
1984	25 974	153.53	51 527	6 569.44
1985	30 863	178.65	63 322	7 729.30
1986	34 377	182.06	82 962	8 647.87
1987	38 951	195.92	80 979	9 465.06
1988	35 032	203.92	89 281	10 070.38
1989	31 778	188.27	87 493	11 186.80
1990	27 225	164.91	80 094	11 591.90
1991	26 109	177.20	83 370	12 955.40
1992	26 502	198.35	92 490	13 256.20
1993	27 074	196.45	97 938	13 860.80
1994	26 165	183.50	107 091	15 686.60
1995	23 924	171.80	113 194	17 552.20
1996	22 895	160.57	127 430	17 862.50
1997	22 573	155.70	113 406	19 235.00
1998	20 545	120.27	109 555	19 405.80
1999	19 151	107.28	114 608	21 262.82
2000	19 386	100.54	122 391	23 734.18
2001	18 645	89.88	132 675	25 988.89
2002	18 693	81.78	141 832	27 510.64
2003	17 142	63.10	158 070	28 715.76
2004	19 040	66.25	187 394	41 428.69
2005	20 227	67.77	219 648	49 672.28
2006	22 047	73.58	248 703	55 485.75
2007	22 835	77.78	281 199	64 284.85
2008	20 334	59.18	294 510	50 262.74
2009	22 314	69.38	318 996	57 556.67
2010	22 392	72.27	378 949	68 427.53
2011	24 556	74.53	425 968	75 423.84
2012	25 752	77.48	458 705	81 707.58
2013	23 535	68.33	559 785	79 435.65

附录 2-1　沿海规模以上港口泊位及吞吐量

年　份	生产用泊位数（个）	万吨级	旅客吞吐量（千人）	离港	货物吞吐量（千吨）	外贸	集装箱吞吐量（TEU）
1978	311	133	5 035	5 035	198 340	59 110	–
1979	313	133	6 850	6 850	212 570	70 730	2 521
1980	330	139	7 480	7 480	217 310	75 220	62 809
1981	325	141	15 970	8 010	219 310	74 970	103 196
1982	328	143	16 290	8 140	237 640	81 490	142 614
1983	336	148	17 560	8 790	249 520	88 530	191 868
1984	330	148	17 990	8 950	275 490	104 190	275 768
1985	373	173	22 220	11 060	311 540	131 450	474 169
1986	686	197	38 660	19 170	379 367	140 487	591 046
1987	759	212	40 409	20 038	406 039	146 970	588 046
1988	893	226	57 498	28 494	455 874	161 288	900 961
1989	905	253	52 890	26 195	490 246	161 688	1 090 249
1990	967	284	46 776	23 288	483 209	166 515	1 312 182
1991	968	296	51 231	24 726	532 203	195 714	1 896 000
1992	1 007	342	62 596	31 134	605 433	221 228	2 401 692
1993	1 057	342	69 047	34 204	678 348	242 869	3 353 252
1994	1 056	359	60 427	27 957	743 700	270 565	4 008 173
1995	1 263	394	65 016	31 324	801 656	309 858	5 515 145
1996	1 282	406	58 706	29 909	851 524	321 425	7 157 709
1997	1 330	449	57 548	29 026	908 217	366 793	9 135 402
1998	1 321	468	60 885	30 746	922 373	341 366	11 413 127
1999	1 392	490	64 014	31 798	1 051 617	388 365	15 595 479
2000	1 455	526	57 929	29 312	1 256 028	523 434	20 610 766
2001	1 443	527	60 532	30 423	1 426 340	599 783	24 700 071
2002	1 473	547	61 363	30 807	1 666 276	710 874	33 821 175
2003	2 238	650	58 593	29 231	2 011 256	877 139	44 548 747
2004	2 438	687	71 398	35 742	2 460 741	1 047 061	56 566 653
2005	3 110	769	72 897	36 524	2 927 774	1 241 655	69 888 051
2006	3 291	883	74 789	37 630	3 421 912	1 458 269	85 633 771
2007	3 453	967	69 415	34 942	3 881 999	1 656 307	104 496 339
2008	4 001	1 076	68 337	34 190	4 295 986	1 782 712	116 094 731
2009	4 516	1 214	76 000	38 186	4 754 806	1 979 215	109 908 156
2010	4 661	1 293	66 886	33 814	5 483 579	2 269 381	131 122 248
2011	4 733	1 366	73 255	37 128	6 162 924	2 523 176	145 955 734
2012	4 811	1 453	71 195	36 179	6 652 454	2 762 213	157 520 053
2013	4 841	1 524	70 160	35 557	7 280 981	3 024 311	169 015 371

注：1. 旅客吞吐量一栏 1980 年及以前年份为离港旅客人数。
　　2. 2009 年规模以上港口口径调整。

附录2-2 内河规模以上港口泊位及吞吐量

年 份	生产用泊位数（个）	万吨级	旅客吞吐量（千人）	离港	货物吞吐量（千吨）	外贸	集装箱吞吐量（TEU）
1978	424	–	–	–	81 720	–	–
1979	432	–	–	–	85 730	–	–
1980	462	–	–	–	89 550	–	–
1981	449	4	–	–	87 860	834	–
1982	456	4	–	–	96 000	1 286	–
1983	482	6	–	–	106 580	1 802	6 336
1984	464	7	–	–	109 550	2 781	14 319
1985	471	16	–	–	114 410	5 913	28 954
1986	1 436	20	44 380	22 130	165 920	6 483	39 534
1987	2 209	20	41 943	21 518	236 203	8 616	42 534
1988	1 880	25	73 642	36 210	238 466	8 498	63 943
1989	2 984	23	59 659	29 773	249 041	8 792	86 605
1990	3 690	28	48 308	23 631	232 888	9 363	115 044
1991	3 439	28	49 899	24 552	246 196	10 893	153 000
1992	3 311	30	58 367	28 291	273 064	13 695	193 754
1993	3 411	39	51 723	26 439	277 437	18 104	280 373
1994	4 551	42	43 415	23 447	295 172	15 596	359 726
1995	4 924	44	38 874	20 124	313 986	19 336	574 828
1996	5 142	44	63 210	33 649	422 711	22 484	555 807
1997	7 403	47	40 235	20 373	401 406	28 702	701 700
1998	8 493	47	45 765	22 804	388 165	28 993	1 023 558
1999	7 826	52	34 280	16 346	398 570	37 547	1 884 731
2000	6 184	55	27 600	13 538	444 516	43 968	2 021 689
2001	6 982	57	26 470	12 669	490 019	50 861	1 986 468
2002	6 593	62	23 364	11 800	567 008	59 530	2 361 163
2003	5 759	121	17 926	9 191	662 243	72 650	2 810 798
2004	6 792	150	16 369	8 557	864 139	84 577	3 625 749
2005	6 833	186	13 224	6 602	1 014 183	100 630	4 542 438
2006	6 880	225	11 056	5 568	1 175 102	120 597	6 356 928
2007	7 951	250	10 169	5 470	1 382 084	140 086	8 086 212
2008	8 772	259	8 794	4 625	1 594 806	142 882	9 641 322
2009	13 935	293	25 479	12 979	2 216 785	182 965	12 170 563
2010	14 065	318	21 539	11 014	2 618 223	210 246	14 586 422
2011	14 170	340	18 804	9 537	2 955 216	239 667	17 251 325
2012	14 014	369	17 140	8 712	3 122 277	268 314	19 373 065
2013	13 904	394	15 180	7 707	3 367 926	299 606	20 404 144

注：1. 旅客吞吐量一栏1980年及以前年份为离港旅客人数。
2. 2009年规模以上港口口径调整。

附录 3-1　交通固定资产投资（按使用方向分）

单位：亿元

年　份	合　计	公路建设	内河建设	沿海建设	其他建设
1978	24.85	5.76	0.69	4.31	14.09
1979	25.50	6.04	0.72	4.39	14.34
1980	24.39	5.19	0.70	6.11	12.38
1981	19.82	2.94	0.84	5.80	10.25
1982	25.74	3.67	0.76	9.41	11.91
1983	29.98	4.05	1.37	12.37	12.19
1984	52.42	16.36	1.95	16.17	17.94
1985	69.64	22.77	1.58	18.26	27.03
1986	106.46	42.45	3.68	22.81	37.51
1987	122.71	55.26	3.38	27.42	36.66
1988	138.57	74.05	5.07	23.12	36.33
1989	156.05	83.81	5.32	27.32	39.60
1990	180.53	89.19	7.13	32.05	52.17
1991	215.64	121.41	6.68	33.77	53.77
1992	360.24	236.34	9.39	43.83	70.68
1993	604.64	439.69	14.47	57.55	92.92
1994	791.43	584.66	22.51	63.06	121.20
1995	1 124.78	871.20	23.85	69.41	160.32
1996	1 287.25	1 044.41	29.35	80.33	133.16
1997	1 530.43	1 256.09	40.54	90.59	143.21
1998	2 460.41	2 168.23	53.93	89.80	148.45
1999	2 460.52	2 189.49	53.34	89.44	128.26
2000	2 571.73	2 315.82	54.46	81.62	119.83
2001	2 967.94	2 670.37	50.50	125.19	121.88
2002	3 491.47	3 211.73	39.95	138.43	101.36
2003	4 136.16	3 714.91	53.79	240.56	126.90
2004	5 314.07	4 702.28	71.39	336.42	203.98
2005	6 445.04	5 484.97	112.53	576.24	271.30
2006	7 383.82	6 231.05	161.22	707.97	283.58
2007	7 776.82	6 489.91	166.37	720.11	400.44
2008	8 335.42	6 880.64	193.85	793.49	467.44
2009	11 142.80	9 668.75	301.57	758.32	414.16
2010	13 212.78	11 482.28	334.53	836.87	559.10
2011	14 464.21	12 596.36	397.89	1 006.99	462.97
2012	14 512.49	12 713.95	489.68	1 004.14	304.71
2013	15 533.22	13 692.20	545.97	982.49	312.56